Weatherford · Das Erbe der Indianer

Jack Weatherford

Das Erbe der Indianer

Wie die Neue Welt
Europa verändert hat

Aus dem Englischen von Monika Curths

Diederichs

Die Originalausgabe erschien unter dem Titel *Indian Givers*
bei Crown Publishers, New York
© Jack McIver Weatherford 1988

Die Deutsche Bibliothek – CIP-Einheitsaufnahme
Weatherford, Jack:
Das Erbe der Indianer: wie die neue Welt Europa verändert hat /
Jack Weatherford. Aus dem Engl. von Monika Curths. –
München: Diederichs, 1995
    Einheitssacht.: Indian givers <dt.>
    ISBN 3-424-01234-3

© der deutschsprachigen Ausgabe Eugen Diederichs Verlag,
München 1995
Alle Rechte vorbehalten

Lektorat: Matthias Wolf
Umschlaggestaltung: Ute Dissmann, München
Produktion: Tillmann Roeder, München
Satz: Uhl + Massopust, Aalen
Druck und Bindung: Ebner, Ulm
Papier: Fast holz-, chlor-, säurefrei Werkdruck,
von Schleipen, Bad Dürkheim
Printed in Germany

ISBN 3-424-01234-3

Für
Walker Pearce Maybank

Inhalt

Danksagung

Dieses Buch verdankt seine Entstehung der Hilfe zahlreicher Kollegen und Freunde sowie meiner Familie, die mich bei der Feldforschung unterstützt und mich während meiner Reisen vertreten hat. Ich danke meiner Frau, Walker Pearce, für ihre Hilfe in Asien und Europa, und sie war es auch, die mich zwölf Jahre lang gedrängt hat, dieses Buch zu schreiben. Ich danke Roy Pearce Maybank für seine Zusammenarbeit mit mir in Südamerika und Minnesota sowie für die Hilfe, die ich durch Walker Pearce Maybank in Mittelamerika erfahren habe.

Viele Reisen und Kontakte kamen durch die Unterstützung der W. K. Kellog Foundation zustande; ich danke besonders Larraine Matusak, Patrick McDonough, Anna Sheppard und den Mitgliedern von Class V des Kellogg National Fellowship Program.

Mein Dank gilt auch dem Macalester College, das mir die Möglichkeit bot, an diesem Buch zu arbeiten sowie der Bush Foundation und der Joyce Foundation für ihre finanzielle Unterstützung. Besondere Anerkennung verdienen die Vorschläge und Hilfeleistungen, die mir Anne Sutherland, David McCurdy, Anna Meigs, Kay Crawford, Chris Cavender und James Stewart auf wissenschaftlichem Gebiet haben zukommen lassen. Auch zahlreiche Studenten haben mir bei dieser Arbeit geholfen; hier möchte ich mich besonders für David Warlands Hilfe am Computer bedanken sowie für Douglas Kleemeiers Mitarbeit bei der Feldforschung in Afrika und Südamerika.

Ich danke allen meinen Spanischlehrern – Antonio Lasaga, Maria Doleman, Fabiola Franco und Jorge Vage –, die mir im Lauf der Jahre mit viel Geduld und Mühe die indianische Welt Lateinamerikas erschlossen haben. In Bolivien geht mein Dank besonders an Louis Morató-Pena und seine Familie, bei denen ich so oft gewohnt und gearbeitet habe, und ich bedanke mich ebenso für die Hilfe der Familien Johnny Villazon in Cochabamba und Federico Kaune in La Paz.

Für ihre Mitarbeit am Manuskript dieses Buchs danke ich Twila Kekahaba-Martin, Götz Freiherr von Houwald, Marc Swartz, Zaida Giraldo, Lee Owens, Rochelle Jones, Hans Christoph Buch, Lavon Lee, Evelyn Hu-DeHart, Joyce King und Ali Salim. Großen Dank schulde ich auch meiner Agentin Lois Wallace und meinem Lektor James Wade.

Mein Dank geht nicht zuletzt an die Newberry Library of Chicago, die Library of Congress in Washington D. C. und an die Macalester-College-Bibliothek in St. Paul in Minnesota.

Diese Arbeit entstand ohne jede finanzielle Unterstützung von staatlicher Seite.

Silber und Geldkapitalismus

Jeden Morgen gegen halb sechs ißt Rodrigo Cespedes zwei Brötchen und trinkt eine Tasse stark gesüßten Tee; dann hängt er sich seine abgenutzte Adidas-Sporttasche um und geht zur Arbeit. Rodrigo wohnt in Potosí, der höchstgelegenen Stadt der Welt in den bolivianischen Anden, 4040 m über dem Meeresspiegel.

Einigermaßen warm fühlt er sich in dieser Höhe nur, wenn er sich direkt in der Sonne aufhält. So früh am Morgen jedoch sind die Straßen noch dunkel. Er geht zusammen mit anderen Männern, die alle dieselbe Richtung haben, aber schweigend, wie es der Art der Quechua- und Aymará-Indianer entspricht. Wesentlich lauter als die Männer sind die Besen der fleißigen alten Frauen, die morgens die Straßen kehren. In ihrer schwarzen Tracht – der Stoff wird in Potosí gewebt –, mit den hohen schwarzen Hüten, wie sie die Eingeborenen in dieser Region tragen, und tief über ihre kurzen Strohbesen gebeugt, sehen sie aus wie mittelalterliche Hexen.

Rodrigo erreicht die Hauptstraße und stellt sich mit vierzig bis fünfzig Männern in eine Reihe. Sie warten auf einen der klapprigen, einst farbenprächtig bemalten Busse, die um Viertel vor sechs an der Plaza 10 de Noviembre abfahren. Auf der kleinen Müllhalde gegenüber sind im Licht des anbrechenden Tages ein paar alte Frauen und einige Kinder zu sehen, die sich mit zähnefletschenden Hunden um irgendwelche unkenntlichen Essensreste raufen. Als Rodrigo schließlich in den Bus steigt, schiebt er sich geschickt zwischen die dicht gedrängt stehenden stillen Männer. Dann setzt sich der alte Bus in Bewegung und beginnt seine mühsame Fahrt auf den Cerro Rico, den Berg, der die Stadt überragt. Wenige Minuten später passieren sie den Eingang zu der ersten, von Kolonisten 1545 auf dem Cerro Rico angelegten Mine. Sie ist längst geschlossen, die Erzader erschöpft. Seitdem müssen die Bergleute höher hinauf und das Erz auf schwierigere Weise aus weniger ertragreichen Adern schürfen. Nach weiteren zwanzig Minuten und einem Höhengewinn von hundert Metern hält der Bus vor dem baufälligen Eingang des großen, von der Regierung betriebenen Zinnbergwerks, einst Schauplatz zahlreicher blutiger Zusammenstöße zwischen Bergleuten und Bergwerksleitung. Früher gehörten diese Minen dem »Zinnkönig« Simon Patino; nach der Revolution von 1952 wurden sie unter dem Regime von Victor Paz Estensoro verstaatlicht. Der heutige Betreiber ist die COMIBOL (Corporación Minera de Bolivia), eine unrentable, staatseigene Gesellschaft, die nur weitergeführt wird, damit die linksradikale Gewerkschaft der Bergarbeiter stillhält. Hier steigen die meisten Männer aus.

Obwohl der Bus jetzt nur noch die halbe Last transportieren muß, keucht und qualmt sein alter Dieselmotor, während es weiter bergauf geht bis auf 4200 m. Nur wenige Fahrzeuge sind in größerer Höhe unterwegs; dieser Bus hier verkehrt auf der wahrscheinlich höchsten, täglich befahrenen Busroute der Welt. Er hält schließlich neben Herz Jesu, einer großen, mit Graffiti beschmierten und nach Urin stinkenden verlassenen Kirche, die von einem überdimensionalen Beton-Jesus überragt wird. Die Kirche und die große Jesusstatue stehen auf einem Felsvorsprung ungefähr auf halber Höhe des Berges. Hier steigen Rodrigo und die übrigen Männer aus, und der Bus fährt zurück, um die nächste Fuhre zu holen.

Ohne einen Blick auf die Kirche zu werfen oder zu dem gewaltigen Berg hinauf, beginnt Rodrigo den altvertrauten Anstieg. Während der nächsten zwei Stunden blickt er nur auf seine Füße. Das Kinn vergräbt er tief im hochgeschlagenen Jackenkragen, denn der Wind, der den Berg entlangfegt, ist eiskalt und knochentrocken, obwohl der Berg nur ein paar Grad südlich des Äquators liegt. Rodrigo braucht den Blick nicht zu heben, denn er weiß, solange er bergauf geht, geht er in die richtige Richtung. Er braucht nicht zu befürchten, gegen einen Baum zu stoßen, weil er sich weit oberhalb der Baumgrenze befindet und weil Millionen brauner Hände in den vergangenen vier Jahrhunderten auf der Suche nach silber-, zinn-, wolfram- oder wismuthaltigem Gestein jeden Baum, jeden Strauch und jeden Grashalm beseitigt haben. Er braucht nicht zu befürchten, gegen einen Felsblock zu rempeln, denn Generationen von indianischen Arbeitern haben jeden größeren Felsbrocken in Millionen kinderfaustkleine Stücke zertrümmert. Er braucht nicht zu befürchten, in eine Spalte zu stürzen, denn alle Spalten sind längst gefüllt mit dem Schutt, den die Frauen in Körben aus den fünftausend Minen herausgetragen haben, die in den vergangenen fünfhundert Jahren in den Cerro Rico gegraben wurden. Wenn Rodrigo den Blick heben würde, sähe er nichts als den unermeßlichen Berg rotbrauner Steine, den er tagtäglich erklimmt.

Das monotone Antlitz des Berges wird nur von den Mineneingängen unterbrochen, die sich ausnehmen wie häßliche Narben. Kurz vor dem 4 829 m hohen Gipfel macht Rodrigo schließlich halt. Seit seinem Aufbruch von zu Hause sind zweieinhalb Stunden vergangen. Vor dem Eingang zu der Mine, in der er arbeitet, setzt er sich und nimmt aus seinem Beutel ein flaches, rundes Brötchen, ähnlich denen, die er zum Frühstück verzehrt hat. Während er das Brötchen kaut, blickt er auf die Stadt zu seinen Füßen. In der trockenen, klaren Höhenluft kann er ganz deutlich die Straße sehen, in der er wohnt – eine Straße in einer Stadt, deren 100 000 Einwohner zum größten Teil ein ähnliches Leben führen wie er. Hier oben befindet er sich 800 m über der Stadt und 4 800 m über dem Meer, das er noch nie gesehen hat. Der schmale schwarze Schienenstrang in der Ferne verbindet Potosí mit der Außenwelt. Die Eisenbahn bringt das Zinn in die Hafenstadt Arica an der chilenischen Küste, und zweimal die Woche fährt eine Schmalspurbahn in die Hauptstadt La Paz; es ist eine Tagesreise. Dieser Personenzug, der ein paar Stunden hinter Potosí bei Río Mulato den 4 837 m hohen Condor Pass überquert, verkehrt auf der höchsten Eisenbahnstrecke der Welt. Aber all das ist von Rodrigos Leben weit entfernt.

Während er den letzten Bissen seines trockenen Brötchens kaut, greift er in seine Jacke und zieht unter dem Hemd einen buntgemusterten, handgewebten Beutel mit Kokablättern hervor, den er an einer Schnur um den Hals stets bei sich trägt. Er nimmt ein paar Blätter und schiebt sie sich zusammen mit etwas Kalk mit einer geübten Drehung des Handgelenks in den Mund. Schon nach kurzer Rast beginnt er in dieser Höhe zu frieren, aber die leicht narkotisierende Wirkung des Kokains, das beim Kauen der Kokablätter in Verbindung mit dem Kalk freigesetzt wird, dämpft das Kältegefühl. Es wird auch seinen Hunger und seinen Durst lindern, und die stumpfsinnige Plackerei in der Mine während der nächsten acht Stunden erträglich machen. Es wird ihm helfen, die Schmerzen zu ertragen, die am Vormittag allmählich einsetzen und am Ende der Schicht seinen ganzen Körper vom Scheitel bis zur Sohle quälen werden.

Mit dem Koka-Priem zwischen Wange und Gaumen schließt sich Rodrigo schweigend den anderen Bergleuten an. Acht Stunden lang, ohne Mittagspause, schlagen sie kleine Brocken aus dem Fels. Sie arbeiten ohne Maschinen und haben nicht einmal Zugtiere für die schwerbeladenen Loren. Da Rodrigo in einer Bergwerkskooperative arbeitet, bekommt er nicht seine Arbeitszeit bezahlt, sondern nur das, was er fördert. Arbeitslose Bergleute tun sich zu solchen Genossenschaften zusammen und übernehmen alte Minen, die sich für die Regierung und die privaten Bergwerksgesellschaften nicht mehr lohnen. Wie zwanzig Generationen indianischer Bergarbeiter vor ihm schlägt Rodrigo jeden Tag ein wenig mehr von diesem Berg ab, der inzwischen so durchlöchert ist, daß die Indianer sagen, er sei nahezu hohl und würde bald in sich zusammenbrechen.

Wenn Rodrigos Schicht zu Ende ist, kann er bergab nach Hause gehen. Der Heimweg dauert nur zwei Stunden, obwohl er nicht mit dem Bus fährt. Doch wenn er nach dem Zwölfeinhalbstundentag mühevollster körperlicher Anstrengungen nach Hause kommt, ist er erledigt. Dieser Arbeitstag wiederholt sich für Rodrigo siebenmal in der Woche für einen Lohn von ungefähr einem Dollar pro Tag, begleitet von der ständigen Angst vor Entlassung, weil er krank werden könnte oder weil die Weltwirtschaft aus ihm unbegreiflichen Gründen plötzlich nach anderen Rohstoffen verlangt. Einen Ruhetag gibt es für ihn nur an gelegentlichen Festtagen oder bei einer Beerdigung, und an solchen Tagen bekommt er seinen Dollar nicht.

Rodrigo weiß, daß die Kolonialstadt Potosí und der Berg, auf dem er arbeitet, eine lange und angeblich ruhmreiche Geschichte haben, die bis zu den Inka zurückreicht. Er hat von dieser Geschichte schon viele Male gehört vom Priester, von Politikern, von den Gewerkschaftsfunktionären. Er weiß auch von dem märchenhaften Reichtum zu erzählen, den schrecklichen Katastrophen, Massakern, Aufständen, Betrügereien, Streiks und Kriegen, die mit der Geschichte dieser Minen verbunden sind. Von den Katastrophen spricht er flüssig und lebhaft; seine Schilderungen vom Leben der Reichen und Mächtigen dagegen sind vage und beschränken sich auf reichliches Essen und große warme Häuser. Aber Rodrigo hat wenig Zeit, um über solche Dinge nachzudenken. Vielleicht, wenn er länger leben sollte als die achtundvierzig Jahre seiner durchschnittlichen Lebenserwartung, findet er eines Tages mehr darüber heraus.

Dieser Berg, auf dem Rodrigo lebt und arbeitet, ist der reichste Berg der Erde, der je entdeckt wurde. Seit 1545 liefert er Silber für die Staatskassen Europas, und das in einem in der Geschichte der Menschheit einzigartigen Tempo und Umfang. Der Cerro Rico, der »reiche Berg«, war ein über 700 m hoher Silberberg. Fünfundachtzig Prozent des in den Zentral-Anden während der Kolonialzeit geschürften Silbers stammen von diesem einen Berg. Potosí wurde zum Synonym für märchenhaften und unerschöpflichen Reichtum, seit sich Miguel Cervantes in seinem *Don Quijote von der Mancha* der Redewendung *vale un Potosí* – »ein Potosí wert« – bedient hatte. Auch im Englischen war dieser Ausdruck eine gewisse Zeit gebräuchlich. In Wisconsin und Missouri wurden Städte, in Colorado und Nevada zwei Berge und in Mexico eine Mine nach Potosí benannt.

Die indianischen Bergleute sagen, sie hätten schon so viel Erz aus diesem Berg geholt, daß man von Potosí bis Madrid eine Brücke aus Sterlingsilber bauen könnte. Er lieferte so viel Silbererz und erforderte die Arbeit so vieler indianischer Sklaven, daß Potosí einst die größte Stadt Amerikas war. Es war die erste wirkliche Großstadt der Neuen Welt, mit 120 000 Einwohnern im Jahr 1573 und 160 000 im Jahr 1650. Bevölkerungsmäßig konnte sich Potosí mit Großstädten der Alten Welt wie London und Paris messen. Die eitlen Spanier, damals die Herren im Land, protzten sogar im Wappen von Potosí mit ihrem Reichtum. »Ich bin Potosí«, hieß es da, »die Schatzkammer der Welt und der Neid der Könige.«

Nach einer Sage der Quechua war der Inkaherrscher Huayna Capac der erste, der eine Generation vor der Ankunft der Spanier am Cerro Rico – der bei den Inka Sumaj Orcko, »der schöne Berg«, hieß – Erz abbauen ließ. Er befahl jedoch, die Schürfarbeiten einzustellen, als eine Donnerstimme aus dem Berg zu ihm sprach: »Nimm kein Silber von diesem Berg. Es ist für andere bestimmt.« Die Prophezeiung erfüllte sich, denn das Volk von Bolivien hat nie von seinem großen Reichtum profitiert. Das Silber von Potosí war für andere bestimmt.

Die Geschichte vom Silber Amerikas erscheint zunächst weniger bedeutend und dramatisch als die des Goldes. Das Interesse der frühen Invasoren galt ja vor allem dem Gold, und erst nachdem sie alles Gold, das sie in Amerika fanden, erbeutet hatten, erhielt der Cerro Rico seine unvergleichliche Rolle in der Geschichte.

In der Zeit vor Kolumbus bezog Europa den größten Teil seines Goldes aus einer Region, die die Europäer passenderweise die Goldküste nannten, das heutige Ghana, Benin, Togo und Guinea an der Westküste Afrikas. Zwei Drittel des Goldes, das in Europa vor der Entdeckung Amerikas in Umlauf war, stammte aus Westafrika (Wolf, S. 39). Es mußte weite und umständliche Wege zurücklegen durch den tropischen Dschungel, die Sahelzone und die Sahara. Der größte Teil wurde von Karawanen befördert und über mehrere Händler weiterverkauft – über Gao oder Timbuktu im heutigen Mali nach Fez in Marokko und nach Spanien. Eine andere Route führte durch die Sahara nach Tunis oder Tripoli, wo das Gold in die Hände italienischer Kaufleute überwechselte. Die Europäer handelten mit Tuch, Glasperlen und anderen industriellen Produkten, die dann auf denselben Wegen nach Süden gelangten. Timbuktu wurde durch diesen Handel so reich, daß es die »Goldene Stadt« genannt wurde. Im Jahr 1324 unternahm Mansa Musa, der König von Mali, eine Pilgerreise nach Mekka, auf der ihn fünfhundert Sklaven begleiteten und eine Karawane von hundert Kamelen, die angeblich nur mit Gold beladen waren. Niemand weiß, wieviel Gold er auf seiner Reise mitführte; sicher ist jedoch, daß er so viel davon verschenkt und ausgegeben hat, daß es auf dem Markt von Kairo zu einer Goldinflation kam. Seinem Königreich und seinen Handelsstädten Gao und Timbuktu erwarb er damit den Ruf von geradezu märchenhaftem Reichtum.

Die Europäer suchten verzweifelt nach Möglichkeiten, um diese langsame, tröpfchenweise Goldzufuhr von Westafrika nach Europa zu intensivieren und die zahlreichen muslimischen Händler zu umgehen, die den Handel in jedem Stadium fest in der Hand hatten. Für Spanien war die Erschließung neuer Goldquellen besonders wichtig, weil der Goldhandel während der Feldzüge des spanischen Herrscherpaars Isabella und Ferdinand gegen die Mauren immer wieder unterbrochen wurde. Durch die Vertreibung der Mauren und Juden aus Spanien um 1500 wurde das Problem noch verschärft.

Jeder Schritt, der zur Entdeckung und Eroberung Amerikas führte, war von Goldgier bestimmt; die Suche nach Silber, Gewürzen oder Seelen war absolut zweitrangig; Kolumbus' Tagebücher bezeugen dies mit der oft wiederholten Feststellung: »Ich gab mir alle Mühe zu erfahren, ob sie Gold hatten« (Pendle, S. 17). Er kehrte schließlich mit Gold zurück, und obwohl es im Grunde lächerlich wenig war, genügte es als Anreiz für ganz Europa.

Als Hernando Cortés die Azteken unterwarf, verlangte er als erstes von ihrem Führer Moctezuma Xocoyotzin Gold. Um noch mehr Gold zu bekommen, folterten und töteten die Konquistadoren viele Azteken, einschließlich ihres nächsten und letzten Anführers Cuauhtémoc. In *la noche triste*, der »traurigen Nacht«, im Sommer 1520, als die spanische Armee aus dem Palast von Axayacatl über den Tlacopán-Damm floh, schleppten viele der Konquistadoren so schwer an ihrer Beute aus Goldbarren, Goldketten und goldenen Idolen, daß aus dem taktischen Rückzug ein Blutbad wurde. Mehr als ein Viertel der Armee starb in dieser einen Nacht. Die schwer mit Gold beladenen Spanier konnten von den Aztekensoldaten mühelos eingeholt und getötet werden, und viele ertranken, vom Gold in die Tiefe gezogen, wenn sie vom Damm in den See stürzten. Erst 1981 wurde bei Grabungen im heutigen Mexico City einer dieser Goldbarren gefunden (Berdan, S. 169).

Als die Spanier ins heutige Kolumbien vordrangen, hörten sie von dem indianischen Volk an dem über 3 300 m hoch gelegenen Guatavitasee. Es hieß, ihr König bedecke sich jedes Jahr einmal über und über mit Goldstaub, würde dann in einem mit goldenen Opfergaben gefüllten Kahn auf den See hinausfahren und die Geschenke für den Gott des Sees ins Wasser werfen. Danach würde er selbst in den See springen und darin umherschwimmen, um auch seine »goldene Haut« zu opfern. So entstand die Sage vom »Goldenen Mann« oder »El Dorado«. Der Ort, wo dies angeblich stattfand, wechselte, aber die Sage blieb unverändert: Irgendwo gab es eine Stadt mit dem Gold dieses »El Dorado«. Und bald durchstöberten die Konquistadoren fast ganz Amerika, von Kansas bis Patagonien, auf der Suche nach diesem Schatz.

Viele indianische Völker schätzten das Gold, aber mehr aus ästhetischem oder religiösem Empfinden als aus Gewinnsucht. Der Inka-Abkömmling Garcilaso de la Vega schrieb in seinen *Comentarios reales de los Incas:* »... es gab weder Gold- noch Silbergeld, und diese Metalle konnten nur als überflüssig angesehen werden, weil sie weder eßbar waren noch zum Erwerb von Essen dienten.« Er erklärte ferner, daß Gold und Silber in einer Nation ohne Märkte oder Geldwirtschaft »nur wegen ihrer Schönheit und ihres Glanzes geschätzt waren«. Die beste Verwendung, die die Indianer dafür fanden, war als Schmuck ihrer Tempel, Paläste und klosterähnlichen Konvente. Die Goldschmiede von Cuzco verkleideten die Mauern und Säulen des großen Sonnentempels der Stadt mit massiven Goldplatten und zierten den Tempel mit fünf goldenen Brunnen. Der Inkaherrscher besaß Gärten, in denen Nachbildungen in Gold und Silber von fast allen in seinem Reich vorkommenden Tieren und Pflanzen aufgestellt waren, darunter auch goldene Eidechsen, Schmetterlinge und Schlangen zwischen goldenen Blumen und Maiskolben.

Als Francisco Pizarro in die Anden vordrang und 1532 den Inkaherrscher Atahualpa gefangennahm, verlangte er als Lösegeld ein Zimmer voll Gold, und die Inka bezahlten. Aus dem

ganzen Reich wurden Schmuck und Tempelgegenstände herbei-
getragen, um dieses Zimmer zu füllen. Das Gold für Atahualpa
war das höchste Lösegeld, das je bezahlt wurde. Pizarro tötete
Atahualpa, obwohl die Inka seine Forderung erfüllten, und setzte
seine Raubzüge durch das Land fort auf der Suche nach weiterem
Gold.

Ebenfalls auf der Suche nach dem (Edel-)Metall zog Hernando
de Soto kreuz und quer durch den Südosten der Vereinigten
Staaten, von Florida und den beiden Carolina-Staaten bis an den
Mississippi. Francisco Vásquez de Coronado durchstreifte die
heutigen US-Staaten Arizona, Neumexiko und Kalifornien auf
der Suche nach den sieben verlorenen Goldstädten. Francisco de
Orellana befuhr zwei Jahre lang die Flüsse im Amazonasgebiet
auf der Suche nach Eldorado. Egal wie heiß, kalt, feucht, trocken
oder hoch eine Gegend war, kein Ort blieb von goldsuchenden
Konquistadoren verschont.

Einen kleinen Bruchteil des Goldschatzes der Indianer können
wir heute noch besichtigen. Die größte Sammlung, die dem
peruanischen Industriellen Mujica Gallo gehört, befindet sich
in Monterico, einem Vorort von Lima. In einer von Bäumen
gesäumten Straße des Villenviertels steht, umgeben von einer
dicken Mauer und von bewaffneten Aufsehern bewacht, in einem
wundervollen Park ein großes Gebäude, das wie eine Kreuzung
zwischen einem Wohnhaus im Rancherstil und einem Bunker
aussieht. Im Parterre dieses Privatmuseums befindet sich Gallos
große Waffensammlung: Japanische Rüstungen, Samurai-
schwerter, kleine Pistolen, Musketen und Piken hängen von den
Decken herab oder ruhen in Schaukästen. Prunkstück der Waffensammlung ist das Schwert, mit dem Francisco Pizarro bei der
Eroberung Perus gekämpft hat.

Um das Gold zu besichtigen, auf das es Pizarro abgesehen
hatte, begibt man sich in ein riesiges unterirdisches Gewölbe,
dessen Mauern mit undurchdringlichem Stahl gepanzert sind.
Sobald die Besucher diese unheimliche Höhle betreten, dämpfen
sie die Stimme und bewegen sich vorsichtig wie Trauergäste bei
einer Beerdigung. Leise gehen sie von einem der dreizehntausend
goldenen Ausstellungsstücke zum anderen, starren auf die klei-

nen Goldperlen, die Goldmasken, Ohrstöpsel und Trinkgefäße. Zu den bekanntesten Figuren der Sammlung gehören die *Tumi*, die Zeremonialmesser der Chimu in Form einer menschlichen Gestalt auf einem Schaft mit abgerundeter Klinge. Eines der ungewöhnlichsten Stücke ist ein Paar ellbogenlanger, mit geometrischen Mustern verzierter Handschuhe aus feinem Goldblech.

Vor jedem Zugriff geschützt, in beleuchteten Vitrinen und mit sparsamen Hinweisschildern versehen, um das Auge nicht abzulenken, scheinen die kunstvollen Gegenstände vor dem dunklen Hintergrund wie im unendlichen Raum zu schweben. Sie schweben auch in der Zeit, denn keine Geschichte oder Chronologie scheint mit ihnen verbunden. Das Museum präsentiert sie dem Kunstliebhaber als höchsten ästhetischen Genuß, dem schlichteren Betrachter als Inbegriff von Schönheit und Reichtum. Die Ausstellung ist auf die unmittelbare ästhetische Würdigung der einzelnen Stücke ausgerichtet, und dies führt unter anderem auch zu dem ehrfürchtigen Schweigen der Besucher. Bei den meisten Exponaten wissen nicht einmal die Experten, wer der Künstler war, der sie geschaffen hat, wann oder warum sie gemacht wurden, wem sie gehörten, ja nicht einmal, wer sie entdeckte oder wo sie gefunden wurden. Die meisten Stücke kamen aus den Händen von Grabräubern oder über deren Mittelsmänner in die Sammlung, und diese Leute verheimlichen den Ort ihres Verbrechens aus Angst vor gerichtlicher Verfolgung und vor der Konkurrenz. Wenn eine solche Gruppe einen kostbaren Fund macht, wird er gewöhnlich noch am Fundort in gleich große Teile zerlegt, damit jeder seines Anteils sicher sein kann. Jeder verkauft seinen Teil dort, wo er meint, den besten Preis zu bekommen. Auf diese Weise gelangen die meisten solcher Funde in Stücke zerlegt in die Museen, und in manchen Fällen bleiben einzelne Teile für immer verloren. Auch die berühmten goldenen Handschuhe tauchten ohne die Finger auf, und Gallo mußte sie Stück für Stück kaufen und mühselig zusammensetzen lassen. So kommt es, daß wertvolle Funde in ein historisches und archäologisches Vakuum geraten.

Das Goldmuseum von Bogotá besitzt über fünfunddreißigtausend Goldobjekte; viele stammen von den Chibcha und den Küstenbewohnern Kolumbiens. Der Wert dieser Sammlung wird rein vom Gewicht her auf annähernd 150 Millionen Dollar geschätzt. Das archäologische Museum der Banco Central in Quito in Ecuador kann mit einer kleinen, aber sehr eleganten Sammlung von Goldarbeiten aufwarten. Die Sammlung der Banco Central von Costa Rica in San José enthält überwiegend kleine Tierfiguren, deren reiner Metallwert rund sechs Millionen Dollar beträgt.

Doch diese Schätze in den gepanzerten Schatzkammern Amerikas sind wie gesagt nur ein winziger Bruchteil. Das Gold der Indianer findet man nicht hier, sondern in den Banken, Museen und Kirchen Europas. Was den Konquistadoren in die Hände fiel, wurde vor Ort eingeschmolzen und in Form von Barren nach Spanien geschickt. Einige besonders ungewöhnliche Objekte wie die goldene Sonne von Cuzco verschifften sie unversehrt, um dem Kaiser das handwerkliche Können seiner neuerworbenen Untertanen vorzuführen. Karl V. finanzierte eine Wanderausstellung dieser Goldarbeiten in seinem europäischen Reich als Propaganda für seine ruhmreiche Herrschaft und zur Veranschaulichung des Reichtums seiner neuen Reiche Mexiko und Peru. Danach ließ er alle Stücke einschmelzen. Aus dem Gold der Indianer wurden Münzen geprägt, mit denen er seine Schulden bezahlte, die Kirche unterstützte und den Ausbau seiner Armee und Paläste finanzierte.

Zwischen 1500 und 1550 flossen 180 Tonnen Gold aus Amerika in die europäischen Kassen (Braudel, Bd. I, S. 510); das entspricht einem heutigen Wert von über 2,8 Milliarden Dollar, ein Betrag, der den geschätzten Goldwert von 150 Millionen Dollar in Gallos Museum oder die sechs Millionen in den Banken der anderen lateinamerikanischen Hauptstädte weit übertrifft. Die Kirchen Europas sind noch heute überladen vom eifersüchtig gehüteten, aber demonstrativ zur Schau gestellten amerikanischen Gold und Silber. Einst schlichte Kirchen wie die von Toledo wuchsen plötzlich steil in den Himmel, wurden umgebaut und erhielten Fenster, damit die unermeßliche Sammlung von Gold und Juwelen aus der Neuen Welt im Sonnenlicht glänzen konnte. Die Kathedrale von Toledo rühmt sich einer fünfhundert Pfund schweren Monstranz, im 15. Jahrhundert angefertigt aus Gold und Silber, das angeblich von dem indianischen Beutegut stammt, das Kolumbus persönlich von einer seiner Reisen mitbrachte. Córdoba, Avila und jede andere Stadt im Süden besitzt ähnliche Artefakte, und man ist stolz darauf, auch wenn man sich mit der Herkunft des Edelmetalls weniger hervortun kann. Mit dem Einzug des Goldes in europäische Paläste und Kirchen entwickelten die Architekten einen neuen Dekorationsstil; man brauchte Licht, um das Gold zum Leuchten zu bringen und den Betrachter zu blenden. Dankbare Konquistadoren und eine »Allerkatholischste« Monarchie füllten die Kirchen mit goldenen Kruzifixen, goldenen Heiligenfiguren, vergoldeten Bilderrahmen, goldenen Reliquienschreinen und vergoldeten Sarkophagen. Die Spanier schmolzen das amerikanische Gold, um Kelche, Schalen und andere religiöse Gegenstände daraus zu machen, die noch heute in den Kirchen spanischer Städte wie Sevilla und Toledo existieren.

Ich habe diesen Reichtum an Silber und Gold zum ersten Mal bei einer Prozession während der Karwoche in Córdoba gesehen. Die Menge in dem dämmerigen Vorhof der Kathedrale von Córdoba verstummte, als sich die rund sieben Meter hohen Flügeltüren der einstigen Moschee öffneten für den Umzug der Mitglieder der Frommen Bruderschaft der Büßer, des Nazarenerbundes vom Heiligsten Christus und der Vereinigung Unserer Schmerzensreichen Frau. In ihren langen lilafarbenen Gewändern und hohen weißen Spitzhüten mit Schleiern, die ihre Gesichter verhüllten, machten diese Gestalten auf mich den Eindruck, als zögen sie zu einer Kundgebung des Ku Klux Klan. Der vorderste trug ein fast zwei Meter hohes Kreuz aus Silber. Zwölf Knaben mit unverhüllten Gesichtern, aber breiten Spitzenkrausen um den Hals, gingen hinter dem Kreuz, jeder mit einer goldenen Trompete von 1,20 m Länge und dreißig Zentimeter Breite. An den Trompeten hingen Banner mit dem Habsburger Adler, dem Emblem dieser Bruderschaft. Den Trompetern folgten wieder Jungen mit hohen Silberkreuzen und Männer mit verhüllten Gesichtern.

Dann erschienen langsam und schwerfällig wie ein Dinosaurier mit zu vielen Beinen vierzig junge Männer in dichter Formation, die ein Tragjoch mit dem Gekreuzigten auf den Schultern trugen. Umständlich schoben sie sich durch die maurischen Türen nach draußen, wo der Abendwind sofort die meisten der mehreren Dutzend Kerzen ausblies, die in viereinhalb Meter hohen goldenen Kandelabern neben der Christusfigur brannten.

Die vierzig Männer mit ihrer schwankenden Last betraten den alten Vorhof der Kathedrale, wo vor der Entdeckung Amerikas die Mullahs Generationen von spanischen Jungen den Koran lehrten. Sie streiften die Zweige der Orangenbäume. Orangenblüten regneten auf den gekreuzigten Christus herab und verströmten ihren süßen Duft über der Menschenmenge. Nach dem Christus kamen wieder Männer mit verhüllten Gesichtern und eine Musikkapelle, die abwechselnd Märsche und Trauerlieder spielte. Dann folgte die Statue der weinenden Jungfrau Maria, mit weißen Gladiolen und Orchideen geschmückt und mit noch mehr Gold- und Silberzierat versehen als die Christusfigur.

Die ganze Karwoche über zogen allabendlich mindestens drei solcher Prozessionen durch die engen Straßen von Córdoba. Sie zogen durch die zur Kathedrale umfunktionierte Moschee, vorbei an der Synagoge des einstigen Judenviertels und durch den Stadtteil der arabischen Kaufleute. Einige der mitgeführten Votivfiguren und Schreine bestanden aus Holz, aber die meisten waren entweder vergoldet oder aus massivem Silber. Allein in Córdoba gab es neunundzwanzig Karwochenumzüge mit jeweils zwei Prozessionsfiguren, in Andalusien über dreihundert; die größte und emotional am stärksten befrachtete fand in der andalusischen Hauptstadt Sevilla statt.

Diese Prozessionen dienen nicht nur dazu, daß Männer unerkannt durch die Straßen ziehen und dabei die Sünden eines ganzen Jahres abbüßen, sondern auch als Wettstreit zwischen benachbarten Gemeinden um die am schönsten und kostbarsten geschmückten Prozessionsfiguren.

Diese Prozessionen und die Kirchen in Europa erinnern am deutlichsten an die Goldflut, die Europa im 16. Jahrhundert von Amerika her überschwemmte. Aber auch in den Profanbauten glänzen noch heute Reste jenes Goldes. Kirchliche und weltliche Obrigkeit sahen sich im Besitz von so viel Gold, daß sie ihre Paläste damit schmückten. Goldene Girlanden rankten sich an den Decken, gehalten von goldenen Putten, und goldene Wölkchen füllten die freien Lücken. Dem Gold Amerikas verdankt Europa die prunkhaften Dekorationsstile des Barock und Rokoko in öffentlichen Gebäuden, Kirchen, Palästen und sogar in den Privathäusern der aufsteigenden neuen Kaufmannsschicht.

Im Vergleich zu der Prachtentfaltung, die das Gold Amerikas bei den Europäern hervorrief, war die Reaktion auf das Silber des Cerro Rico beinahe bescheiden; aber sein Einfluß erwies sich am Ende als weitaus größer und tiefgreifender. Auf den Raub der Goldschätze Amerikas folgte sehr rasch der Abbau der Silbervorkommen.

Das Silber des Cerro Rico blieb nicht in Bolivien. Es wurde in der kaiserlichen Münze von Potosí zu Sterlingbarren oder Münzen verarbeitet, über die Berge ans Meer geschafft, von dort nach Panama verschifft und anschließend mit Mulis über die Landenge zu den nach Sevilla fahrenden Galeonen gebracht. Im Jahr 1637 sah ein englischer Dominikanermönch eine solche Mulikarawane, die das Silber nach Porto Bello an der karibischen Küste von Panama brachte. Er schrieb, die Tiere seien »beladen mit Silberkeilen; an einem Tag zählte ich zweihundert Mulis, die nichts anderes trugen und auf dem Marktplatz entladen wurden, so daß dort haufenweise Silberkeile wie Steinhaufen auf der Straße lagen« (Pendle, S. 64).

Nie zuvor in der Geschichte war so viel Silbergeld in den Händen so vieler Menschen gewesen. Könige, Kaiser, Zaren und Pharaonen hatten immer große Reichtümer angesammelt in Form von Juwelen, Goldschätzen und Münzgeld, aber der Gesamtvorrat an Gold und Silber war ziemlich begrenzt, denn Edelmetalle waren selten. Eine königliche Schatzkammer barg so gut wie alles, was an Kostbarkeiten zusammengetragen werden konnte. Doch das änderte sich mit der Erschließung Amerikas. Nun verfügten die Menschen zum ersten Mal über große Mengen an Silber und Gold. Das traditionelle merkantile System Europas verwandelte sich schnell und unerbittlich in eine reine Geldwirtschaft, in der viele Menschen viele Waren kaufen konnten, und einzelne Bürger begannen, sich einen eigenen Geldvorrat anzulegen. Die Produktion nahm zu und die Menschen häuften Kapitalmengen an, von denen frühere Generationen nicht einmal geträumt hätten.

Möglich wurde dies durch das Silber des Cerro Rico. Gold ist ein wundervolles Metall zur Herstellung von Schmuck, zur Ausschmückung von Palästen und Kirchen, zur Herstellung einiger sehr wertvoller Münzen, aber für die Tausende und Millionen kleiner alltäglicher Transaktionen, die für eine Geldwirtschaft nötig sind, ist Silber besser geeignet. Ein Bäcker, der fässerweise Mehl einkaufen mußte, ein Weber, der seine Tuchballen verkaufte, ein Fischhändler, der den Fischern ihren Fang abkaufte – sie alle brauchten ein Zahlungsmittel in kleiner, aber wertbeständiger Münze. Die Entdeckung des Cerro Rico führte sie in die Weltwirtschaft; sie verfügten über reichlich gemünztes Geld und wurden dadurch zu aktiven Mitspielern in der Welt des Geldes.

Die Silberquellen der Alten Welt waren nie ergiebig genug, um den Bedarf an Münzgeld zu decken. Sogar zur Zeit der Römer führte die Silberknappheit immer wieder zu einer Währungsminderung, weil das Silber mit weniger wertvollen Metallen gestreckt werden mußte. Zeitweise sahen sich die römischen Kaiser sogar gezwungen, versilberte Münzen aus unedlen Metallen in Umlauf zu bringen oder ihre Heere damit zu bezahlen mit der Behauptung, es handle sich um echtes Silbergeld (Garraty und Gay, S. 223–224).

In den ersten fünfzig Jahren der Eroberung Amerikas verdreifachten sich die in Europa zirkulierenden Silber- und Goldmengen, und die Jahresproduktion Amerikas betrug das Zehnfache der übrigen Welt (Crow, S. 267–273). Die Zöllner in Sevilla, dem einzigen offiziellen Hafen Spaniens für Güter aus der Neuen Welt, verzeichneten in diesem Zeitraum die Einfuhr von sechzehntausend Tonnen Silber (Braudel, Bd. I, S. 510), nach heutiger Rechnung ein Wert von 3,3 Milliarden Dollar. Durch Piraterie und auf anderen illegalen Wegen gelangten vielleicht weitere fünftausend Tonnen nach Europa.

Potosí war die ergiebigste Silberquelle für die Spanier; aber sie schürften auch in den westlichen Bergen von Mexiko. Juan de Tolosa entdeckte 1546 eine größere Silberader in Zacatecas, dem Territorium der Chichimeken; er nannte die Mine La Bufa. Nachdem das Land Mexiko wesentlich größer war als Bolivien, entstanden dort auch mehr Minen. Nach La Bufa eröffneten die Spanier 1548 Silbergruben in Guanajuato, 1549 in Taxco, 1551 in Pachuca, 1555 in Sombrerete und Durango, und 1569 in Fresnillo (Wolf, S. 135). Obwohl sich keines dieser Vorkommen mit dem legendären Cerro Rico messen konnte, war der Gesamtertrag der Minen in Mexiko höher als der von Potosí.

Zur Zeit der Entdeckung Amerikas besaß Europa an Gold und Silber umgerechnet höchstens 200 Millionen Dollar, das sind rund zwei Dollar pro Person. Bis um 1600 hatte sich der Vorrat an Edelmetallen um annähernd das Achtfache erhöht (Webb, S. 138). Allein die mexikanische Münze prägte Silberstücke im Wert von zwei Milliarden *pesos de a ocho* (Crow, S. 267).

Zunächst sah es so aus, als würde das nach Europa strömende Silbergeld die Feudalordnung stärken; schließlich führte es jedoch zur Entstehung völlig neuer Gesellschaftsschichten und zu wesentlichen Veränderungen in vielen Ländern. Die neuen Münzen trugen zur Aufweichung der alten aristokratischen Ordnung bei, in der nur einige Privilegierte im Geldgeschäft mitwirken konnten. Die wesentlich größeren Geldmengen boten neue Möglichkeiten für neue Menschen. Obwohl alles Silber und Gold an Spanien ging, blieb es nicht dort, sondern breitete sich über ganz Europa aus. Der Habsburger Karl V. war Kaiser des Heiligen Römischen Reichs und zugleich König von Spanien, und dies erleichterte natürlich den Geldtransfer von Spanien in die Habsburger Erblande, in die Niederlande, nach Deutschland, in die Schweiz, nach Österreich und in die italienischen Staaten. Drei Fünftel des ungemünzten Silbers und Goldes, das aus Amerika nach Spanien gelangte, ging zur Begleichung von Schulden – meistens die Schulden einer verschwenderischen Monarchie – sofort wieder außer Landes. Spanien war, wie Cervantes im *Don Quijote* schrieb, »eine Mutter der

26

Fremden, eine Stiefmutter der Spanier« geworden (Wolf, S. 140, 114).

Edelmetalle aus Amerika machten Landbesitz als Grundlage für Wohlstand, Macht und Ansehen überflüssig. Zum ersten Mal gab es von einem Vermögenswert, der nicht aus Grundbesitz bestand, genug, um einen größeren und beständigen Maßstab für Wohlstand zu liefern. Dieses leicht zu transportierende und einfach zu handhabende Zahlungsmittel bereitete den Weg für eine neue Kaufmanns- und Kapitalistenklasse, die bald die ganze Welt beherrschen sollte.

Wie sich das neue Geld auswirkte, zeigte sich sehr deutlich im Hafen von Antwerpen, das dem Herzog von Burgund gehörte, bevor dieser Kaiser Karl V. wurde. Ludovico Guicciardini (1483–1589), ein Florentiner Diplomat, schrieb 1560 über die große Handelsstadt Antwerpen, er habe auf dem Markt »zahllose verschiedene Handelswaren vorgefunden, Edelsteine und Perlen von unterschiedlichster Qualität und Preislage, die die Spanier aus ihrem Westindien bringen und aus Peru, das sie ›America‹ nennen, und aus der Neuen Welt«. Insbesondere importierten sie von dort »eine große Menge Goldes und reinen Silbers, eingeschmolzen sowie geschmiedet, und das gleiche gilt für den größten Teil dieser neuen und glücklichen Welt« (Ross und McLaughlin, S. 185). Um das Jahr 1555 war Antwerpen zu einer Stadt von über 100 000 Einwohnern herangewachsen, obwohl es zur Zeit der Entdeckung Amerikas wahrscheinlich höchstens 20 000 waren (Wolf, S. 114).

Jean Bodin (1530–1596), ein französischer Rechtsgelehrter, schrieb 1568 als erster über die inflationäre Wirkung des amerikanischen Geldes. Er kam zu dem Schluß, daß es mehrere Gründe für das Ansteigen der Preise im 16. Jahrhundert gab, daß jedoch »der hauptsächlichste und nahezu alleinige Grund (den bis jetzt niemand erwähnt hat), das reichlich vorhandene Gold und Silber ist, von dem es heute in diesem Königreich viel mehr gibt als vor vierhundert Jahren« (Ross und McLaughlin, S. 202).

Das ungeheure Volumen der neuen Währung beeinflußte die Wirtschaft in ganz Europa. So waren 1570 in Neapel nur 700 000 Dukaten im Umlauf. Zweihundert Jahre später, 1751, waren es achtzehn Millionen. Diese achtzehn Millionen Dukaten konnten in einem Jahr mehrmals für die verschiedensten Transaktionen genützt werden, so daß die Zahl der Dukaten, mit denen gekauft und verkauft wurde, an die 288 Millionen herangereicht haben dürfte. Ähnlich sah es in Frankreich aus, das seinen Reichtum aus der Neuen Welt viel später als Spanien erhielt. Ungefähr 120 Millionen Franc waren 1670 im Umlauf, aber um 1770 waren es zwei Milliarden – das entspricht einer fünfzehnfachen Steigerung innerhalb eines Jahrhunderts (Braudel, Bd. I, S. 510).

Das amerikanische Silber reiste sehr schnell durch ganz Europa und beeinflußte ebenso schnell und nachteilig die Wirtschaft seiner Nachbarn in der Alten Welt, vor allem das Osmanische Reich, das im 16. Jahrhundert die heutige Türkei, Griechenland, den größten Teil des Nahen Ostens, Nordafrika und große Gebiete im östlichen Europa beherrschte. Die osmanische Silber*akče* fiel Ende 1584 plötzlich um die Hälfte ihres Werts und verlor ihren bedeutenden Platz im Welthandel für immer. (Garraty und Gay, S. 613). Nach jahrhundertelangem Kampf zwischen Muslimen und Christen trug das amerikanische Silber im Lauf des folgenden halben Jahrtausends wahrscheinlich mehr als alle anderen Faktoren dazu bei, die Macht des Islam zu untergraben.

In *Der Wohlstand der Nationen* beschreibt Adam Smith ausführlich, mit welcher Wucht das amerikanische Silber die Weltwirtschaft traf. Eine Generation nach der Inbetriebnahme der Bergwerke von Potosí habe mit dem dort gewonnenen Silber eine Inflation eingesetzt, die ungefähr ein Jahrhundert lang anhielt und den Wert des Silbers auf seinen niedrigsten Stand in der Geschichte fallen ließ (Smith, S. 172). Der neue Wohlstand in den Händen der Europäer höhlte den aller anderen Länder in der Welt aus und gestattete Europa, sich zu einem internationalen Wirtschaftssystem zu entwickeln.

Das Silber Amerikas machte zum ersten Mal eine Weltwirtschaft möglich, denn ein großer Teil davon floß nicht nur zu den Osmanen, sondern auch nach China und Ostindien; sie alle bekamen den Einfluß der neuen Silbervorkommen und der genormten Silberwerte zu spüren. Europas Konjunktur boomte, und die Leute wollten jede Tee- und Kaffeesorte, alle Seiden, Baumwollen und Gewürze, die der Rest der Welt zu bieten hatte. Asien nahm viel Silber ein, mußte aber wie Europa eine Inflation des Silbers hinnehmen. In China betrug im Jahr 1368, also vor der Entdeckung Amerikas, der Silberwert ein Viertel des Goldwerts; im Jahr 1737 war er auf ein Zwanzigstel gesunken – ein Verlust von einem Fünftel des früheren Silberwerts (Weber, S. 5). Die Flut amerikanischen Silbers erreichte Asien über den Pazifik, von Acapulco über Manila auf den Philippinen, von wo aus es als Zahlungsmittel für Gewürze und Porzellan nach China gelangte.

Asien profitierte zumindest vorübergehend von der Entdeckung Amerikas, doch für Afrika war es von Anfang an ein schwerer Schlag. Amerika lieferte alles Silber und Gold, das in Europa gebraucht wurde, und das bedeutete für die afrikanischen Goldmärkte und die davon abhängigen Wirtschaftsstrukturen das Ende. Städte wie Timbuktu und das mächtige Reich der Songhai, zu dem Timbuktu gehörte, zerfielen, als die Händler die alten Handelsrouten aufgaben. Um den zusammengebrochenen Mittelmeerhandel mit Stoffen, Perlen, Leder und Metallen, auf den die Afrikaner inzwischen angewiesen waren, zu ersetzen, konnten sie nur auf eine einzige Ware zurückgreifen, für die bei den Europäern Nachfrage bestand: Sklaven. Die afrikanischen Händler hatten seit Jahrhunderten Sklaven in kleinen, ziemlich gleichbleibenden Mengen in den Mittleren Osten verkauft, doch mit dem Verfall ihres traditionellen europäischen Handels und der Erschließung Amerikas erreichte der Sklavenhandel Hochkonjunktur. Auf diese Weise wurden die Afrikaner ebenso Opfer der Entdeckung Amerikas wie die Indianer.

Gleich in den ersten Jahren nach der Entdeckung von Potosí holten die Spanier sechstausend afrikanische Sklaven als Bergarbeiter nach Amerika, die jedoch in der großen Höhe bald starben. Die Kolonialregierung belegte daraufhin die Indianer mit der *mita,* wie es in Quechua, der Sprache der Inka hieß – einer unbezahlten Zwangsarbeit in den Minen. Die Indianer aus allen Teilen der Hochländer von Peru und Bolivien mußten zu Fuß und oft über Hunderte von Meilen nach Potosí kommen. Sie arbeiteten ungefähr alle vier Jahre in den Minen, obwohl sie laut Gesetz nur alle sieben Jahre zu einem Jahr Bergwerksarbeit verpflichtet gewesen wären. Die Familien mußten den Bergarbeiter mit Lebensmitteln versorgen und mit den Kerzen, die er bei seiner Arbeit benötigte. Die Indianer gingen am Montag morgen in die Mine und kamen erst am Samstag wieder heraus. Pro Tag mußte jeder eineinhalb Tonnen Erz aus dem Berg schlagen, es hundertpfundweise in Säcke schaufeln, durch ein Labyrinth von kleinen Gängen, die oft nur so hoch waren, daß man hindurchkriechen mußte, in den Hauptschacht schleppen und von dort über Leitern hundert und mehr Meter nach oben tragen. In den ersten Jahrzehnten des *mita*-Systems starben vier von fünf der zur Zwangsarbeit herangezogenen Männer in den Minen (Crow, S. 269).

Als ich mit einer batteriebetriebenen Lampe am Helm die älteren Schächte besichtigte, konnte ich mich darin kaum bewegen, obwohl ich keinen Doppelzentner Erz hinter mir herzog. Während ich von einer Leiter zur anderen stieg, tropfte das Schmutzwasser von den Stiefeln des Mannes über mir auf mich nieder. Ich mußte mich an den lehmverschmierten Sprossen ordentlich festhalten, um nicht abzurutschen, und zog mir dabei etliche Splitter ein. Wo ich ging, watete ich bis über die Knöchel im Wasser und bekam trotz meiner modernen Bergarbeiterstiefel nasse Füße. Obendrein war es in dem Berg so kühl, daß ich meinen Atemhauch sehen konnte, sobald sich der Staub genügend gelegt hatte; zusätzlich erschwert wurde das Ganze durch die dünne Luft in 4800 m Höhe über dem Meeresspiegel.

Wenn ein indianischer Arbeiter sein Soll nicht erfüllte, zwangen ihn die spanischen Aufseher trotz dieser harten Arbeitsbedingungen, auch am Sonntag zu arbeiten, verlängerten seine *mita* über das Jahr hinaus oder zwangen seine Familie, mit Waren oder Leistung für die Arbeit zu bezahlen, die der Mann selbst nicht hatte erbringen können. So kam es, daß oft mehrere Familienmitglieder, einschließlich Frauen und Kinder, in der Mine mitarbeiten mußten, um die einer einzigen Person aufgebürdete Arbeit zu bewältigen (Werlich, S. 43).

Obwohl die Indianer den größten wirtschaftlichen Aufschwung in der Weltgeschichte ermöglichten und obwohl dieser Boom zur Entstehung der großen kapitalistischen Weltwirtschaft führte, leben sie selbst noch heute in größter Armut. Sie leben in einem mit großen Schwierigkeiten kämpfenden Land, in dem die Preise oft von einer Stunde zur anderen steigen und der Wert von einem Tag Arbeit über Nacht um ein Viertel fallen kann.

Heute erhebt sich auf dem Talboden neben dem Cerro Rico in Potosí ein künstlicher Berg aus Millionen Tonnen aufgeschütteten Gesteins, das nach der Gewinnung des kostbaren Metalls übrigblieb. Es ist der Huakajchi, der »Berg, der weinte«, ein riesiger, von innen nach außen gekehrter Berg aus dem Herzen des Cerro Rico. Auf diesem künstlichen Berg wird jetzt ebenfalls Erz abgebaut oder besser gesagt, er wird nach Erz abgesucht, nachdem der Reichtum des Cerro Rico nahezu erschöpft ist. Indianische Frauen, die noch in dieser Gegend leben, wühlen im Schuttberg nach kleinen Erzbrocken, die bei der ersten Schürfung übersehen wurden. Ihre Not zwingt sie heute, den Abfall ihrer Vorfahren aufzulesen.

Potosí, die Stadt, die das Silber für den Aufstieg des Kapitalismus lieferte, hat heute nichts mehr zu bieten. Die Bergwerke fördern nur noch Zinn, doch seit der weltweiten Verbreitung von Plastik ist Zinn praktisch wertlos geworden. Die große Münze von Potosí, die vom 16. bis ins 20. Jahrhundert hinein das Leben von acht Millionen indianischen Bergarbeitern verschlang und Milliarden von Silbermünzen prägte, dient heute als Museum, das überwiegend von Schulklassen besucht wird (Galeano, S. 50). Münzgeld gibt es in Bolivien nicht mehr, nur billiges Papiergeld, das auch noch importiert werden muß. Mitte und Ende der 1980er Jahre, als die jährliche Inflationsrate zwischen 2000 und 15000 Prozent schwankte, bestand der größte Einfuhrposten Boliviens aus Banknoten mit Nennwerten von Millionen von Pesos, die von deutschen und brasilianischen Firmen gedruckt wurden.

Auch Europa zahlte den Preis für seine Habgier. Spanien, der größte Nutznießer des Potosí-Silbers, stürzte sich selbst in den Bankrott. Um 1700 war es zu einer wirtschaftlich und politisch unbedeutenden Macht herabgesunken, und sogar die Habsburger-Dynastie verlor Spanien an die Bourbonen. Seitdem opferte Spanien immer wieder die eine oder andere Generation seiner jungen Männer in blutigen internationalen Auseinandersetzungen oder Bürgerkriegen. Das Land, das einmal ein Reich regierte, das

31

größer war als jedes andere in der heutigen Welt, degenerierte zu einem armen Hinterland Europas. Es verlor riesige Teile seines amerikanischen Besitzes an Portugal, England, Frankreich, die Niederlande und sogar an Schweden, und die immer noch ungeheuer großen Gebiete, die Spanien nominell beanspruchte, wurden von Kaufleuten und Handelsgesellschaften aus England, den Niederlanden und Frankreich ausgeplündert. Zur Zeit des amerikanischen Unabhängigkeitskrieges waren in den englischsprachigen Kolonien Nordamerikas mehr mexikanische Silberdollar in Umlauf als in Spanien (Fehrenbach, S. 294).

Das Silber von Potosí förderte Spaniens Niedergang beinahe so, als haftete ein Fluch an ihm, geschrieben mit dem Blut der unzähligen Indianer, die dafür starben. Der Fluch beschränkte sich nicht auf Spanien. Das Geld floß in die Hände der gierigen holländischen, britischen und französischen Händler und Piraten, und eine Weile schien es, als wären sie imstande, es klüger zu nutzen und mehr daraus zu machen als die Spanier. Sie verwendeten es zur Modernisierung und Vergrößerung ihrer Flotten und Armeen, mit denen sie dann nahezu jedes Land auf der restlichen Welt kolonisierten und Afrika, Asien sowie die Pazifischen Inseln untereinander aufteilten, um neue Imperien zu schaffen, in denen die Sonne nicht untergehen würde. Aber sie bekriegten sich immer wieder und bis zur Mitte des 20. Jahrhunderts waren auch diese Reiche zerfallen. Die Briten standen letztlich nicht besser da als die Spanier. Die wirtschaftliche Macht in Europa hatte sich nach Deutschland und in die Sowjetunion verlagert, in die zwei Nationen, die den geringsten Anteil und den geringsten Profit an dem Blutgeld von Potosí hatten.

Der Cerro Rico ist das erste und wahrscheinlich bedeutendste Monument des Kapitalismus, der sich daraus ergebenden industriellen Revolution und der wirtschaftlichen Blüte der Städte im neuen kapitalistischen System. Potosí war die erste Stadt des Kapitalismus, denn es lieferte den dafür nötigen Grundstoff: das Geld. In Potosí wurde das Geld gemacht, das den Kurs der wirtschaftlichen Entwicklung in der Welt unwiderruflich geändert hat.

2
Piraterie, Sklaverei und die Entstehung der Handelsgesellschaften

Die Verkäuferin, eine ältere Frau mit ergrautem Haar, und eine blutjunge Gehilfin saßen still hinter dem Ladentisch und blickten durch das Fenster zu dem leerstehenden Gebäude auf der anderen Seite der Victoria Street. Es war ein ruhiger Mainachmittag in Thunderbay, Ontario, ein Tag in jener Übergangszeit zwischen dem Tauen des Eises und den ersten Blüten und Vogelstimmen des Frühlings. Auf der einen Seite des Ladens stapelte sich warme Winterkleidung – Pelzparkas, Fäustlinge und riesige Schals –, auf der anderen hingen Felle von Kaninchen, Bisamratten, Waschbären und Eichhörnchen, dazwischen Miniaturtomahawks mit roten und blauen Federbüscheln, Püppchen aus Wildleder in der Kindertracht der Ojibwa oder Cree, kleine Trommeln mit dem Aufdruck »Souvenir of Canada«. Auf einem schwarzen, samtartigen Bild rekelte sich eine nackte Eskimofrau auf Polarfuchsfellen.

In einer Vitrine waren kleine Schachteln aus Birkenrinde ausgestellt, hübsch verziert mit buntgefärbten und zu Blumenornamenten verwobenen Stachelschweinborsten und auf duftende Kräuter gebettet, deren strenger Geruch sowohl die Schachteln als auch die dicke Staubschicht durchdrang, die sie bedeckte. Auf dem obersten Bord der Vitrine standen Specksteinschnitzereien von Eskimos und kleine, grell bemalte Totempfähle. In einem Regal stapelten sich Mützen mit aufgedruckten Slogans wie »Wine, Women and Walleye« in Anspielung auf den bei Anglern beliebten »walleye pike«, den Glasaugenbarsch. An den Wänden hingen Mückenfallen aus Eisen für den »kanadischen Riesenmoskito«, Klemmschrauben, die einem rosaroten Panther und seinen pastellfarbenen Freunden ähneln, und abgepackte Plastikperlen für Kunden, die sich selbst einen »echten« Indianergürtel oder Indianerhalsschmuck machen wollen.

Der Laden unterschied sich kaum von Hunderten anderer Souvenirshops in Nordamerika. Er lag in einem leicht heruntergekommenen Stadtviertel, nur eine Querstraße entfernt vom ansprechend renovierten Stadtzentrum, der Scotia Bank und dem Nordufer des Oberen Sees. Die Ortsgruppe der American Hockey Association hatte ihren Sitz im Haus nebenan, und mehrere kleine Einzelhandelsgeschäfte verteilten sich über den Rest der Straße. An der Ecke zur breiten Einkaufsmeile sah man nordisch blonde und indianische Teenager beisammenstehen, die offensichtlich nichts anderes im Sinn hatten, als nach einem langen und kalten kanadischen Winter den Aufenthalt im Freien zu genießen.

Dennoch ist der Laden, von dem hier die Rede ist, etwas Besonderes, denn er gehört der Hudons's Bay Company, der ältesten Handelsgesellschaft der Welt. Es gibt sie seit dem 2. Mai 1670, als der englische König Charles II. für die »Honorable Company of Adventurers of England Trading in Hudson's Bay« – die »Ehrenwerte Gesellschaft der in der Hudsonbai Handel treibenden Kaufleute von England« – das Privileg unterzeichnete. Sie war die letzte der großen Handelsgesellschaften, aber auch die erste moderne Aktiengesellschaft. Die Ursprünge dieses kleinen geschmacklosen Ramschladens und seiner Muttergesellschaft gehen letztlich auf das Silber von Potosí und auf die britischen Piraten zurück, die den Silberschiffen auflauerten und sie überfielen. Obwohl die Gesellschaft mit großen finanziellen Schwierigkeiten zu kämpfen hatte und in den 1980er Jahren einige ihrer Einzelhandelsgeschäfte verkaufte, ist sie auch heute noch die größte Pelzhandelsgesellschaft der Welt.

Einige der modernen Hudson's-Bay-Kaufhäuser in Städten wie Winnipeg haben Parkgaragen im Haus und ein Warenangebot, das vom Fernseher und PC bis zu teurem Schmuck und importierter Markenkleidung reicht. Andere Geschäfte in den weiter abgelegenen Teilen Kanadas führen wie früher nur einfache Haushaltwaren, Werkzeuge, Grundnahrungsmittel und natürlich die traditionelle Hudson's-Bay-Decke.

In der Stadt Thunder Bay, die durch die Vereinigung der beiden Städte Port Arthur und Fort William entstand, leben ungefähr 150 000 Menschen. Thunder Bay ist Kanadas drittgröß-

ter Hafen und Meile Null am St. Lawrence Seaway, einem zweitausend Meilen langen Schiffahrtsweg, der durch die großen Seen
und den St.-Lorenz-Strom in den Nordatlantik führt. Thunder
Bay ist heute vor allem Umschlagplatz für Weizen aus den riesigen Anbaugebieten von Saskatchewan und Manitoba sowie für
Holz oder Holzprodukte aus den Wäldern im Norden von Ontario. Bis vor kurzem zählten auch Eisenerz und Pottasche zu den
Hauptausfuhrgütern, und davor spezialisierte sich der Hafen auf
den Export von Pelzen.

Die ersten Bauten an diesem Ort entstanden ausschließlich für
den Pelzhandel. Die North West Company of Montreal errich-
tete hier 1803 das Fort William als Sammelstelle für Pelze aus ganz
Westkanada – ein Gebiet, das bis zur Pazifikküste und zum Yu-
kon reichte. Mehrere Schotten, die während des Unabhängigkeitskrieges aus den USA fliehen mußten, hatten 1797 die North
West Company gegründet und versuchten ganz bewußt, die
wesentlich ältere Hudson's Bay Company zu kopieren und ihr
Konkurrenz zu machen, indem sie sich auf eine südliche Pelzhan-
delsroute durch den St.-Lorenz-Strom und die Großen Seen konzentrierten. Im Gegensatz zur Hudson's Bay Company, die ihren
Hauptstützpunkt an der Mündung des Hayes River in der Hudsonbai errichtet hatte und die erwartete, daß die Indianer ihre
Pelze dorthin brachten, ging die North West Company selbst zu
den Indianern und gründete überall im Westen Handelsposten,
die zu einem Netzwerk verbunden waren. Diese neue Strategie
bewährte sich eine ganze Weile, doch 1821 kam es zu einer Fusion
mit der mächtigeren Hudson's Bay Company, die sämtliche
Handelsposten der North West Company schluckte, darunter
auch solche wie Fort William, gleichzeitig aber auch deren Strategie übernahm. Damit war die Hudson's Bay Company für den
Konkurrenzkampf mit der von John Jacob Astor – dem reichsten
Mann der Vereinigten Staaten – in der ersten Hälfte des neunzehnten Jahrhunderts gegründeten American Fur Company ge-
rüstet.

Der Handelsposten Fort William lag in der Nähe des heutigen
Kaufhauses der Hudson's Bay Company in Thunder Bay, an der
Stelle, wo der Kaministikwia River in den Oberen See mündet.

Obwohl der Ortsname militärisch klingt, war Fort William immer nur ein Handelsfort, das von den Truppen privater Unternehmer bewacht wurde. Die Gesellschaft hatte ihr Zentrum wie eine Festung gebaut, umgeben von einer rechteckigen Palisade und Wachtürmen, von denen jedoch nie das Herannahen feindlicher Truppen, sondern fast ausschließlich die Ankunft schwerbeladener Kanus gemeldet wurde. Nur in Zeiten, in denen es zu Feindseligkeiten mit den USA kam, wie im Krieg von 1812, mußt die Company ihr Fort vor möglichen Angriffen schützen.

Das Handelsfort war den größten Teil des Jahres verlassen und belebte sich erst im Sommer, wenn die Seen und Flüsse auftauten und sich die gut zweitausend *Voyageurs* (Reisende) im gesamten westlichen Kanada auf den Weg machen konnten, um die von den Indianern gefangenen dichten Winterpelze nach Fort William zu bringen. Aus Montreal kamen dann die Vertreter der Company, um die Pelze abzuholen, und brachten Zucker, Rum, Tabak, Kleidung und Perlen mit und was sie sonst noch alles im nächsten Winter an Proviant und Tauschwaren brauchten.

Die französisch sprechenden Voyageurs wurden von den schottischen Herren und Angestellten der Company nur ins Fort gelassen, wenn es Geschäftliches zu regeln galt. Sie kampierten außerhalb des Forts in der Nähe des Lagers der Indianer, die an die Thunder Bay kamen, um an die Leute der Company Mais, Birkenrinde oder andere einheimische Produkte zu verkaufen. Etliche hundert Indianerinnen arbeiteten für das Fort, wo sie unter anderem auch die für den Bau von Kanus notwendige Schwerarbeit verrichteten. Von den Männern beaufsichtigt, schälten sie Birkenstämme und machten die Rinde geschmeidig, bevor sie sie mit Kiefernwurzelfäden auf die Bootsrahmen nähten und mit Harz beschichteten, damit das fertige Kanu nicht sank. Die Kanus waren so groß, daß mehrere Tonnen Vorräte darin transportiert werden konnten. Die Voyageurs und die Schotten, deren europäische Frauen und Familien in Montreal lebten, heirateten auch Indianerinnen.

Die wichtigste Handelsware des Forts waren die Biberpelze, die, zu kleinen Packen von rund neunzig Pfund gepreßt, über Montreal nach London verschifft wurden. Vom Fang des Tiers bis zur Ankunft des Pelzes auf dem englischen Mark vergingen zwei Jahre. Die unerwünschten langen Haare des Biberpelzes wurden entfernt; nur das weiche kurze Haar blieb stehen und wurde zu einem dicken Filz gepreßt. Das daunige Unterhaar bildete einen geschmeidigen und kräftigen Filz, der sich hervorragend zur Herstellung der von den Männern des 19. Jahrhunderts so geschätzten Zylinder eignete. Der Filz aus Biberpelz übertraf jeden anderen, denn er war aufgrund des gut zusammenhaltenden Haars formbeständig und wasserdicht, eine wichtige Eigenschaft im regnerischen Europa vor der Erfindung des Regenschirms. Hüte aus Biberpelz hatten keinerlei Ähnlichkeit mit einem Pelz und konnten passend zu den Anzügen der Herren in zahlreichen Farbabstufungen von Braun, Grau und Schwarz hergestellt werden. Dank der Geschmeidigkeit des Biberfilzes bei der Verarbeitung und seiner Formfestigkeit nach der Fertigstellung konnten die Hutmacher mit einer Vielzahl von Formen experimentieren und verwendeten ihn ebenso für den militärischen Dreispitz wie für den Zylinder mit den verschiedenartigst gerollten Krempen.

Die Trapper brachten auch billigere Felle nach Fort William, zum Beispiel die von Bisamratten, aus denen sich ein weniger hochwertiger Filz für die Hüte ärmerer Männer herstellen ließ. Mit Fellen von Wolf, Fuchs, Kaninchen, Mink, Bär, Vielfraß, Otter, Waschbär und sogar Eichhörnchen fütterten die Schneider Manteltaschen aus; besonders schöne Felle wurden als Innenfutter für Mäntel verarbeitet. Die damalige Mode schrieb vor, daß Pelz stets nach innen getragen wurde, weil man den Anblick eines nach außen getragenen Pelzes als zu barbarisch empfand, sofern er nicht zu einem anderen Material wie zum Beispiel Filz verarbeitet war.

Der Pelzhandel begann eigentlich als ein Handel mit Luxusware; aber die Aktivitäten der Hudson's Bay Company erreichten einen solchen Umfang, und es gab so viele Pelze, daß sich mit der Zeit sogar die Mittelklassen Biberfilz leisten konnten. Anders als in Eurasien, wo Hermelin, Zobel und Marder seit Jahrhunderten stark überjagt waren, gediehen die Pelztiere Amerikas ungeheuer zahlreich, und besonders der Biber wurde in so großen

Mengen gefangen, daß man seinen Pelz den »Demokratisierer« nannte. Der Handel mit Biberfellen, der um 1600 als tröpfelnde Quelle begonnen hatte, entwickelte sich bis 1650 zu einem Strom und um 1700 mit der Hudsons's Bay Company zu einer wahren Flut (Davis, S. 168–174).

Die romantische Geschichte der indianischen Trapper, der Grenzer, Voyageurs und Händler, die gegen die Elemente und gegeneinander kämpften, hat den Blick auf den ganz und gar kommerziellen Charakter und die gute Organisation dieser frühen Unternehmen wie z. B. der Hudson's Bay Company völlig verstellt. Die Voyageurs und Grenzer wurden als unabhängige Männer gefeiert, die ein rauhes Leben führten und aus der zivilisierten Welt ausbrachen auf der Suche nach persönlicher Freiheit und Selbstverwirklichung. Sie gingen als idealisierte Vorfahren in die amerikanische Geschichte ein. Obwohl sie zuviel tranken, zu selten badeten und ungeniert mit indianischen Frauen schliefen, wurden sie in Romanen und Filmen als die wahren Helden der nordamerikanischen Geschichte verherrlicht.

In Wirklichkeit arbeiteten diese Männer im Auftrag der Company, die den ihnen zustehenden Lohn in den Städten im Osten einbehielt und sie mit allem versorgte, was sie nach Ansicht der Company brauchten. Die Company gab sogar die üblichen Lederhosen, Mokassins und Hüte aus, die dann für spätere Generationen *die* Symbole für Unabhängigkeit wurden. Eingestellt wurden nur kräftige Männer, denn sie mußten laut Vertrag auf den Tragstrecken zwischen den Flüssen mindestens zwei Packen von je neunzig Pfund auf dem Rücken tragen – wer mehr tragen konnte, erhielt einen Bonus –, und sie mußten zusammen mit anderen Männern ein Lastkanu mit einer Geschwindigkeit von mehr als einem Schlag pro Sekunde vorantreiben können mit zehn Minuten Pause alle fünfzig Minuten. Das Einstellungspersonal suchte Männer von möglichst gleicher Größe und gleichem Gewicht, weil auf den Tragstrecken für das Kanu vier Männer benötigt wurden und unterschiedlich große Männer das Tempo bei den Portagen verlangsamt hätten. Und man suchte Männer mit kräftigen, aber nicht zu langen Beinen, damit im Kanu möglichst viel Stauraum für Pelze blieb. Der Pelzhandel war ein äußerst durchorganisiertes und scharf kalkuliertes Gewerbe, das eine Standardisierung sowohl der Arbeiter als auch des Produkts erforderte.

Laut Vertrag bekam der Voyageur seinen Lohn ausbezahlt, wenn er am Ende der Saison zurückkehrte. Doch nur wenige Männer konnten danach einfach ihrer Wege gehen; die meisten waren bei der Company verschuldet, die ihnen Extrakleidung und auch einen Teil der gelieferten Vorräte berechnete. Die Company fand es auch angemessen, die Hinterlegung eines bestimmten Geldbetrags zu fordern, wenn einer ihrer Männer eine indianische Frau heiratete; angeblich für den Unterhalt von Frau und Kindern. Da sie häufig nicht über eine solche Summe verfügten, mußten sie eben weiter für die Company arbeiten. Selbst wenn ein Mann keine Schulden bei der Company machte, auf Frau und Familie verzichtete, konnte es ihm passieren, daß er von den Leuten der Company ins Gefängnis gesteckt und so lange verprügelt wurde, bis er »freiwillig« seinen Vertrag erneuerte. Bei der Auswahl ihrer Arbeiter und in ihrer Firmenpolitik bedienten sich die Hudson's Bay und die North West Company vollkommen moderner Geschäftsmethoden. Sie waren Pioniere in personalpolitischen Verfahrensweisen, die sich bei der Entwicklung der Industriegesellschaft und moderner Fabriken im 19. Jahrhundert bewährt haben.

Heute steht in Thunder Bay am Rand der Stadt eine neue Version von Fort William, und während der warmen Monate strömen junge Leute dorthin, um das Leben der Grenzer nachzuleben. Sie nehmen die Namen von historischen und mythischen Gestalten an, die mit dem Fort verbunden sind, kleiden sich wie im 19. Jahrhundert und leben während der warmen Jahreszeit in dieser historischen Rolle. Sie bauen Kanus, paddeln die Flüsse hinauf und hinunter, halten fingierte Pelzauktionen ab, geben für die Companybesitzer jeden Tag ein stattliches Dinner, schießen mit Kanonen Salut, wenn eine neue Gruppe eintrifft, und bewirten Indianer, die ihre Tipis außerhalb des Forts aufstellen. Sie spielen das Leben in diesem frühen Handelsposten nach. Fort William ist nach der Skisaison zur beliebtesten Touristenattraktion in Thunder Bay geworden. Übergewichtige, in Plastiksan-

dalen watschelnde Frauen zerren an den Armen ihrer gelangweil-
ten und von Eiscreme klebenden Kinder, damit sie vom Fami-
lienvater vor dem Hintergrund dieses lebenden Geschichtsbildes
am Ufer des Oberen Sees geknipst oder gefilmt werden. Die
Szene ist deutlich anders als die in Potosí, das hoch in den Anden
und viele tausend Meilen weit im Süden liegt.

Die direkte Verbindung zwischen der Hudson's Bay Company
und modernen zeitgenössischen Unternehmen ist klar erkennbar.
Ebenso direkt, aber längst nicht so offensichtlich sind die historischen und ökonomischen Verbindungen zum spanischen Silber
und zu den Minen von Potosí. Die moderne Kapitalgesellschaft
entstand bei der Suche der Briten nach amerikanischem Silber
und Gold. Spanien benutzte die Konquistadoren, um Amerika
auszuplündern; für die Briten taten dies die Piraten und die privaten Handelsgesellschaften.

Die Spanier hatten in Sevilla mit der Casa de Contratación,
dem Haus des Handels, eine Einrichtung geschaffen, die für die
Überwachung, Genehmigung und Zollerhebung des gesamten
Handels sowie für die Einwanderung und Reisen nach Amerika
zuständig war, jedoch keineswegs wie eine moderne Handelsgesellschaft arbeitete, sondern mehr wie eine mittelalterliche Institution. Nachdem es die Spanier für unter ihrer Würde hielten,
sich direkt an der Produktion oder am Handel zu beteiligen,
wanderte das Geld von Potosí sehr schnell auf die Konten französischer, holländischer und englischer Gesellschaften, die Spanien
mit Tuchen, Kanonen, Leder und anderen für die Kolonisierung
notwendigen Waren belieferten. Diese Güter passierten alle den
Hafen von Sevilla, aber sie stammten nicht aus Spanien. Bis zum
Jahr 1595 hatten die Holländer praktisch die Kontrolle über das
Haus des Handels übernommen; sie hatten Sevilla (Braudel,
Bd. III, S. 225) »in aller Stille erobert«. Zusätzlich machten viele
nicht-spanische Freibeuter große Profite mit nach Amerika ge-
schmuggelten Waren. Obwohl die spanische Krone jeden amerikanischen Handel verbot, der nicht über ihre Casa de Contratación lief, setzten sich in der zweiten Hälfte des 17. Jahrhunderts
zwei Drittel des gesamten Handelsvolumens mit dem spanisch
kolonisierten Amerika aus den Frachten der französischen, hol-

ländischen und englischen Schmugglerschiffe zusammen (Helms, S. 159).

Was die Spanier in der Neuen Welt am dringendsten benötigten, waren Sklaven, weil sie die meisten Indianer der karibischen Inseln und der anderen Küstengebiete bereits getötet hatten und feststellen mußten, daß die Indianer aus den Hochländern sehr schnell an Krankheiten wie Malaria und Gelbfieber starben, wenn man sie ins Tiefland verschleppte. Die Schiffe der Spanier waren mit dem Transport ihrer Beute von Amerika nach Spanien und dem von Reisenden und Waren in umgekehrter Richtung völlig ausgelastet und konnten nicht auch noch nach Afrika fahren, um Sklaven für die Kolonien herbeizuschaffen. Diese Arbeit nahmen ihnen britische und holländische Handelsgesellschaften bereitwillig ab. Das erste britische Unternehmen dieser Art startete 1562 unter dem Kommando von John Hawkins (Williams, S. 30–39). Schirmherrin war Königin Elisabeth I. Unter den Kapitänen, die für Hawkins fuhren, bewährte sich 1568 besonders der damals siebenundzwanzigjährige Francis Drake auf dem Sklavenschiff *Judith*. Dieses Unternehmen war der Beginn einer engen wirtschaftlichen Beziehung zwischen Drake und Hawkins, die viele Jahre dauern sollte, bis Drake seinen Mentor an Reichtum und Ruhm übertraf.

Auf seinen frühen Reisen wurde Drake klar, welchen ungeheuren Reichtum die Spanier alljährlich in Amerika erbeuteten und daß über den legalen Handel höchstens einige Krümel davon für ihn abfallen würden. 1571 wagte er seinen ersten Überfall auf Panama von der weniger dicht bewohnten atlantischen Küste aus. Bei diesem Landausflug sah er zum ersten Mal den Pazifischen Ozean und schwor sich, eines Tages mit einem Schiff dorthin zu fahren und nach den spanischen Schätzen zu suchen, deren Herkunftsort Potosí er vielleicht oder vielleicht auch nicht gekannt hatte. Um diesen Traum zu verwirklichen, bildete Drake 1577 ein Investorensyndikat zur Finanzierung einer Reihe von Überfällen auf die geheimnisvolle Quelle des spanischen Reichtums an der Pazifikküste von Südamerika in dem praktisch unbekannten spanischen Reich Peru. Der Sklavenhändler John Hawkins unterzeichnete sofort als einer der Hauptinvestoren, und einige Männer aus seiner Familie begleiteten Drake. John Hawkins stellte auch das Schiff für dieses finanzielle Abenteuer zur Verfügung, die *Pelican*, der Drake jedoch später wegen ihres etwas plebejischen Namens den aristokratischeren Namen *Golden Hind* gab. Mit diesem Unternehmen war eine der frühen britischen Handelsgesellschaften ins Leben gerufen, die für eine gewisse Zeit und für eine bestimmte Rendite organisiert wurden. Königin Elisabeth I. billigte dieses Syndikat und gehörte höchstwahrscheinlich selbst zu den Investoren; obwohl sie als Königin auf dem Thron saß, fehlte ihr das Geld, solche Unternehmungen allein zu finanzieren (Morison, S. 677).

Am 7. Februar 1579 erreichte Drake von Süden her entlang der heute chilenischen Küste den Hafen von Arica, wo die Spanier das Silber von den Lamas und Mulis auf Schiffe umluden. Er nahm die kaum verteidigte Stadt ein, die nie zuvor ein englisches Schiff gesehen hatte und auf einen Angriff völlig unvorbereitet war, konfiszierte einige Silberbarren und eine Truhe voll Pesos und lief sofort wieder aus, um das Schatzschiff zu verfolgen, das in Richtung Lima und Panama unterwegs war. Bald darauf überwältigte er die arglose Crew der *Nuestra Señora de la Concepción* und erbeutete in dem bis damals größten bekannten Piratenstreich von diesem Schiff einen Schatz, von dem niemand weiß, wie viele Millionen Dollar er heute wert gewesen wäre. Nach dem Bericht von Francis Pretty, einem der »gentlemen«, die unter Drake fuhren, stahlen sie »dreizehn Kisten Silberreals, Gold im Gewicht von achtzig Pfund und sechsundzwanzig Tonnen Silber« (Pretty, S. 11).

Auf der Weiterfahrt nach Norden plünderte Drake mehrere spanische Siedlungen im heutigen Chile, in Peru, Mittelamerika und Mexiko. Pretty erwähnt, daß sie bei einem dieser Überfälle einen Spanier im Schlaf überraschten, »der neben sich dreizehn Silberbarren liegen hatte im Wert von 4000 spanischen Dukaten«. Und Pretty fügt hinzu: »Wir nahmen das Silber und ließen den Mann zurück« (Pretty, S. 10). Obwohl Drake überall als der große Gentleman auftrat und mit seiner Ritterlichkeit und Großzügigkeit prahlte, indem er zum Beispiel Gefangenen üppige Geschenke machte, plünderte er gnadenlos Reiche wie Arme.

Katholische Kirchen galten ihm als besonders gewinnträchtige Ziele; er raubte sie aus mit der Entschuldigung, die Katholiken hätten oft genug Protestanten verfolgt. Drakes Männer stahlen, was sie in die Finger bekamen, und brachen sogar aus den Kruzifixen Smaragde und Edelmetalle heraus. Was sie nicht wegschleppen konnten, zerstörten sie, weil es katholisch und deshalb in ihren Augen götzendienerisch und schlecht war.

Die *Golden Hind* ächzte unter der Last des Silbers; ihre Hölzer verzogen sich, die Nähte platzten und sie wurde leck. Drake suchte Zuflucht an der unbekannten kalifornischen Küste im Norden der spanischen Siedlungen, wo er sich verstecken und sein Schiff im Lauf des Sommers 1579 überholen konnte (Morison, S. 699). Wo Drake damals an Land ging, war lange Zeit strittig, aber inzwischen gibt es gewisse Beweise, daß er sein Schiff in die Bucht von San Francisco gebracht hat. Drake nahm das Land im Namen von Königin Elisabeth in Besitz und nannte es Nova Albion nach dem lateinischen Namen für England; er machte Kalifornien zum ursprünglichen Neuengland.

Nachdem Drake das Schiff mit Hilfe der Indianer repariert und neu verproviantiert hatte, fuhr er in westlicher Richtung über den Pazifischen Ozean nach Hause. Ein Jahr später, am 26. September 1580, lief er in Plymouth ein als der erste Engländer, der auf demselben Weg wie Ferdinand Magellan die Erde umsegelt hatte. Wissenschaftler streiten noch heute darüber, wie groß die Beute wirklich war, die Drake von dieser Reise mitbrachte, denn ein großer Teil davon wurde von der Mannschaft im Schutz der Dunkelheit gelöscht. Ein Teil wanderte sofort ins königliche Schatzamt, einiges in den Tower für schlechte Zeiten, und einige Wagenladungen an die Königin direkt, die auf Besuchsreise im Land unterwegs war. Der geschätzte Wert schwankt zwischen 332 000 und 1,5 Millionen englische Pfund heutiger Währung. Die Geldgeber für dieses Projekt konnten vermutlich das Zehnfache ihrer Investition als Gewinn einstreichen. Die Königin belohnte Drake für seine Leistung mit zehntausend britischen Pfund und schlug ihn zum Ritter. Zum Dank dafür überreichte ihr Sir Francis eine Krone und ein Kreuz, hergestellt aus dem Silber von Potosí und verziert mit den Juwelen, die er aus spanischen Kirchen gestohlen hatte (Morison, S. 720).

Bald errichteten diese ersten britischen Gesellschaften, die nach dem Muster der von Drake geführten Gesellschaft arbeiteten, feste Basen in der Karibischen See, in bis dahin ausschließlich spanischen Gewässern. Diese Stützpunkte sind noch heute deutlich erkennbar in den vereinzelten englischsprachigen Regionen der Großen und Kleinen Antillen und entlang der Küstengebiete Mittelamerikas. Jamaika, die Bahamas, Trinidad, die Cayman-Inseln, Anguilla, Barbados, Grenada, Dominica und Dutzende kleinerer Inseln verdanken ihren britischen Charakter und die englische Landessprache den frühen Piraten, die in ihren Gewässern jagten.

Ähnlich wie John Hawkins zum ersten großen Sklavenhändler aufstieg, wurde Drake der erste der berühmten englischen Piraten. Beide Männer arbeiteten eng zusammen, um das indianische Silber aus den spanischen Truhen in die der Briten zu befördern. Sie taten es »legal« durch den Verkauf von Sklaven, aber sehr häufig griffen sie auf Piraterie zurück. Britische Piratengesellschaften gab es, solange der Gold- und Silberstrom anhielt, also ungefähr hundert Jahre lang. Dann mußten sich die Briten nach neuen Einkommensquellen umsehen. Die Gesellschaften, die sich zum Transport von Sklaven und zur Plünderung spanischer Schiffe und Häfen gebildet hatten, organisierten sich nun für andere kommerzielle Zwecke. Sie legten eigene Pflanzungen in der Karibik an und sorgten für Sklavennachschub, um den ständigen Bedarf der Plantagen an Arbeitskräften zu decken.

Schließlich trat an die Stelle der Piraterie der Briten der Handel, und die Unternehmungen, die früher einzelne Beutezüge und Überfälle zum Ziel hatten, wurden jetzt Langzeitunternehmen auf Dauer angelegter Kompanien. Zur Zeit der Gründung der Ehrenwerten Hudons's Bay Company hatte der englische König bereits zuvor, im Jahr 1663, einer anderen Gesellschaft, der Company of Royal Adventurers, ein tausendjähriges Privileg auf den Sklavenhandel gewährt. Im Jahr 1672 hob er dieses Privileg auf und schuf die Gesellschaft neu als die Royal African Company, jedoch mit demselben Ziel: Sklaven mit Gewinn in die Neue Welt zu verkaufen (Williams, S. 31). Der Gouverneur der Royal African Company war der Herzog von York und spätere König James II. Nach dem Tod von Prinz Rupert wurde er zweiter Gouverneur der Royal Bay Company; außerdem amtierte er als Gouverneur der Royal Fisheries Company (Newman, S. 102). Nach seiner Thronbesteigung ging das Amt des Gouverneurs der Hudson's Bay Company an John Churchill, den Herzog von Marlborough, der es von 1685 bis 1692 bekleidete.

Die Hudson's Bay Company begann mit neunzehn Investoren, darunter auch Anthony Ashley Cooper, Graf von Shaftesbury. Shaftesbury, vormals Lordkanzler und Mitglied des Geheimen Staatsrats, hatte auch in die Royal African und in die Royal Fisheries Company kräftig investiert. Im Jahr 1663 verwaltete er im Auftrag der britischen Krone einen der Carolina-Staaten, und die beiden Flüsse, die in die Charleston Bay münden, wurden nach ihm Ashley und Cooper benannt. Er arbeitete ständig an verschiedenen Plänen, um die soziale Situation zu verbessern, und dieses Interesse veranlaßte ihn, den Philosophen John Locke als seinen Sekretär einzustellen. Locke gelang es, eines seiner Hauptwerke mit dem Titel *Versuch vom menschlichen Verstand* zu schreiben, während er sich gleichzeitig um die Investitionen seines Arbeitgebers im Sklavenhandel kümmerte und die gesellschaftlich innovative Verfassung für die neue Kolonie Carolina schrieb.

Alle diese Gesellschaften agierten am Rand der Legalität, sie vollbrachten große Leistungen und verwirklichten eine Politik, die der König wünschte, aber in seiner Rolle als Monarch nicht offiziell gutheißen konnte. So wurden sie zu den Ausführungsorganen, die unschuldige keltische Bauern in Irland oder Schottland töteten, Indianer und Afrikaner in die Sklaverei verkauften und spanische Schatzschiffe aus Amerika überfielen. Der König sparte Geld, weil er für ihre Aktivitäten nicht zu bezahlen brauchte, und steckte dennoch einen beträchtlichen Teil der Gewinne ein.

Das Ziel dieser Gesellschaften war, in die Neue Welt zu fahren und dort etwas zu holen, womit sie handeln und Gewinne machen konnten. Zu diesem Zweck mußten sie häufig eine feste Basis in der Neuen Welt errichten, und so kam es Anfang des

17. Jahrhunderts zur Gründung von Montreal durch die Neu-frankreich-Gesellschaft und die von Jamestown in Virginia durch die Virginia Company of London. Die holländische Westindien-kompanie gründete 1614 sowohl Neu-Amsterdam (das spätere New York) als auch Albany im Staat New York. Die Massachu-setts Bay Company gründete ihre Kolonie 1630, zehn Jahre nach der Ankunft der Pilgerväter (Wolf, S. 161).

Überall, wo die Handelsgesellschaften diese Zentren gründe-ten, geschah dies aus kommerziellen Gründen, eine Tatsache, die von den späteren Generationen oft übersehen wird, wenn sie auf die bunte Flut von Entdeckern, Abenteurern, Grenzern und reli-giösen Flüchtlingen zurückblicken, die auf die Küsten von Nord-amerika zurollte. Die Pilgerväter verließen England zunächst, um sich im holländischen Leyden niederzulassen, wo sie große religiöse Toleranz vorfanden, aber nur wenig Erwerbsmöglich-keiten in einer bereits fortschrittlichen Handelsnation. Deshalb beschlossen sie, auf der Suche nach Profiten, die sie in den Nie-derlanden nicht machen konnten, nach Amerika auszuwandern. Ihre erste Schiffsfracht, die sie zurückschickten, um sie in Europa zu verkaufen, bestand aus Pelzen und Holz (Turner, S. 13). Sie waren nicht weniger von Habgier und nicht stärker von ihrer Religion motiviert als die spanischen Konquistadoren, die im-merhin Wert darauf legten, Priester in die Neue Welt mitzuneh-men und in jeder größeren Niederlassung eine Kirche zu bauen. Im Gegensatz zu ihnen zeigten die Puritaner der nachfolgenden Einwanderungswellen auf der Suche nach ihrem eigenen Vorteil keinerlei Skrupel, die Eingeborenen zu entwurzeln und viele von ihnen in die Sklaverei zu verkaufen, und sie hielten sich nicht wie die Spanier damit auf, ihnen das Recht zu gewähren, Christen zu werden, bevor sie verkauft oder getötet wurden.

Wenn ein Gebiet über keine leicht auszubeutenden Ressourcen wie zum Beispiel Pelztiere verfügte, oder wenn die Indianer von einem gewünschten Rohstoff wie Tabak nicht genug produzie-ren konnten, schickten die Handelsgesellschaften ihre eigenen Leute – vertraglich streng gebundene Angestellte, Domestiken, die ihnen verpflichtet waren – sowie Sträflinge und Sklaven, um das Land selbst zu bestellen. Die Virginia Company of London ließ sich zunächst in Jamestown nieder auf der Suche nach Gold. Das Ziel ihrer Geldgeber war ebenso wie das der Hudson's Bay Company ein neues Potosí (Hecht, S. 56). Sie mußten mit dem Pelzhandel vorliebnehmen, und erst ganz zuletzt griffen sie auf landwirtschaftliche Produkte zurück. So kam es, daß die Handelsgesellschaften überall in der Karibik und entlang der nordamerikanischen Küste zahlreiche verschiedenartige Pflanzungen anlegten, auf denen Zuckerrohr, Tabak, Indigo, Reis, Mais und etwas Baumwolle geerntet wurden.

Um 1670 waren alle dafür in Frage kommenden Gegenden Nordamerikas und in der Karibik unter den verschiedenen Handelsgesellschaften aufgeteilt, um sie zu erforschen, zu kontrollieren und auszubeuten. Nur die unwirtliche Hudsonbai, die sich zum Eismeer öffnete, war noch übrig. Doch in den wärmeren Sommermonaten konnte sie vom Atlantik her mit Schiffen erreicht werden. Diese zeitlich begrenzte Schiffahrtsroute ermöglichte die Gründung der letzten der großen Handelsgesellschaften, die die Europäer auf Amerika losließen. Sie besaß bald mehr Land als ganz Westeuropa zusammen, zehnmal mehr als das Heilige Römische Reich Deutscher Nation, das damals die größte politische Gruppierung darstellte. Charles II., von dem die Gesellschaft ihre Privilegien erhielt, und die Anteilseigner, die sie finanzierten, wollten in Nordamerika finden, was die spanischen Herrscher in Mexiko und Südamerika gefunden hatten: Silber und Gold. Sie wünschten sich ein neues Potosí in den von ewigem Schnee bedeckten Bergen des nördlichen Kanada. Weil sie hofften, Gold zu finden, wurde Prinz Rupert, der bereits Gouverneur der Königlichen Minen war, der erste Gouverneur der Hudson's Bay Company. Aber sie haben nie Gold oder Silber gefunden. Der Reichtum des Nordens waren die Pelze.

Mit der Hudson's Bay Company wollten die Engländer insbesondere auch den französischen Händlern den Kampf ansagen, die bereits von Quebec oder Neufrankreich aus tätig waren. Dieselben Männer, die die Hudson's Bay Company gründeten, machten auch den Spaniern in St. Augustine in Florida Konkurrenz mit einer Niederlassung in Charleston in South Carolina. Die Biberpelze aus dem Süden waren dünner als die kanadischen;

47

deshalb spezialisierten sich die Händler in Charleston auf Hirsch-
felle, die überall im Südwesten so reichlich zu haben waren wie
Biberfelle in Kanada. Die Kaufleute von Charleston hatten bei
ihrem Wettstreit mit Florida zunächst mehr Erfolg als die Hudson's Bay Company gegenüber den Franzosen.

Den britischen Händlern in Charleston kamen etliche Vorteile
zugute, vor allem, daß sie wesentlich billigere Waren verkauften
als die Spanier. Die York-Faktoreien an der Hudsonbai und
Charleston an der Küste von Carolina gingen in die Geschichte
ein als die ersten »Discountläden«, die sich sozusagen im Hinter-
hof der etablierten Kaufleute von Montreal und St. Augustine
einnisteten. Ein weiterer Vorteil der Briten war, daß sie ein
einziges, klar definiertes Ziel verfolgten, und das hieß: Gewinn
machen. Die Männer von der Hudsonbai oder die Briten in
Charleston versuchten nicht, die Indianer zum Christentum oder
zu einem »zivilisierten« Lebensstil zu bekehren. Dagegen sahen
sich sowohl die spanischen Händler in St. Augustine als auch die
französischen in Montreal von ihren jeweiligen königlichen oder
bischöflichen Oberhäuptern genötigt, die Jesuiten beziehungsweise die spanischen Franziskaner bei der Verbreitung ihrer Religion zu unterstützen. Für diese Kolonien wurde der Handel häufig nur zu einem Mittel, um die Heiden zu bekehren und den
Katholizismus zu konsolidieren, weil sie fast ausschließlich mit
getauften Indianern Geschäfte machten.

Die Carolina-Kaufleute verdienten außer am Handel mit Sklaven und Hirschfellen auch an den Piraten, die immer noch eine
bedeutende Rolle in der Karibik spielten. Charleston war, ebenso
wie Belize und Kingston, ein sicherer Hafen für Piraten, wo sie
sich verstecken, Proviant aufnehmen und ihre Besatzungen ergänzen konnten mit Männern, die bereit waren, die spanischen
Galeonen zu überfallen, die das Silber von Potosí über den Atlantik nach Sevilla brachten. Während die Hudson's Bay Company
moderneren Charakter bewies, indem sie sich weder an der Piraterie noch am Sklavenhandel beteiligte, verband man in Charleston die neueren Handelspraktiken mit den zwei traditionellen
Erwerbszweigen Piraterie und Sklavenhandel bis weit ins neun-
zehnte Jahrhundert.

Der Charleston-Handel konnte sich ebenso wie die Hudson's Bay Company über ein riesiges Gebiet ausbreiten; er reichte bis an den Mississippi und den Golf von Mexiko. Andere britische Handelsniederlassungen, von New York und Philadelphia bis hinunter nach Annapolis und Jamestown, stießen schon nach ungefähr hundert Meilen landeinwärts auf die scheinbar unüberwindliche Barriere der Appalachen. Die Indianer an der Westseite dieses Gebirges kehrten den meisten dieser britischen Niederlassungen den Rücken, weil sie über die Flußsysteme des Mississippi und Ohio mit den Großen Seen und Montreal Verbindung hatten und dadurch auf bequemere Weise mit den Franzosen Handel treiben konnten. Die Expeditionen, die von Charleston ausgingen, konnten am Südrand des Gebirges direkt ins Innere des Kontinents vorstoßen, wo sie ein dichtes Netzwerk aus größeren und kleineren Flüssen vorfanden, das den Transport auf dieser Küstenebene ebenso vereinfachte wie den über die zur Hudsonbai führenden Flußsysteme der großen Ebenen. Weil sich den Händlern der Hudson's Bay Company und den Handelsgesellschaften aus Charleston keine hinderlichen Gebirge in den Weg stellten, spielten sie bei der Entwicklung des nordamerikanischen Kontinents eine besondere Rolle. Wie eine riesige Zange schoben sie sich in die Mitte des Kontinents vor, öffneten ihn für Handelsunternehmungen und zur allgemeinen Nutzung und schnürten den Spaniern und Franzosen langsam die Luft ab.

Heute können sich Touristen und Einheimische auf dem großen Sklavenmarkt von Charleston genauso wie im Kaufhaus der Hudson's Bay Company in Thunder Bay mit allem versorgen, was das Herz begehrt. Fort Sumter ist wie Fort William mit pseudomilitärischen Truppen belegt zur Unterhaltung von Menschen, die verwegen bunte Shorts tragen und in Wohnwagen durch das Land gondeln. Das langgezogene, niedrige Backsteingebäude, in dem einst der Sklavenmarkt untergebracht war, beherbergt Boutiquen und Restaurants, wo die Touristen beim Essen ein bißchen Geschichte schnuppern können. Die gleichen Plastik- und Holztomahawks, die man in Thunder Bay kaufen kann, gibt es auch in den Läden des Charlestoner Sklavenmarkts, dazu Tom-toms, indianische Gürtel und anderes »Eingeborenen-

kunstgewerbe«, größtenteils made in Asia. Spezifisch für den
Charlestoner Sklavenmarkt, und im Kaufhaus der Hudson's Bay
Company nicht aufzutreiben, sind sehr große Babyhüte aus
Spitze, die Pawley's-Island-Hängematte und handgeflochtene
Körbe, hergestellt von den Nachfahren ebenjener Sklaven, die in
diesem Gebäude an Ketten gefesselt verkauft wurden. Die Ahnen
von vermutlich zwei Dritteln aller heute in den USA lebenden
Schwarzen kamen durch diesen Hafen ins Land, und ein großer
Teil der Silbermünzen, mit denen sie gekauft wurden, stammte
aus den Münzstätten in Mexiko und Potosí.

Nach der Gründung von Siedlungen in den Carolina-Staaten und
entlang der Ostküste drangen immer neue Siedlerwellen von den
Küsten her weiter landeinwärts, und bereits länger ansässige
Siedler schufen neue Gesellschaften ausschließlich zu dem
Zweck, Land zu verkaufen und auf diese Weise neue Gebiete
entlang der amerikanischen »frontier« zu besiedeln. Die durch
und durch kommerzielle Natur und gründliche Organisation
jener Unternehmen straft den Mythos Lügen, der um die Pio-
niersfamilie oder den einsamen Grenzer gewoben wurde, die sich
im jungfräulichen Wald eine kärgliche Heimstatt bauen. Die
Hauptrolle bei der Besiedlung des Westens spielten die Grund-
stücksgesellschaften, die ihre Geschäfte häufig nicht nur am Rande
der Zivilisation, sondern auch am Rande der Legalität betrieben.
Eine der ersten war die Royal Land Company, die 1749 in Virginia das königliche Privileg erhielt, Land im Süden und Westen der
besiedelten Gebiete zu verkaufen. Ihr folgten später die Ohio
Company, die Vandalia Company, die in Virginia gegründete
Mississippi Company, die Susquehanna Company, Lyman's
Mississippi Company und die in Neuengland gegründete Ohio
Company of Associates (Turner, S. 123). Diese Grundstücksge-
sellschaften markierten den Weg für den Handel ins Grenzland
auf ziemlich ähnliche Weise wie die Massachusetts Company, die
Hudson's Bay Company und die Virginia Company, die die
Ansiedlung an der Ostküste in Gang gebracht hatten.
    Während die Siedler die Indianer töteten oder zurückdrängten,
verlagerte sich ihr wirtschaftliches Interesse vom Handel auf die

Landwirtschaft, und es entstanden im Süden große Plantagen, in Kanada riesige Weizenfarmen, die in der ersten Zeit sowohl in der Karibik als auch auf dem nordamerikanischen Festland von großen englischen Banken und englischen Investmentgesellschaften kontrolliert wurden. Thomas Jefferson nannte die Plantagen Virginias »eine Art Annex bestimmter Londoner Handelshäuser« (Braudel, Bd. III, S. 447).

Die Amerikaner jagten viele dieser britischen Gesellschaften nach dem Unabhängigkeitskrieg außer Landes; doch sie fanden bald neuen Boden in Lateinamerika. Nachdem Simón Bolívar die südamerikanischen Kolonien in einem langen und blutigen Aufstand von der Herrschaft der Spanier befreit hatte, rückten die britischen Gesellschaften eiligst nach und füllten die ökonomischen und da und dort auch politischen Leerräume. Während des Unabhängigkeitskriegs ruhte die Arbeit in den Minen von Potosí, aber schon 1825 gründete eine Gruppe britischer Investoren die »La Paz und Peruvian Mining Association« und schickte Edmund Temple nach Potosí, um die Silberminen auf dem Cerro Rico wieder in Betrieb zu nehmen. Doch das Silbervorkommen war praktisch erschöpft, und die Minen lieferten mehr Zinn als Silber (MacShane, S. 93).

Andere britische Gesellschaften arbeiteten so erfolgreich in Lateinamerika, daß ganze Nationen wirtschaftlich von ihnen abhängig und praktisch zu britischen Kolonien wurden. Britische Gesellschaften kontrollierten die Eisenbahnen und Werften und diktierten die Preise für landwirtschaftliche Erzeugnisse. Außerdem monopolisierten sie die Einfuhr der meisten Industriegüter in das Gebiet des heutigen Argentinien. Auch Frankreich versuchte in die lateinamerikanische Welt vorzudringen, setzte dabei jedoch mehr auf die Politik als auf Handelsgesellschaften. Napoleon III. schickte einen Marionettenkaiser nach Mexiko, den Benito Juárez 1867 von einem Erschießungskommando als fremden Eindringling und verbrecherischen Usurpator hinrichten ließ. Der wirtschaftliche Imperialismus der Briten dagegen gedieh und weitete sich sogar noch aus, während der politische der Franzosen schwere Rückschläge hinnehmen mußte.

England war nicht das einzige Land, das seine Kolonialpolitik mit angeblich privaten Handelsgesellschaften fortsetzte. Geschäftsleute in Holland gründeten 1602 die Ostindische Handelskompanie und 1621 die Westindische Handelskompanie. Die Franzosen folgten 1627 mit der Kompanie von Neufrankreich oder »Der Gesellschaft der einhundert Teilhaber« und 1664 mit der Französischen Ostindienkompanie. Ab 1695 beteiligten sich an dem Wettstreit auch Edinburgher Kaufleute mit ihrer Kompanie von Schottland (später die Darien Company). Doch auf lange Sicht ernteten die englischen Kompanien, gestützt auf eine starke Krone und deren Flotte, die größten Erfolge und konnten schließlich Indien und Birma in Asien, den größten Teil von Nordamerika, das südliche und östliche Afrika und den Südpazifik unter ihre Kontrolle bringen. Diese Kompanien führten auch zu einem neuen modernen Bankenwesen durch die Schaffung von Großbanken wie die Bank von Amsterdam und die Bank von England im Jahr 1694 und zur Entstehung des Aktienmarkts. Die erste dieser Wertpapierbörsen eröffnete 1602 in Amsterdam mit dem ausdrücklichen Zweck, die Ostindienkompanie zu finanzieren (Newman, S. 92–93).

Zu Beginn des 18. Jahrhunderts arbeiteten die Geldinstitute der modernen kapitalistischen Welt mit guteingeführten Aktiengesellschaften, einem weitverzweigten Bankensystem und sogar mir Effektenbörsen. Die gesamte ökonomische Umformung der Welt seit der Entdeckung Amerikas durch Kolumbus hatte ungefähr zwei Jahrhunderte gedauert. Von ihren Hochburgen in London und Amsterdam aus errichteten die Kapitalisten ihre neuen Systeme in Amerika, aber auch in Kolonien wie Hongkong und Singapur. Adam Smith schrieb in *Der Wohlstand der Nationen,* das unter dem Titel *Untersuchung über die Natur und die Ursachen des Nationalreichtums* 1776, im Jahr der amerikanischen Unabhängigkeitserklärung, erstmals veröffentlicht wurde, die Entdeckung der Neuen Welt und der daraufhin einsetzende Handel mit Asien habe dem merkantilen System zu einem so hohen Grad von Glanz und Ruhm verholfen, den es anders nie hätte erreichen können (Smith, S. 527). Für Smith waren dies die zwei wichtigsten Ereignisse in der ganzen Menschheitsgeschichte, denn durch sie entstand eine Weltwirtschaft. Die Entdeckung Amerikas führte laut Smith zu einer »Revolution im Handel« (Smith, S. 499).

Die Kapitalisten errichteten die neue Wirtschaftsstruktur auf zwei Grundpfeilern, dem Sklavenhandel von Afrika nach Amerika und dem durch Seeräuberei erbeuteten amerikanischen Silber. Karl Marx wiederholte und erweiterte Smith' Einschätzung, als er schrieb, die Entdeckung von Gold und Silber in Amerika, die Ausrottung, Versklavung und Verschüttung der Eingeborenen bei lebendigem Leib in den Minen, der Beginn der Eroberung und Ausplünderung von Ostindien sowie die Freigabe der kommerziellen Jagd auf Schwarze in Afrika signalisierten den rosigen Morgenschein der kapitalistischen Produktion (zitiert in Wallerstein, S. XV). Alle diese Unternehmen hingen direkt oder indirekt von dem Geld ab, das aus den Minen von Potosí oder den anderen spanischen Minen in Amerika kam. Aus den frühen Handelssyndikaten, die die Sklaven- und Piratenschiffe finanzierten, entwickelten sich die späteren Gesellschaften und Kompanien zur Erforschung und Ausbeutung. Die Hudson's Bay Company von heute ist eine ihrer sichtbaren Überlebenden.

Diese großen Handelsgesellschaften trugen dazu bei, das »Weltsystem« zu schaffen, wie es Immanuel Wallerstein nennt. Aus den verschiedenen regionalen Wirtschaftssystemen, die sich im Fernen Osten, im Afrika südlich der Sahara, in Indien und in Südasien, im Südpazifik und in Europa zusammen mit dem amerikanischen Kontinent gebildet hatten, schufen sie ein einziges Wirtschaftssystem. Nun konnten Güter überall in der Welt hergestellt und zu praktisch jedem anderen Teil der Welt transportiert werden, und all dies wurde erreicht, indem man die genormten Werte des Goldes und Silbers nutzte, das die Indianer Amerikas lieferten.

3
Der indianische Weg zur Industrialisierung

Das Städtchen Kahl am Untermain liegt an der bayerisch-hessischen Grenze, wo die Kahl in den Main mündet. Ein Spaziergang entlang der Kahl führt durch eine idyllische Landschaft und erinnert an die Zeit der Brüder Grimm, die vor nahezu zweihundert Jahren in dieser Gegend Märchen gesammelt haben. Das Flüßchen mäandert durch eine Wiese, streift Gemüsegärten, fließt um die alte Mühle herum und zieht weiter zu einigen Fachwerkhäusern und Scheunen, wo Kühe und Ziegen am Flußufer weiden und gelegentlich ans Wasser kommen, um zu saufen. Über die kleine Holzbrücke laufen Schulkinder, und manche bleiben kurz am Geländer stehen, um Steine in das flache Wasser unter der Brücke zu werfen.

Wählt man für seinen Spaziergang jedoch das Kahler Mainufer, zeigt sich einem die andere Seite der Stadt. Schleppkähne tuckern flußauf und flußab. Lastwagen rattern durch das Tor eines umzäunten Hofs am Fluß. An mehreren Stellen entlang des Ufers wird gebaut; reihenweise eintönige Mietskasernen. Und unmittelbar am Stadtrand ragt neben dem Fluß Deutschlands erstes Atomkraftwerk in den Himmel. Gemessen an modernen Atomkraftwerken mit ihren riesigen Kühltürmen und großen Sicherheitsbehältern erscheint diese im Juni 1961 fertiggestellte Anlage in Kahl wie eine Miniaturausgabe. Doch neben der Pfarrkirche und den Scheunen ist es ein Monstrum an Größe und Gestalt.

Seit ungefähr 1000 v. Chr. haben in Kahl Menschen gelebt, und schon viele tausend Jahre zuvor haben immer wieder nomadisierende Jäger in dieser Gegend ihr Lager aufgeschlagen, weil es sich an den Flüssen hier anscheinend gut jagen ließ. Mit der Zeit blieben sie länger, bis sie eines Tages ein festes Dorf errichteten und sich mehr und mehr vom Ackerbau als von der Jagd ernährten.

Verschiedene germanische Invasoren wie die Chatten, Franken, Alemannen und Burgunder übernahmen vorübergehend die Herrschaft, manchmal durch friedliche Einheirat, manchmal durch gewaltsame Eroberung und Ausrottung der früheren Bewohner. Die Römer kamen und gingen, und in den Jahrhunderten danach wechselte das Dorf in den Besitz von Kaisern, Königen, Grafen, Erzbischöfen und Fürsten. Es wurde von Franzosen und Schweden geplündert, fiel an die Engländer, die Österreicher, die Hessen und schließlich an die Bayern, zu deren Freistaat es heute gehört.

Trotz dieser wechselvollen Geschichte hat sich das Leben der Kahler in Tausenden von Jahren nur wenig verändert. Nachdem sich die neolithischen Jäger niedergelassen hatten und Ackerbau betrieben, nahm das Leben der Dörfler eine recht beständige Form an. Ihr Alltag während der Römerzeit unterschied sich kaum von dem unter den Kaisern des Heiligen Römischen Reichs oder unter dem Erzbischof von Mainz. Die Bauern bestellten ihre Felder, zahlten Steuern an die kirchlichen und weltlichen Herren und schickten ihre Söhne in die Kriege. Bis auf die Namen der Herrschenden änderte sich so gut wie nichts. Große geistige Bewegungen gingen an den Dorfbewohnern vorüber, und selbst die großen religiösen Veränderungen in der Welt beeinflußten ihr Leben nur wenig. Der Lebensstil des Bauern, der germanische Götter wie Thor und Donar verehrte, unterschied sich nur geringfügig von dem, der zu Jupiter und Merkur betete oder später zu den christlichen Heiligen und der Jungfrau Maria.

Das bäuerliche Leben blieb ziemlich gleich, ob Kahl nun von Kelten, Chatten, Römern oder Franken bewohnt war. Ein Bauer hätte sich wahrscheinlich 700 v. Chr. in Kahl genauso zu Hause gefühlt wie 1700 n. Chr. Innerhalb dieser Zeit hatte sich in der hauptsächlich auf die Deckung des eigenen Bedarfs angelegten Landwirtschaft im Grund nichts geändert, weder im Anbau der Feldfrüchte noch bei der Tierhaltung noch bei den Geräten zum Anbau und zur Verarbeitung der landwirtschaftlichen Produkte. Die Häuser der Bauern aus den zwei Epochen unterschieden sich kaum, ihre Transportarten waren die gleichen, und sie aßen auch mehr oder minder das gleiche.

In den letzten Jahrhunderten, nach Tausenden von Jahren großer technologischer Stagnation, trat plötzlich eine radikale Änderung ein. Die Bauern verließen ihre Felder und arbeiteten in Fabriken. Sie beleuchteten ihre Häuser und Ställe mit elektrischem Licht und ersetzten ihre Pferde durch Fahrräder, Traktoren und Lastwagen. Sie änderten ihre Kost, bauten ihre Häuser anders und schickten ihre Kinder in die Schule. Innerhalb weniger Generationen hatte sich praktisch jede Seite ihres Lebens verändert.

Nach Tausenden von Jahren bäuerlichen Lebens scheint dieser plötzliche Sprung in die industrialisierte Welt schwer zu erklären. Warum waren die Griechen, die über so große mathematische und philosophische Erkenntnisse und so hervorragende Architekten verfügten, nicht imstande, Maschinen zu bauen und anzuwenden? Warum waren die Römer trotz all ihres technischen und praktischen Wissens und ihres riesigen Aufgebots an Kriegsmaschinen nicht industrialisiert? Warum schafften die Menschen der Renaissance, die ihr phantastisches mechanisches Können bei der Herstellung von raffiniertem Spielzeug bewiesen, nicht den Sprung in die maschinelle Produktion? Was geschah in der Welt des 18. und 19. Jahrhunderts, daß nach Tausenden von Jahren gleichbleibender technologischer Stabilität plötzlich die Industrie aufkam?

Wenn wir auf die letzten zwei- oder dreitausend Jahre der Geschichte von Kahl und seiner Nachbargemeinden zurückblicken, erkennen wir deutlich ein historisches Muster. Die rasche Folge von Veränderungen, die im Bau eines Atomkraftwerks kulminierte, begann Ende des 18. Jahrhunderts mit der Einfuhr und Verbreitung von Nutzpflanzen aus der Neuen Welt. Die indianische Kartoffel brachte die erste radikale Veränderung in der Ernährung der Menschen und einiger ihrer Haustiere. Aber sie führte zu katastrophalen Veränderungen in der Wirtschaft von Kahl.

Kahl war dank seiner Flüsse viele Jahrhunderte lang Standort großer Mühlen, zu denen die Bauern aus der Umgebung ihre verschiedenen Ernteprodukte brachten, um sie zu Mehl oder Öl mahlen oder pressen zu lassen. Nach der Einführung der Kartoffel waren die Mühlen nicht mehr ausgelastet. Die Menschen aßen mehr Kartoffeln als Getreideprodukte. Mit dem Ruin der Mühlen begann für Kahl eine Periode des wirtschaftlichen Niedergangs und äußeren Verfalls.

Im frühen 19. Jahrhundert, nachdem sich das Städtchen von den Verheerungen der napoleonischen Eroberungszüge erholt hatte, entdeckten erfinderische Unternehmen neue Nutzungsmöglichkeiten für die Kahler Mühlen, die eine große Energiequelle darstellten. Mit dieser Energie konnte man nicht nur Getreide mahlen oder Öl pressen, sondern auch mechanische Webstühle betreiben. Die Mühlen in und um Kahl wurden allmählich zu kleinen Fabriken umgebaut, die Textilien, Streichhölzer, elektrische Sicherungen und Filz herstellten. Nach einer späteren Renovierung lieferten sie Elektrizität, Maschinen zur Filzherstellung und immer modernere elektrische Geräte. Schließlich entstand hier ein Atomkraftwerk, finanziert von der Versuchsatomkraftwerk Kahl GmbH. In wenig mehr als einem Jahrhundert war das hölzerne Mühlrad durch einen Atomreaktor ersetzt. All dies begann mit der Übernahme der Kartoffel, aber es mußten noch einige andere Faktoren mitgewirkt haben, denn die Peruaner essen seit Jahrtausenden Kartoffeln und haben trotzdem noch keine Atomenergie.

Um die Zeit, als die Kartoffel nach Europa gelangte, schüttete die Neue Welt ein Füllhorn anderer Rohstoffe und Produkte über Europa aus. Die Kartoffel, die die Mühlen um ihre Arbeit brachte, schuf ein Vakuum, das ein anderes, nicht eßbares amerikanisches Produkt auffüllte: die Baumwolle. Auch in der Alten Welt, in Indien und im Nahen Osten, wurde seit Jahrhunderten Baumwolle angebaut, doch sie gelangte nur in sehr geringen Mengen nach Europa; und diese Baumwolle war nicht nur teuer, sondern auch schwach in der Faser und wegen der Kürze der Fasern schlecht zu verspinnen. Asiatische Baumwolle wie *Gossypium herbaceum* und *G. arboreum* hatten eine Faserlänge von einem halben Zoll; die amerikanische Hochlandbaumwolle der Sorte *G. hirsutum* entwickelte dagegen eine Faserlänge von einem ganzen Zoll und mehr. Und es war sogar gelungen, mit *G. barbodense,* der tropischen amerikanischen Baumwolle, die als Sea-Island-

Baumwolle bekannt wurde (so benannt nach den Plantagen an der Küste von South Carolina und Georgia), Faserlängen bis zu zwei und zweieinhalb Zoll zu erzielen. Die kurzfaserige Baumwolle der Alten Welt diente vor allem zum Füttern der Lederwämser, die bei der Schlacht unter den eisernen Rüstungen getragen wurden. Später wurde sie dann zur Herstellung von Barchent verwendet, einem groben Material, das mit Kettfäden aus dem kräftigeren Flachs und Schußfäden aus Alt-Welt-Baumwolle gewebt wurde. Der Ausdruck »cotton cloth« – Baumwolltuch – tauchte jedoch erst mit der Ankunft der amerikanischen Baumwolle in England auf; nach dem *Oxford English Dictionary* ist das früheste Datum das Jahr 1552.

Die langfaserige Baumwolle der Indianer war wesentlich besser als die der Alten Welt, so daß die Spanier das indianische Baumwolltuch für Seide hielten, und das reichliche Vorkommen dieser wundervollen Faser bestärkte sie in ihrer Annahme, die neuen Länder könnten nicht weit von China entfernt sein. Seit Tausenden von Jahren vor der Eroberung Amerikas durch die Europäer hatten die Indianer mit dieser sorgfältig entwickelten Baumwolle einige der feinsten Stoffe gewebt, die es auf der Welt gab. Zahlreiche Überreste haben bis auf den heutigen Tag überdauert, und ihre Farben und Muster sind, nachdem sie mehrere tausend Jahre lang in den Wüstengrabstätten von Peru, Bolivien und Chile lagern, noch völlig erhalten.

Die traditionelle Kleidung der Europäer bestand, vom Unterzeug bis zum Hut, aus gestrickter oder gewebter Wolle und wurde durch Leder ergänzt. Nur die sehr Reichen konnten sich Luxusstoffe wie Seide oder Leinen leisten. Die Wollmenge hing von der Zahl der Schafe ab und diese wiederum von der Größe der Weideflächen. Die Menschen ausschließlich mit Kleidung aus Schafwolle zu versorgen, ist ein langsames und unwirtschaftliches Geschäft, weil viel Land benötigt wird und die Menge der verfügbaren Kleidung beschränkt ist.

Solange Europa zur Herstellung von Kleidung hauptsächlich auf Wolle angewiesen war, konnten die Bauern ihre Wolle mit einfachen Heimtechnologien spinnen und weben. Daß es in der Wollstoffherstellung Engpässe gab, lag nicht an den Webern, sondern am Rohstoff Wolle, den das Land nicht in ausreichender Menge liefern konnte. Da die Zahl der Schafe die Wollmenge bestimmte, fehlte den Bauern der notwendige Anreiz, um Maschinen oder effizientere Arten der Textilherstellung zu entwikkeln.

Diese Situation änderte sich mit der in großen Mengen aus Amerika eingeführten Baumwolle. Plötzlich hatten die Bauern und Weber mehr Material, als sie verarbeiten konnten. Ihnen fehlten die Arbeitskräfte, um so große Mengen an Fasern zu verspinnen. Europa brauchte dringend mehr Energie als aus der Arbeitskraft seiner Menschen und Tiere zu gewinnen war, und die am leichtesten verfügbaren neuen Energiequellen waren die überall im Kontinent vorhandenen Wasserräder der Mühlen. So entstanden die ersten Textilfabriken.

Die Baumwollproduktion übertraf die von Wolle und anderen Fasern bei weitem, doch etliche Schritte bei der Verarbeitung verlangsamten den Fertigungsprozeß. Nach dem Pflücken der Baumwollkapseln mußten die Samen von der Wolle getrennt werden – eine langwierige und mühsame Arbeit, die zeitraubender war als das Pflücken. Die Sklaven verbrachten mehr Zeit beim Entkörnen als beim Ernten. Ein achtundzwanzigjähriger Lehrer aus Westborough in Massachusetts namens Eli Whitney löste dieses Problem 1793 mit seiner Erfindung der Entkörnungsmaschine, mit der ein einziger Arbeiter bis zu fünfzig Pfund Baumwolle täglich von Samen reinigen konnte.

Doch dieser eine Apparat allein bedeutete noch keine Revolution des Herstellungsverfahrens für Baumwolle. Diese beruhte schließlich auf mehreren ziemlich gleichzeitigen Entwicklungen, die es ermöglichten, daß mehr Garn gesponnen und mehr Garn zu Stoffen gewebt werden konnte. Es war die Mechanisierung von drei Arbeitsgängen, dem Entkörnen, Spinnen und Weben der Baumwolle, mit der die Industrielle Revolution begann.

Die amerikanische Baumwollproduktion stieg von nur dreitausend Ballen im Jahr 1790 kurz vor der Erfindung der Entkörnungsmaschine und der Mechanisierung des Spinnens und Webens auf 4,5 Millionen Ballen im Jahr 1860, ein Jahr vor dem Ausbruch des Sezessionskrieges. In den Jahrzehnten vor dem

Bürgerkrieg stellte Baumwolle, die vor allem an die englischen Textilverarbeitungsbetriebe ging, den größten Teil des Exports aus den USA dar (Wolf, S. 279–280). Die enorme Nachfrage steigerte auch die Nachfrage nach geeignetem Anbauland, und so stießen die Pflanzer im Süden der USA innerhalb weniger Jahre von den Carolina-Staaten und Georgia aus immer weiter ins Landesinnere bis nach Texas vor. Auf ihrem Vormarsch vernichteten oder zerstreuten die Vereinigten Staaten die Völker der Choctaw, Chickasaw, Creek und Cherokee sowie die meisten der Seminolen und einige kleinere Indianervölker.

Nach der Erfindung der Entkörnungsmaschine wurde Baumwollstoff eine Ware, die sich sogar die einfachen Leute leisten konnten. Zuvor war Baumwollstoff ein Luxus der Reichen gewesen; die Ärmeren trugen handgewebte Wollstoffe. Aber nun waren Baumwolltextilien bald so verbreitet und ihre Herstellungstechnologie hatte sich so verfeinert, daß die Europäer sie in einer weiteren Eskalation des kapitalistischen Unternehmertums weltweit verkaufen konnten. Um 1800 machte Baumwolle ein Viertel des britischen jährlichen Exports aus, um 1850 bereits mehr als die Hälfte, und die britischen Manufakturen produzierten Baumwollstoffe in solchen Mengen, daß der Preis auf ein Viertel des Preises von 1800 sank (Braudel, Bd. III, S. 641).

Baumwolle ist noch heute weltweit die wichtigste und am meisten genutzte Pflanzenfaser, und die überwiegende Mehrheit der angebauten Baumwolle stammt aus Amerika.

Doch zur Verarbeitung der Baumwollfaser bedurfte es noch einer Vielzahl anderer Rohstoffe. Farben zum Beispiel waren gerade in der europäischen Textilindustrie ein Problem. Seit Jahrhunderten tauschten und kauften die Europäer Farbstoffe ein, die einen ähnlich wichtigen Rang einnahmen wie seltene Gewürze. Ohne eine sichere Quelle für billige, aber hochwertige Farbstoffe hätte die Textilindustrie kaum diesen Aufschwung genommen. Die Indianer hatten ebenfalls eine komplexe Technologie zur Herstellung besserer Farbstoffe entwickelt, und sie wurde von den Europäern sofort übernommen. Zu der Zeit, als die Europäer nach Amerika kamen, benutzten die peruanischen Künstler 109 verschiedene Farbtöne, die sie aus sieben Farbkategorien gewannen. Sie verwendeten nur Färbemittel aus natürlichen Substanzen und erzielten damit eine solche Farb- und Leuchtkraft, daß man in den Museen noch heute wundervoll farbige peruanische Textilien bewundern kann, die mehr als zweitausend Jahre alt sind.

Einer der ersten Farbstoffe, die man dort fand, war das Brasilein, eine kristalline Verbindung, die aus dem brasilianischen Rotholzbaum *Caesalpinia* gewonnen wurde, dessen Holz in Europa auch bei den Tischlern sehr geschätzt war. Dieser Baum wird manchmal mit *Bertholletia excelsa,* dem Paranußbaum, verwechselt; doch es handelt sich um zwei völlig verschiedene Pflanzen. Die Spanier nannten das Land, wo der geschätzte Baum wuchs, *tierra de brasil,* woraus die Portugiesen später das kürzere Brasilien machten.

In Nordamerika erwies sich die Cochenille sehr schnell als der gefragteste Farbstoff. Die Indianer Mexikos produzierten es auf besonderen Farmen und in hochspezialisierten Werkstätten. Der Farbstoff stammte vom Körpersaft der weiblichen Schildlaus, *Dactylopius coccus,* die als Schädling auf besonderen Opuntien, den Nopalkakteen, auftrat. Um ein Pfund des Farbstoffs Karmin zu gewinnen, mußten bis zu siebzigtausend Insekten getrocknet und zermahlen werden. Nach der Eroberung Mexikos übernahmen die Spanier sofort die Cochenilleplantagen und legten neue in Oaxaca an. Die europäischen Kaufleute verkauften den Farbstoff in ganz Europa. Nach dem Silber stand in der zweiten Hälfte des 16. Jahrhunderts die Cochenille ganz oben auf der Liste der amerikanischen Exporte nach Europa (Wolf, S. 140).

Cochenille wurde zu einem der wichtigsten Rohstoffe der britischen Textilindustrie und lieferte den scharlachroten Farbstoff für die britischen Uniformröcke, der den englischen Soldaten die Bezeichnung »Rotröcke« eintrug. Später fand sie auch für Lebensmittel und in der Kosmetik Verwendung, wo sie noch heute als reiner Naturfarbstoff eine große Rolle spielt. In den Textilfabriken wurde sie jedoch Anfang des zwanzigsten Jahrhunderts durch synthetische Färbemittel ersetzt.

Die Azteken kultivierten auch den kleinen Annatto- oder Orleanbaum, *Bixa orellana,* wegen seiner roten und rosafarbenen Blüten, die sie zum Würzen von Speisen verwendeten. Aus den

Samen der Fruchtkapsel, der Achote, gewannen die Mexikaner einen hellgelben oder rötlichgelben Farbstoff, der sich hervorragend als Textilfarbstoff eignete und wie so viele der natürlichen Farbstoffe Amerikas in der modernen Lebensmittelherstellung weitverbreitete Anwendung fand. Mit Achote, auch Orlean genannt, werden heute Margarine aus Pflanzenfetten und künstliche Molkereiprodukte gefärbt, so daß sie noch schöner als buttergelb aussehen.

Indianische Technologien ermöglichten es, daß auch aus anderen Farbhölzern, die in Amerika gefunden wurden, neue und bessere Färbemittel für Purpur, Braun und sogar Schwarz hergestellt werden konnten, die dann nicht nur für Nahrungsmittel und Textilien verwendet wurden, sondern auch zum Färben von Glas und Holz, bei der Lederverarbeitung sowie zur Herstellung von Tinte und Druckerschwärze. Diese Farbstoffe blieben die wichtigsten Rohstoffe für Färbemittel, bis es im 19. Jahrhundert deutschen Chemikern gelang, aus den Teeren, die bei der Kohleveredelung entstanden, synthetische Farbstoffe herzustellen.

Bei jedem Schritt im Industrialisierungsprozeß, angefangen mit den ersten Lieferungen von Baumwolle und Farbstoffen, spielten die beiden Amerikas eine aktive und bedeutende Rolle. Im 19. Jahrhundert machte die Industrie dann gewaltige Fortschritte aufgrund von zwei neuen Produkten aus Amerika – Sisal und Gummi. Die Indianer fertigten aus Sisal, den zähen Blattfasern der Sisalhanfagave *Agava sisalana,* Schnüre, Seile und Garne für grobe Säcke oder Teppiche. Die Industrielle Revolution brachte einen großen Bedarf an verschiedenartigen Schnüren und Seilen mit sich, weil große Mengen an Rohstoff oder fertiger Waren verpackt werden mußten; und Sisal erwies sich hier als das ideale Material. Sisal war von weicherer und feinerer Qualität als der asiatische Hanf; nur die langen Fasern der Jute waren qualitativ noch besser. Sisal wurde besonders wichtig für die amerikanische Landwirtschaft, denn für das maschinelle Binden der Getreide- und Heugarben benötigte man eine ganz besonders haltbare Schnur, und Sisal entsprach auch hier am besten.

Der wunderbare amerikanische Gummi oder *caoutchouc,* wie ihn die Quechua nannten, führte zu einer ganzen Reihe technologischer Neuerungen. Die Indianer Amerikas verwendeten den Naturkautschuk seit Jahrtausenden auf vielerlei Weise. Sie gewannen als erste den Saft oder den Latex aus der angeschnittenen Rinde des Parakautschukbaums *Heva brasiliensis* und ließen ihn über einem rauchenden Feuer gerinnen und trocknen. Sie machten daraus gummibeschichtete Umhänge, um sich vor Regen zu schützen, Gummisohlen für Schuhe, Gummibälle zum Spielen, Gummiflaschen zum Transportieren von Flüssigkeiten und Gummiseile zum Tragen und Befestigen. Obwohl die Indianer ihren Kautschuk seit Jahrhunderten nutzten und die Spanier davon wußten, hatte Europa in den ersten Jahrhunderten nach der Entdeckung dieses seltsamen Stoffs keine praktische Verwendung dafür. Kolumbus war angeblich der erste Europäer, der Kautschuk kennenlernte, aber er hat ihn in seinen Aufzeichnungen nicht erwähnt. Frühe Chronisten beschrieben Gummi als einen Saft, aus dem man Bälle machte, die hüpften und aussahen, »als wären sie lebendig« (Poatgierter, S. 87). Für sie war Gummi nur eine Kuriosität, die Europa bald vergaß über seiner Suche nach Gold, Silber, Tabak und anderen gewinnbringenderen Produkten.

Der französische Mathematiker Charles de La Condamine entdeckte 1735 den Naturkautschuk neu während einer geodätischen Expedition nach Peru und an den Amazonas, die er im Auftrag der französischen Akademie der Wissenschaften durchführte, um einen Meridianabschnitt unter dem Äquator zu messen und ein allgemeines geographisches Längenmaß zu bestimmen. Doch erst im 19. Jahrhundert, zu Beginn des Industriezeitalters, fanden die Europäer plötzlich Tausende von Verwendungsmöglichkeiten für diese geheimnisvolle Substanz.

Die Indianer, die als erste den Naturkautschuk nutzten, erhitzten ihn und mischten ihn mit Schwefel, um ihn fest und elastisch zu machen und ihm gleichzeitig die Klebrigkeit und den unangenehmen Geruch zu nehmen. Anders gesagt, die Indianer vulkanisierten ihren Kautschuk. Als der amerikanische Erfinder Charles Goodyear 1839 in seinem Labor zufällig denselben Vorgang entdeckte, war der Weg frei für die vielfältigen Verwendungsmöglichkeiten von Kautschuk. Brasilien produzierte 1827, bevor das Vulkanisierverfahren richtig ausgereift war, nur siebenundzwanzig Tonnen Naturkautschuk; gegen Ende des Jahrhunderts waren es jährlich zwanzigtausend Tonnen (Wolf, S. 325).

Die Entdeckung des Kautschuks löste in Europa eine Welle von Erfindungen aus, und es fanden sich immer mehr Anwendungsbereiche für diesen neuen Rohstoff. Der Engländer Thomas Macintosh verwendete Naturkautschuk für wasserdichte Kleidung und erfand den Gummimantel, der in England noch heute *mackintosh* heißt. Schuhfabrikanten verwendeten Gummi für wasserdichtes Schuhwerk, gummibeschichtete Tennisschuhe und eine Vielzahl anderer Sportschuhe, die im Lauf der Jahre auch für den Alltag immer beliebter wurden. Gummi fand seinen Weg zu den Herstellern von Stiefeln, Handschuhen, Hüten, Feldflaschen, Rucksäcken, Proviantbeuteln, Decken, Zelten, Schwimmwesten, Luftmatratzen und Wagenplanen (Burke, S. 202). Besonders interessant waren diese Dinge für das Militär, für Forschungsreisende und Siedlerpioniere. Expeditionen drangen auf diese Weise ausgerüstet in die Arktis und andere kalte Regionen vor. Europäische Armeen unternahmen Expeditionen in die heißesten Dschungelgebiete am Kongo, in die mongolische Wüste und die Sahara sowie auf die höchsten Berge des Himalaja. Aus Kautschuk hergestellte Gegenstände halfen den Land suchenden Menschen die großen Ebenen der Vereinigten Staaten zu überqueren, tiefer ins südliche Afrika vorzudringen und den neuen Kontinent Australien zu öffnen.

Das Fahrrad, zunächst nur eine holperige und wackelige Neuheit ohne praktischen Wert, verbreitete sich mit Gummireifen um die ganze Welt und wurde zum populärsten und billigsten Transportmittel. Der Gummireifen befreite bald darauf das Transportwesen von Eisenrädern und Schienen und ermöglichte die Entwicklung des Automobils und aller anderen modernen rollenden Fahrzeuge.

Gummi wurde für Maschinenteile verwendet, die biegsam und elastisch sein mußten. Zu den frühesten Verwendungszwecken zählten auch Schläuche und Druckrollen. Gummi erwies sich als das beste Isoliermaterial für elektrische Leitungen. Die Elektrizität kannte man bereits seit einem Jahrhundert, seit Benjamin Franklin und andere damit experimentierten, aber solange die

Wissenschaftler die Metalldrähte nicht sicher isolieren konnten, war sie praktisch nicht nutzbringend anwendbar. Die Gummiisolierung eröffnete die Ära der Elektrifizierung, die Ende des 19. Jahrhunderts begann und unter anderem auch die 1888 in Kahl eingerichtete Schmelzsicherungsfabrik ermöglichte.

Teer und Asphalt spielten eine ebenso große Rolle bei der Entstehung der modernen Welt wie der Naturkautschuk. Die Indianer Nordamerikas, von Pennsylvanien bis Kalifornien, beschichteten Körbe oder Stoff mit Asphalt, um sie wasserdicht zu machen, ähnlich wie dies die Indianer Südamerikas mit Gummi getan haben. Die kalifornischen Eingeborenen trugen Wasser in diesen Behältern, die leichter als Tongefäße und außerdem unzerbrechlich waren. Die teerbeschichteten Stoffe ergaben ein ausgezeichnetes Ölzeug, das Menschen und Dinge vor Regen schützte, und die Indianer Südkaliforniens verpichten sogar ihre Boote und Dächer mit Asphalt. Die Indianer von Pennsylvania nützten zahlreiche offene Ölquellen, und aufgrund der Verwendung, die sie für das Erdöl gefunden hatten, legten die weißen Siedler des Quäkerstaates dort im 19. Jahrhundert die ersten Brunnen an, von denen die Erdölindustrie ihren Ausgang nahm.

Aber Amerika lieferte nicht nur die Rohstoffe, die eine technologische Revolution in Gang setzten, sondern auch einen Großteil der neuen Technologien. Die Industrielle Revolution begann nicht in Dörfern wie Kahl oder in den Werkstätten städtischer Handwerker, ja nicht einmal in den Faktoreien von Manchester und Liverpool – sie begann in den Minen und auf den Plantagen Amerikas.

Der amerikanische Kontinent versprach im 16. und 17. Jahrhundert eine ungeheure Menge an Ressourcen: Gold, Silber, Pelze und ein scheinbar unerschöpfliches landwirtschaftliches Potential für den Anbau von Tabak, Zuckerrohr, Reis, Kaffee, Indigo und Hunderte anderer Pflanzen. Aber es gab ein großes Problem, das sowohl die Gewinnung der Edelmetalle als auch die Einbringung reicher Ernten konstant behinderte, und das war der ständige Mangel an Arbeitskräften. Die Spanier belegten die Indianer mit Zwangsarbeit, aber in Gegenden wie auf den karibischen Inseln und in Mittelamerika starben die dorthin verfrachteten Indianer wie die Fliegen an Krankheiten, Unterernährung, Überanstrengung oder einfach am Kulturschock. In anderen Fällen fehlte den Eingeborenen die nötige Erfahrung in der Landwirtschaft oder im Bergbau, um sich als Arbeiter dem neuen spanischen System anzupassen.

Die Briten und Holländer konnten Sklaven nach Amerika transportieren soviel sie wollten – die Plantagen- und Minenbesitzer brauchten mehr. Um dem Mangel an Arbeitskräften zu begegnen und schneller an den vorhandenen Reichtum heranzukommen, improvisierten die Amerikaner mit völlig neuen mechanischen Technologien.

Zu diesen technologischen Neuerungen kam es zuerst im Bergbau. Die Spanier traten mit der fortschrittlichsten Bergbautechnologie Europas an, aber sie erwies sich unter den ungewöhnlichen Bedingungen der Hochlandwüste als ungeeignet. Die spanische Schmelztechnik versagte, weil die Luft in diesen Höhen zuwenig Sauerstoff enthielt und die Feuer nicht heiß genug brannten, um das Erz zu schmelzen. Daraufhin wandten sich die Spanier an die Techniker der Inka, die ein in den Anden benütztes Gerät einführten, das sie *guayra* oder Windofen nannten. Die Inka bauten fünfzehntausend *guayras* für die Spanier, die dieses Verfahren so wenig begriffen, daß sie in den ersten zwei Jahren die Arbeit und Leitung der Minen vollständig den Indianern überließen. Sie schienen sich mit dem Profit zufriedenzugeben; welche Technologie oder Organisation die Indianer für ihre Arbeit wählten, interessierte sie nicht (Cole, S. 3). Doch der enorme Umfang der Bergbauarbeiten in Potosí, die ungewöhnliche Umgebung sowie die Art des Erzes erforderten schließlich eine völlig neue Verfahrenstechnik und eine neue Organisationsform.

Die nächste größere Innovation kam 1556 in den Silberminen von Mexiko zustande, als ein Bergmann ein Verfahren entdeckte, bei dem das Edelmetall mit Hilfe von Quecksilber aus dem zerstoßenen erzhaltigen Gestein gewonnen wird. Das Amalgamieren beschleunigte die Gewinnung und erhöhte die Menge des gewonnenen Silbers. Im Jahr 1572 führten die Spanier diese mexikanische Technologie in Potosí ein, nachdem Francisco de Toledo in Huancavelica im Süden von Peru Quecksilberminen eröffnet hatte. Um 1575 waren die neuen Quetschwerke – jetzt mehr unter spanischer als unter indianischer Leitung – errichtet, und das Quecksilberverfahren ermöglichte nicht nur eine effizientere Silbergewinnung aus den neuerschlossenen Silberadern; jetzt konnte auch mit der Aufarbeitung der Erzabfälle oder des Restgesteins aus früheren Schächten begonnen werden. Um die Unmengen an Gestein, die aus dem riesigen Berg geholt worden waren, zu zerkleinern, nutzten die Arbeiter eine eurasische Technologie. Sie bauten Wasserräder, die am Fuß des Berges installiert wurden. Um die Wasserkraft zu beschaffen, die diese Räder auf dem Hochplateau, wo praktisch Wüstenbedingungen herrschten, antreiben sollten, zwangen die Spanier Tausende von Indianern, dreißig künstliche Seen in den umliegenden Bergen anzulegen, in denen die geringen Regenfälle sowie im Sommer das Schmelzwasser aus den höher gelegenen Bergregionen aufgefangen wurden (Crow, S. 271). Das Wasser floß durch Kanäle und stürzte dann über Rinnen in die Tiefe, wo es die Räder des Quetschwerks antrieb, in dem die Steine zu Kies zerkleinert wurden; gleichzeitig bewegte es mehrere große Hämmer, die den Kies zu feinem Sand zerstampften. Dieses »Mehl« wurde zu *pasta*, wenn es die Indianer mit Quecksilber vermischten und mit den Füßen festtraten.

Die Bergarbeiter stellten in Fließbandarbeit Tausende von Silberbarren her, die anschließend ins Stadtzentrum geschickt wurden, in die Casa de Moneda oder Kaiserliche Münze, wo sie zu Münzen geschlagen wurden. In Europa, wo Edelmetall nur begrenzt zur Verfügung stand, geschah dies von Hand mit Hammer und Prägestock. Doch in Potosí, wo das Silber in solchen Mengen floß und ein permanenter Mangel an gelernten Arbeitern herrschte, genügte die alte Technik nicht mehr. Im Jahr 1773 nahm die moderne Kaiserliche Münze der Spanier in mehreren Gebäuden und Werkstätten den Betrieb auf. Die Innovatoren von Potosí bauten eine Hallenversion des Wasserrads, ein Göpelwerk, das von Menschen und Tieren angetrieben wurde. Diese Drehvorrichtung glich weitgehend den Tretmühlen, die in vielen Gegenden der Alten Welt, wo fließendes Wasser fehlte, zum Dre-

schen und Pumpen angewendet wurden. Der Göpel in der Münze
bewegte jedoch eine Reihe hölzerner Zahnräder; einige hatten
einen Durchmesser bis zu zweieinhalb Meter, andere waren wesentlich kleiner. Dieses Rädergetriebe setzte ein Hammerwerk in
Bewegung, das eine ähnliche Schlagkraft besaß wie der Hammer, der das Erz pulverisierte. Aufgrund der Holzknappheit
verwendeten die Mechaniker beim Bau der Maschinen die reich-
licher vorhandenen Metalle, wo immer dies praktikabel war.

Mit Hilfe dieser vergleichsweise primitiven Maschinen schlug
die Münze von Potosí drei Millionen Pesos; diese Zahl wurde
von der 1732 vom spanischen König Philipp V. in Mexiko errichteten Casa de Moneda sogar noch übertroffen. Das geprägte
Geld wurde in großen Konvois auf dem Land- und Seeweg
transportiert und mußte ständig bewacht werden, damit es nicht
von den Männern, die es transportierten und lagerten, gestohlen
wurde. Die spanische Krone benötigte sichere Frachtbehälter
und Schlösser, die nur von den autorisierten Behörden geöffnet
werden konnten. Kunsttischler und Schlosser erfanden verschiedene mechanische Truhen mit mehreren Schlössern und Schlüs-
seln. Es gab Truhen, die bis zu zwei Dutzend Schlösser hatten
und mit einem einzigen Schlüssel geöffnet werden konnten. Die
große Zahl sehr kleiner ineinandergreifender Räder und Hebel,
die für solche Vorrichtungen nötig waren, zwangen das traditionelle Schlosserhandwerk, sein bisheriges Können zu verfeinern.

Die traditionelle Technologie der Alten Welt, die sich schon
in den phönikischen Bergwerken und in den Minen von König
Salomon bewährt hatte, genügte nicht mehr, angefangen von
der Gewinnung und Pulverisierung des Erzes bis zur Prägung
und zum Transport des Geldes. Im Hüttenwesen lernten die
Spanier von den Indianern wenig Neues, obwohl die indianischen Techniken den europäischen in vielen gleichwertig und
manchmal sogar überlegen waren. Aber der gewaltige Umfang
der Bergwerksunternehmen in Amerika erforderte Neuerungen, um Silber in Mengen zu produzieren, die die Indianer früher nie erreicht hatten. In diesen Jahren wurden so viele neue
Erkenntnisse und Erfahrungen im Bergbau gesammelt, daß
Barba 1640 ein Buch *Art of Metals*, veröffentlichen konnte, in

dem er dieses neue Wissen zusammenfaßte und die Grundlage für ein modernes Hüttenwesen schuf, das mit der zunehmenden Industrialisierung immer größere Bedeutung gewann (Picon-Salas, S. 107).

Potosí war nicht nur die größte Bergbaustadt der Welt. Es entwickelte sich auch zu einem großen und integrierten Unternehmen zur Herstellung von Silbermünzen, zu einer Geldfabrik, die durchaus als die erste moderne Fabrik gelten kann. In anderen Minen bei Guanajuato, Taxco, Pachuca, Sombrerete, Durango und Fresnillo in Mexiko sowie in Porco in Bolivien entstanden ähnliche Silber- und Goldfabriken. Später produzierten sie Zinn, Kupfer, Zink, Bauxit und Uran, die alle in den späteren Stadien der industriellen Revolution ihre besondere Rolle spielten.

Zur gleichen Zeit, als die Spanier Potosí zu einer großen Geldfabrik machten, entwickelten andere Spanier ähnliche Produktionsmodelle für die Pflanzungen überall in der Karibik und entlang der Nordostküste von Brasilien. Auf diesen Plantagen wurden einheimische Gewächse wie Baumwolle und Tabak geerntet, aber auch Zuckerrohr, Kaffee und Reis, die aus anderen tropischen und subtropischen Gegenden der Welt importiert wurden. Zuckerrohr war eine der ersten, von Kolumbus selbst auf der Insel Hispaniola eingeführten Pflanzen, und wurde bald zu der am meisten angebauten und lukrativsten Nutzpflanze.

Das Zuckerrohr, *Saccharum officinarum*, hat die problematische Eigenschaft, daß es sofort nach der Ernte zu faulen beginnt. Das bedeutete, daß die Bauern den süßen Saft so rasch wie möglich aus dem geschnittenen Rohr pressen mußten. Der Transport des Zuckerrohrs zu einem weiterverarbeitenden Betrieb in einer städtischen Gegend oder gar nach Europa, wie man es mit der Baumwolle machte, kam nicht in Frage. Jede Plantage brauchte ihre eigene Zuckerrohrmühle, um den Saft aus dem Rohr zu pressen, ihn einzudicken und zu braunem Rohzucker auszukristallisieren. Aus heutiger Sicht arbeiteten die Pflanzungen eher wie eine Fabrik als ein herkömmlicher europäischer Bauernhof oder ein Landgut. Die Plantagen entwickelten neue Verfahren bei der Organisation und der zeitlichen Planung der Ernten. Zuckerrohr braucht eineinhalb Jahre bis es reif ist, und muß unmittelbar nach dem Schneiden verarbeitet werden. Die Pflanzer waren gezwungen, den für die europäische Landwirtschaft charakteristischen und traditionellen Jahreszeitenzyklus aufzugeben und die Ernten zu staffeln, damit nicht zu viel Zuckerrohr auf einmal reif wurde. Der Zuckerrohranbau war deshalb sogar für die Feldarbeiter eine eher ständige als saisonale oder gelegentliche Tätigkeit.

Stanley Mintz nennt die Zuckerrohrplantagen eine »Synthese aus Feld und Fabrik« in einer Form, die sich »völlig von dem unterschied, was man im damaligen Europa kannte« (Mintz, S. 47). Obwohl der Rohzucker erst in Europa zum weißen Zukker raffiniert wurde, waren die karibischen Pflanzungen im wesentlichen frühe Zuckerfabriken.

Häufig gehörte zu den Zuckerrohrplantagen nicht nur die Zukkermühle, sondern auch eine Destillieranlage, in der aus vergorenem Zuckerrohrsaft Rum gebrannt wurde. Solche Plantagen stellten dann neben Rohzucker, Sirup und Melasse auch Alkohol her.

Der enge Zusammenhang zwischen Zuckerplantage und Fabrik wird sogar bei den Bezeichnungen deutlich. Auf portugiesisch heißen Zuckermühlen *eghenos de assucar* – Zuckermaschinen. Auch das englische *sugar mill* betont mehr den industriellen als den landwirtschaftlichen Aspekt des Unternehmens.

Bei der Zuckerherstellung ergaben sich sehr ähnliche Probleme wie bei der Gewinnung des Silbers aus Erz und der Herstellung von Münzen aus Barren. Fehlende Arbeitskräfte und die hohen Kosten für Sklaven zwangen die Pflanzer, möglichst viele Arbeitsgänge zu mechanisieren. Solange es noch keine Traktoren gab, begrenzte das rauhe Gelände den Einsatz von Maschinen auf den Feldern, aber bei der Verarbeitung konnten Maschinen angewendet werden, so daß die hier eingesparten Arbeitskräfte auf den Feldern eingesetzt werden konnten. Während nur einige Dutzend großer Bergwerke mit Maschinen arbeiteten, waren es bei den Pflanzungen Tausende, und jede Pflanzung war eine kleine Fabrik für sich.

Die Plantagen-Gesellschaft führte aufgrund der vielen Menschen, die auf den Plantagen arbeiteten, dazu, daß die wirtschaftliche Organisation noch komplexer wurde. Die frühen Faktoreien in Kahl beschäftigten zum Beispiel gewöhnlich nur zehn bis zwanzig Arbeiter, die Betriebe in England vor dem 19. Jahrhundert selten mehr als einhundert. Doch schon eine ganze Weile davor arbeiteten für eine Zuckerrohr-, Tabak- oder Reisplantage tausend und mehr Menschen. Man nimmt an, daß es neben der Armee die Bergwerke und Plantagen waren, die die meisten Menschen beschäftigten. Diese Art von wirtschaftlicher Tätigkeit war eine so deutliche Abkehr von den früheren Produktionsweisen, daß sie als »militärische« Landwirtschaft bezeichnet wurde (Wolf, S. 315).

Die europäischen Firmen und Regierungen bestanden darauf, daß so viele Plantagenerzeugnisse wie möglich zur Weiterverarbeitung nach Europa kamen, denn zum einen fehlten in Amerika die Arbeitskräfte, die in Europa im Überfluß vorhanden waren, und zum anderen favorisierten die europäischen Länder, die Kolonien besaßen, eine Verlegung der Rohstoffverarbeitung in das Mutterland, weil dadurch Arbeitsplätze geschaffen und Geld verdient werden konnte. Aus dem Tabak und der Baumwolle, die nach Europa verschifft wurden, entstanden hier Fertigprodukte wie Schnupftabak, Zigarren, Zigaretten und Textilien.

Der traditionelle Handwerksbetrieb mit eigener Werkstätte und eigenem Haus wich nun einer neuen räumlichen Anordnung nach dem Muster der Plantagen. Ebenso wie die Plantagen aus einem kleinen Kern von Sklavenbaracken rings um die zentral gelegenen Lagerhäuser und das Gestehungsgebiet bestanden, ballten sich jetzt Arbeiterhäuser um eine zentralisierte Fabrikanlage. Die neue europäische Fabrik formte sich nach dem Vorbild der amerikanischen Plantage. Die Zentralisierung der Arbeiter erübrigte den kostspieligen Transport von Rohstoffen und Fertigprodukten zu und von den einzelnen Haushalten und Werkstätten. Außerdem half die Zentralisierung den Unternehmern, dem Industriearbeiter eine immer gleiche Arbeit aufzuzwingen, wie das die Plantagenbesitzer schon mit den afrikanischen und indianischen Sklaven getan hatten.

Einige Leute glauben, die europäische Fabrik sei auf natürliche Weise aus dem traditionellen europäischen Handwerk entstanden, als eine Art unvermeidliche kulturelle Revolution. Es war jedoch so, daß das Fabriksystem mit dem Handwerk konkurrierte – Peter Kropotkin wies ganz entschieden darauf hin –, und keineswegs daraus hervorging. Kropotkin beschrieb, wie sich die Schweizer Uhrmacher hartnäckig gegen den Verkauf maschinell hergestellter Uhren und die Seidenweber aus Lyon gegen die in Fabriken hergestellten Seidenstoffe zur Wehr setzten (Kropotkin, S. 132). Die Technologie der in Massenproduktion hergestellten Waren widersprach vollkommen den Prinzipien der Handwerkstradition, nach der sich der Lehrling zum Gesellen und danach zum Meister hocharbeitete. Das Fabriksystem dagegen, schrieb Kropotkin um die Jahrhundertwende, habe auf dem ungelernten Arbeiter aufgebaut; selbst Kinder konnten in Fabriken arbeiten und taten es auch (Kropotkin, S. 136). Er kam zu dem Schluß, daß das Handwerk weiterbestehen konnte, wenn es Waren für die Aristokratie herstellte, während die Fabriken für die Arbeiterklasse produzierten. Kropotkin hielt die Zentralisierung und Urbanisierung der Industrie für völlig unnötig und forderte statt dessen eine durchaus hochindustrialisierte, aber dezentralisierte Produktionsmethode, weil sie sich wesentlich besser sowohl mit dem landwirtschaftlichen als auch dem handwerklichen Erbe der europäischen Industrie vereinbaren ließe (Kropotkin, S. 177). Er erklärte allerdings nicht die Ursprünge der fremdartigen Produktionsmethode, dieser unsympathischen Fabriken, für die es in der damaligen europäischen Gesellschaft kaum etwas Vergleichbares gab.

Kropotkin erkannte in den aufstrebenden Fabriken Bedingungen, die der Sklaverei näherkamen als dem traditionellen Gewerbe. Doch die Sklavenarbeit per se erwies sich für die Fabriken als unrentabel, was sich schon nach wenigen Versuchen mit Sklaven in Industriebetrieben herausstellte. Einer dieser Versuche fand in South Carolina statt.

Am Westufer des Saluda River, kurz vor der Stadt Columbia in South Carolina, gibt es ein Areal mit Kanälen, alten Schleusen und einem Labyrinth zerbröckelnder Backsteinmauern. Rings herum hat sich grüne Vorstadt ausgebreitet. Tagsüber kommen die Kinder her, um zu schwimmen und zwischen den Ruinen zu spielen, abends die Liebespaare. Am steilen Flußufer, ein Stück oberhalb des Wassers, gibt es eine Höhle, und wenn man sich an dem großen Stein vor dem Eingang vorbeizwängt, gelangt man in einen Tunnel, der zu einem unterirdischen Bach führt. Die Einheimischen nennen die Höhle Sherman's Cave, weil sie angeblich General William Sherman als Unterstand diente, während seine Artillerie Columbia beschoß. Ein dichter, halb tropischer Urwald ist zwischen den Ruinen herangewachsen, und von den Bäumen hängen Lianen, an denen sich die Jungen wie Tarzan von den Mauern schwingen und ins Wasser plumpsen lassen.

Dieser idyllische Spielplatz am Rand der Stadt war einmal eine Fabrik mit Sklavenarbeitern. Sie nutzte die Wasserkraft des Saluda River auf ziemlich ähnliche Weise wie Fabriken, die zur gleichen Zeit in Neuengland, Großbritannien oder auch in Kahl entstanden. Der wesentliche Unterschied bestand darin, daß die Arbeit hier nicht von bezahlten Arbeitern, sondern von afrikanischen Sklaven geleistet wurde.

In dieser ungewöhnlichen Fabrik versuchte man, sich den simplen Widerspruch zunutze zu machen, den John C. Calhoun als erster deutlich machte. Er sah einen inneren Konflikt zwischen Arbeit und Kapital, zwischen denen, die arbeiteten und denen, die die Werkzeuge, Maschinen und andere Produktionsmittel besaßen, und empfahl zur Lösung dieses Konflikts die Vereinigung von Kapital und Arbeitskraft. Der Fabrikbesitzer sollte auch Besitzer der Arbeiter sein (Parrington, S. 76).

Das Sklavenfabriksystem schlug jedoch fehl, zum Teil, weil es mit den wesentlich billiger produzierten Waren aus Neuengland und Europa nicht konkurrieren konnte. Das kapitalistische System stützte sich auf bezahlte Fabrikarbeiter, die letztlich billiger waren als Sklavenarbeiter. Die Fabrikbesitzer brauchten nur die Person zu bezahlen, die in der Fabrik arbeitete – häufig war es nur ein Kind –, statt den gesamten Unterhalt für eine Familie, und dies auch nur, solange der Arbeiter tatsächlich produktiv arbeitete. Sklaverei erwies sich für eine Fabrik als viel zu teuer.

Im Gegensatz zur mißglückten Sklavenfabrik in den Vereinigten Staaten begannen die unternehmerischen Kaufleute von Kahl Mitte des 19. Jahrhunderts, junge Frauen in ihren einstigen Mühlen einzustellen. Eine dieser frühesten Fabriken fertigte aus Tabakblättern Zigarren, eine Arbeit, die wenig Können erforderte und für die es noch kaum Maschinen gab. Zur Zigarrenfabrik gesellten sich bald andere Unternehmen, die allmählich alle Mühlen des Dorfes übernahmen und sie in Fabriken für Tuche, Fässer und schließlich sogar für elektrische Geräte umwandelten. Eine Form der Mechanisierung wirkte als Schubkraft für eine andere.

Als die Wasserräder den Energiebedarf der Kahler Fabriken nicht mehr deckten, begannen die Dorfbewohner, ihre minderwertige Braunkohle zu fördern, um zusätzlichen elektrischen Strom zu erzeugen. Als das Kohlelager erschöpft war, stiegen sie auf Atomkraft um. Gleichzeitig regten die aufstrebenden Industrien die Entwicklung parallel laufender Wirtschaftszweige an, zum Beispiel die Bautätigkeit und die sich daraus ergebende Nachfrage für Holz, Steine, Sand, Kies, Zement und andere Rohstoffe.

Die Industrialisierung von Kahl illustriert im kleinen einen Werdegang, der überall in England, Deutschland und den anderen europäischen Nationen zu beobachten war. Die Rohstoffe für diese Umwälzung kamen aus Amerika; die Prototypen für die ersten Fabriken von den Zuckerrohrplantagen in der Karibik sowie von den Bergwerken und Münzen in Mexiko und in den Anden. Sie waren die Auslöser der industriellen Revolution in Europa. Später, im 19. Jahrhundert, wurde das erste Stadium von einer neuen, auf der Kohle und ihren Derivaten basierenden Industrie abgelöst. Das dritte Stadium folgte mit der Ölrevolution, als Erdöl nicht nur der wichtigste Energielieferant wurde, sondern auch Rohstoff für viele neue Ausgangsmaterialien wie Farbstoffe, Plastik, synthetische Fasern und zahlreiche Chemikalien.

Wären Europa und Amerika nicht durch Kolumbus oder ein anderes Ereignis zusammengekommen, hätte es eine industrielle Revolution, wie wir sie kennen, nie gegeben. Die Bauern in Europa, Asien und Afrika hätten weiterhin ihre Felder bestellt, während die Handwerker in ihren Werkstätten kleine Mengen von Gebrauchsgütern hergestellt hätten. Wahrscheinlich wäre das Leben weitergegangen wie seit Tausenden von Jahren zuvor.

Aber als die zwei großen Zivilisationen der Alten Welt und des amerikanischen Kontinents aufeinanderprallten, explodierte der technologische Fortschritt, und es kam zu einer echten Revolution in den Produktionsmethoden. Städte wie Manchester und Paris und Dörfer wie Kahl und das kanadische Fort William gerieten sehr bald in den Sog einer Entwicklung, die die herkömmlichen Lebensweisen auf der ganzen Erde radikal veränderte.

Die industrielle Revolution hätte nie in Amerika beginnen können ohne europäische Technologie und Organisation; und sie hätte sich nie in Europa ausbreiten können ohne amerikanische Edelmetalle und amerikanische Produktionsmethoden.

4

Die Ernährungsrevolution

Es gibt nur ein Machu Picchu, aber es hütet viele Geheimnisse. Die Ruinen dieser alten peruanischen Stadt thronen auf einem 2670 m hohen Bergsporn über dem linken Ufer des Rio Urubamba. Obwohl kaum größer als ein normales Dorf, zeigen die Ruinen eine Komplexität, die auf einen wesentlich bedeutenderen Ort hinweisen. Die Steinhäuser mit den trapezoiden Eingängen und schlichten Oberschwellenkonstruktionen gleichen nicht den Häusern der *puric*, der gemeinen Bauern, und die öffentlichen Gebäude übertreffen jeden Verwaltungsbau oder Tempel, wie man sie in einer Stadt von vergleichbarer Größe erwarten würde. An den Ruinen läßt sich noch sehr genau die handwerkliche Präzision erkennen, mit der diese Gebäude errichtet wurden; gleichmäßige Linien, sauber abgeschrägte Kanten und ohne Mörtel fugenlos schließende Mauersteine sind charakteristisch für beste Inka-Architektur.

Aufgrund der imposanten Lage sowie der exzellenten Bauweise wurde über den Zweck dieser Stadt viel spekuliert und eine Menge romantischer Unsinn in die Welt gesetzt. Der nordamerikanische Entdecker Hiram Bingham nahm an, er hätte Vilcabamba gefunden, die letzte Hauptstadt des Inkareichs nach dem Fall von Cuzco. Mangels einer Erklärung vermuten viele, Machu Picchu sei ein religiöser Ort gewesen und nennen es »die heilige Stadt der Inka«. Andere behaupten, Machu Picchu sei gebaut worden, um die vornehmen Frauen vor den Spaniern zu schützen oder es habe als Kloster gedient und irgendwie mit der heiligen Kokapflanze zu tun. Und wieder andere tippen auf ein Kulturzentrum.

Nichts davon stimmt mit dem, was wir über die Inka wissen, überein. Im Gegensatz zu den abergläubischen Azteken bauten die Inka keine großen Pyramiden, um Blutopfer darzubringen, und sie führten keine langen Kriege, um ihren Göttern zu gefallen. Sie bauten auch keine Observatorien wie die Maya, um die

Sterne zu beobachten, noch schrieben sie lange philosophische Gedichte über die Schaffung der Welt. Sie legten in allen Dingen ihres Lebens ein streng auf die praktische Anwendbarkeit ausgerichtetes Denken an den Tag; kaum etwas weist auf Frömmigkeit hin, einen Hang zur Meditation oder eine Tendenz zum Sentimentalen oder Abergläubischen.

Verglichen mit den Inka nehmen sich die angeblich so praktischen Menschen des alten Rom, die tüchtigen Deutschen oder die heutigen Amerikaner wie Mystiker aus, und das antike Sparta ist neben Machu Picchu ein Freudenhaus. Das praktische Wesen der Inka zeigt sich in dem akkuraten und sehr eckigen Stil, in dem sie ihre Häuser errichteten und der sich deutlich von dem eher willkürlichen und runderen Stil ihrer Vorgänger unterscheidet. Derselbe Hang zum Zweckmäßigen und ihre Leidenschaft für Organisation kommt in ihrem Wirtschaftssystem zum Ausdruck, in dem es weder Geld noch Märkte noch Kaufleute gab und trotzdem keine Hungersnot wie in so vielen anderen großen Reichen.

Angesichts dieses Pragmatismus scheint uns allein die Existenz von Machu Picchu ein weiteres Rätsel aufzugeben. Warum bauten die Inka eine Stadt und überzogen den Berg mit Terrassen, obwohl es dort nur sehr wenig Humus gab? Sie wendeten ihre besten Techniken an, um Terrassen zu bauen, die eine Ewigkeit überdauern würden, belegten sie mit einem Unterboden aus Steinen und Lehm und schleppten anschließend über die steilen, 800 m hohen Hänge fruchtbare Erde vom Fluß herauf. Eine vergleichbare Aufgabe wäre es, vom Colorado River Erde heraufzuschaffen, um oben auf dem Grand Canyon fruchtbare Felder anzulegen.

Die Inka bauten Hunderte solcher Terrassen, die alle für eine extensive Landwirtschaft ziemlich klein waren, manche nicht einmal eine Handspanne breit. Doch diese Terrassen ziehen sich über große Entfernungen den Berg hinauf und hinunter, und es gibt sogar kleine Terrassen hoch oben auf dem vorderen Gipfel des Huayna Picchu, der von der Stadt aus erst nach einstündiger steiler Kletterei zu erreichen ist. Eine solche Anlage ergibt nicht mehr Sinn, als wenn die Amerikaner heute anfangen würden, die Felswände des Mount Rushmore landwirtschaftlich zu nutzen mit Beeten in der Größe von Blumenkästen.

Einen Fingerzeig auf die mögliche Funktion von Machu Picchu erhielt ich, als ich mit Charles Laughlin, einem Botaniker von der University of Georgia, zwei Tage lang die Gegend um Machu Picchu durchstreifte. Auf einem unserer Ausflüge kehrten wir von Süden her auf dem Inka-Pfad zu der Ruinenstadt zurück. Auf diesem Weg betritt man die Stadt durch Inti Punuc, das »Steintor der Sonne« hoch oben auf dem Sattel des Berges, das die Machu-Picchu-Seite des Berges von einem trockenen landeinwärts gelegenen Tal trennt. Steht man unter diesem Torbogen, sieht man zwei Welten, das braune und leblose Tal auf der einen Seite und auf der anderen das von den dichten Nebelschwaden und Dunstschleiern des Rio Urubamba bewässerte, smaragdgrüne Tal tief unterhalb der Ruinenstadt.

Während wir von dem hohen Paß zur Stadt hinabstiegen, mußte ich immer wieder diese ungewöhnliche Landschaft betrachten. Warum hatten die Inka diese Stadt hier an dieser Stelle gebaut? Um den Fluß zu bewachen? Aber was war dort zu bewachen? Vielleicht war es ein Handelsplatz für Koka? Aber warum dann diese monumentale Stadt? Und noch dazu so hoch über dem Fluß?

Während mein Blick über Berge und Täler schweifte, widmete sich Chuck der Vegetation und benannte jede Pflanze, an der wir vorüberkamen. Er machte mich wahnsinnig damit, denn es lenkte mich von dem großartigen Bild ab; doch während wir bergab stiegen und von einer Terrasse zur nächsten gelangten, änderten sich die Pflanzennamen. Wie an vielen Bergen in den Anden, passierten wir auch hier mehrere verschiedene ökologische Schichten. Der Berg ist in Vegetationsstreifen und Mikrozonen angelegt, der Traum eines Botanikers und der ideale Platz für alle Arten von kontrollierten Versuchen. So gesehen gewannen die kleinen Terrassen eine neue Bedeutung: Es waren Versuchsbeete in verschiedenen Höhen, angelegt in so vielen verschiedenen Winkeln, daß sie Morgensonne, Abendsonne, den ganzen Tag Sonne oder überhaupt keine Sonne bekamen. Sie wirken wie eine wissenschaftliche Versuchsreihe auf freiem Feld.

In meiner Vorstellung wurde Machu Picchu plötzlich eine landwirtschaftliche Versuchsstation. Als solche war es ein heiliger Ort, weil Landwirtschaft eine heilige Tätigkeit für die Inka war, die die lebenspendende Erdmutter Pachamama und Inti, die Sonne, verehrten, die gemeinsam die Pflanzen wachsen ließen.

Die alten Peruaner zählten zu den größten landwirtschaftlichen Experimentatoren der Welt und legten zahlreiche Versuchsgebiete an, die auf verschiedene Weise bestellt und bebaut wurden. Es wäre also nicht verwunderlich, wenn sie dies auch an einem Ort wie Machu Picchu getan hätten. Doch ob dieser Berg nun früher einmal als landwirtschaftliche Forschungsstätte gedient hat oder nicht – Tatsache ist, daß die Indianer der Anden wahrscheinlich mehr mit Pflanzen experimentierten als jedes andere Volk der Erde.

Schon Tausende von Jahren vor den Inka waren die Eingeborenen in der Lage, auf kleinen Flächen außerordentlich große Kartoffelernten zu erzielen. In der modernen Welt erreichte man hohe Erträge vor allem durch die Entwicklung von Pflanzen, die in verschiedenartigen Umgebungen gedeihen und, wo nötig, durch die Manipulation ihrer unmittelbaren Umgebung durch Bewässerung, Düngung und mit anderen wachstumsfördernden Maßnahmen. Die Peruaner scheinen das Problem von der entgegengesetzten Seite angepackt zu haben. Sie versuchten, für jede Art von Boden, Sonneneinstrahlung und vorhandene Bewässerung eine entsprechende Art von Pflanze zu entwickeln. Sie schätzten die Mannigfaltigkeit. Sie wollten Kartoffeln in vielen verschiedenen Größen, Beschaffenheiten und Farben, von weißen und gelben bis zu lilafarbenen, roten, orangen und braunen, einige schmeckten süß, andere waren für den menschlichen Verzehr zu bitter und dienten als Futtermittel.

Diese Mannigfaltigkeit erstrebten sie nicht nur wegen des ästhetischen Vergnügens an vielerlei Formen, Farben und Geschmacksrichtungen, sondern vor allem aus praktischen Gründen; denn die Unterschiede in der äußeren Erscheinung hatten ihre Ursache in anderen, weniger sichtbaren Verschiedenartigkeiten. Manche Kartoffeln reiften schnell und manche langsam, ein wichtiger Faktor in einem Land, wo sich die Anbauzeit mit der Höhenlage veränderte. Manche Kartoffeln benötigten viel Wasser, andere wiederum sehr wenig, so daß jeweils die eine oder die andere Kartoffelsorte besser geeignet war für die außerordentlich unterschiedlichen Regenmengen in den verschiedenen Tälern. Einige Sorten ließen sich gut lagern, andere waren hervorragendes Viehfutter.

Neben der Kartoffel produzierten die Inka auch andere Knollen- und Wurzelgemüse wie *oca, anu, achira, papa liza, luki* und *maca*, die in keiner europäischen Sprache einen Namen haben. Auch Mais bauten die Peruaner in vielen verschiedenen Sorten und Umgebungen an, und sie kultivierten die einheimischen amerikanischen Getreidearten, den *kiwicha*, wie er auf Quechua heißt (oder *Amaranthus caudatus*, ein Fuchsschwanzgewächs) und *quinua* (oder *Chenopodium quinoa*).

Der Erfolg dieser frühen Experimentatoren ist noch heute erkennbar, aber nicht nur an der Vielfalt der Feldfrüchte, sondern auch an den ausgedehnten Ruinen landwirtschaftlicher Anlagen im Urubamba-Tal, von Machu Picchu bis zur Inka-Hauptstadt Cuzco. Bei einer Wanderung durch das Tal hat man ständig Ruinen einstiger indianischer Bauten vor Augen, die der spanischen Conquista zum Opfer fielen. Zerbröckelnde Wachtürme ragen wie ruinöse Zahnstümpfe über die Bergkämme, und leere Zitadellen thronen über nahezu verlassenen Dörfern. Bewässerungskanäle führten früher das Schmelzwasser aus den Bergen zu den Terrassen, die jetzt verfallen sind, und die Kanäle sind längst von Schlamm und Geröll verstopft. Es ist nicht leicht, sich vorzustellen, wie wundervoll dieses Tal vor der Eroberung durch die Spanier gewesen sein muß. Meilenweit grüne Terrassenfelder, dazwischen gefüllte Scheunen – und jetzt? Ausgetrocknete Landparzellen, zerfallene Terrassen und die Überreste zerstörter Brücken.

Als spanische Soldaten, katholischer Klerus und Krankheiten in das Flußtal eindrangen, starben ganze Dörfer aus oder die Einwohner wurden zur Arbeit in den Minen von Potosí verschleppt. Das reiche Tal verkam und war bald nur noch trübe Erinnerung. Heute lebt in diesem Tal des Rio Urubamba, das einst vielleicht Millionen von Menschen ernährte, nur noch ein

Bruchteil der früheren Bevölkerung. Die Felder liegen brach, und die Regierung von Peru importiert Kartoffeln aus den Niederlanden, um die Menschen im Land der Kartoffel zu ernähren.

Die Indianer der Anden haben seit mindestens viertausend Jahren an Berghängen und in Tälern Kartoffeln angebaut – eine Pflanze, die anscheinend von einem knollenbildenden Nachtschattengewächs abstammt, das in ganz Amerika vorkam und auch von Indianergruppen im Südwesten der USA genutzt wurde. Die Navajos machten sie zum wichtigsten Bestandteil ihrer Ernährung. Die Indianer in den USA und Mexiko waren anscheinend gerade dabei, ihre eigenen Kartoffelsorten zu kultivieren, als die Spanier im 16. Jahrhundert eintrafen (Salaman, S. 1).

Zur Zeit der spanischen Conquista produzierten die Bauern der Anden bereits rund dreitausend verschiedene Kartoffelsorten; dagegen werden heute in Nordamerika nur 250 verschiedene Sorten angebaut, und drei Viertel der gesamten Kartoffelernte in den heutigen USA bestehen aus nur zwanzig dieser Sorten. Dank der indianischen Andenbauern wurde die Kartoffel zur Grundlage für mehrere große Andenreiche, deren letztes, das Inkareich, im Jahr 1532 Francisco Pizarro zum Opfer fiel.

Die Andenbauern erfanden und perfektionierten auch die erste Methode zum Gefriertrocknen der Kartoffel. Sie setzten ihre Kartoffeln über Nacht der frostigen Luft ihrer hohen Berge aus, und wenn am Tag die Sonne daraufschien, stampfte die ganze Familie mit bloßen Füßen die tauende Flüssigkeit heraus. Dieser Vorgang wurde mehrmals wiederholt, und am Schluß waren die Kartoffeln zu weißlichen Brocken getrocknet, die so ähnlich aussahen wie Plastikschaum. In dieser leichten Form konnten die Inka ohne weiteres große Kartoffelmengen zu entfernten Lagerhäusern transportieren, wo sie unbeschadet bis zu fünf oder sechs Jahren aufbewahrt werden konnten. Bei Bedarf wurde die getrocknete Kartoffel in Wasser eingeweicht und anschließend gekocht, oder man mahlte sie zu einem Mehl, aus dem sich Suppen und andere Gerichte zubereiten ließen. Auch heute wird dieses Verfahren noch genauso wie früher in Tausenden von Dörfern überall in den Anden praktiziert. *Ch'uno*, wie die gefriergetrocknete Kartoffel auf Quechua heißt, ist das ganze Jahr über ein Grundnahrungsmittel der andinen Küche.

Die Inka trockneten auch andere Gemüse und sogar Fleisch. Das getrocknete Fleisch oder *charqui*, wie es dort genannt wurde, fand auch bei den Europäern Anklang, weil es leicht herzustellen und leicht zu transportieren war.

Ebenso wie das Silber von Potosí breitete sich auch die bescheidene Kartoffel in Europa und weiter bis ins Osmanische Reich, nach Timbuktu und China aus und veränderte die Weltwirtschaft. Ihre Ausbreitung ging wesentlich langsamer vor sich als die des Silbers, aber letzten Endes bewirkten die Kartoffel und die anderen in Amerika heimischen Gemüse und Feldfrüchte eine wesentlich nachhaltigere Veränderung als der Silberberg von Potosí.

Es ist kaum vorstellbar, was Irland heute ohne die Kartoffel wäre. Wovon würden sich Russen, Deutsche, Polen, Skandinavier ernähren? Ohne die Kartoffel wäre Rußland vielleicht nie eine Weltmacht geworden, Deutschland hätte sich nicht auf zwei Weltkriege eingelassen, und Nordeuropa und die Beneluxländer hätten heute nicht den vielleicht höchsten Lebensstandard der Welt.

Vor der Entdeckung Amerikas war die Alte Welt hauptsächlich auf Getreide angewiesen, das aus Gräsern kultiviert worden war wie Weizen, Roggen, Gerste und Hafer in Europa und im Nahen Osten, Reis im Fernen Osten sowie Hirse und Sorghum in Afrika. Bei allen diesen Pflanzen treten im Wachstumszyklus jedoch mehrere Probleme auf. Sie tragen ihre Frucht auf hohen Halmen über dem Boden und können deshalb leicht durch Hagel, schwere Regenfälle und Schnee sowie Vögel, Insekten und andere Tiere verdorben werden.

Jahrhundertelang kam es in den nördlichen Ländern wie Rußland und Deutschland immer wieder zu Hungersnöten, wenn die Getreideernten durch Witterungseinflüsse zerstört wurden. Solange die Alte Welt von den Getreideernten abhängig war, blieben die großen Bevölkerungs- und Machtzentren in den wärmeren Gefilden des Südens rings um das Mittelmeer, wo das Getreide besser gedieh. Die Reiche der Griechen, Römer, Perser und Ägypter hatten vor allem deshalb Erfolg, weil sie die Getreideproduktion kontrollierten. Selbst ein Land, das sich so weit nach Norden hin erstreckte wie Frankreich war noch in der Lage, Weltmacht und ein ausreichender Getreideproduzent zu werden. Aber das unvorhersagbare Wetter und mögliche Hungersnot hingen wie ein Damoklesschwert über den deutschen Ländern, England, Skandinavien und Rußland, das Getreide manchmal aus- und manchmal einführte. Diese Völker warteten alle auf ihre Chance, um auf der kulturellen und politischen Weltbühne eine Rolle zu spielen, aber als erstes brauchten sie eine zuverlässige Versorgung mit nahrhaften und billigen Nahrungsmitteln.

Dieses Nahrungsmittel traf schließlich ein in der etwas unscheinbaren Gestalt der Andenkartoffel. Kartoffeln und Mais aus Mexiko nennt der französische Historiker Fernand Braudel »die Wunderpflanzen« (Braudel, Bd. I, S. 166). Bei den Europäern weckte sie jedoch keineswegs allgemeine Begeisterung. Die europäischen Bauern verachteten sie sogar. Abgesehen von einer gelegentlichen Beikost aus Pastinaken, weißen Rüben oder Möhren aßen die Europäer keine Knollen, und sie wollten bestimmt keine als Grundnahrungsmittel in ihre tägliche Kost aufnehmen. Ihr Grundnahrungsmittel war Getreide, das sie mahlen und als Brot oder, noch verbreiteter, als Brei essen konnten wie zum Beispiel den Haferbrei der Schotten und Iren oder die Grütze der Deutschen. Das war es, was die Europäer unter einem richtigen Nahrungsmittel verstanden und nicht ein knolliges Nachtschattengewächs, das von amerikanischen Wilden stammte.

Kartoffeln, munkelte man, würden Lepra verursachen wegen ihrer häßlichen Form. Einige orthodoxe Sekten in Rußland nannten sie die Teufelspflanze und erklärten, es sei eine Sünde, Kartoffeln, Tomaten und Zucker zu essen, weil sie nicht in der Bibel erwähnt seien. Selbst in Denis Diderots aufgeklärter *Encyclopédie* von 1765 wird die Kartoffel als geschmacklos beschrieben, und es ist die Rede von Winden, die sie in den Därmen der Bauern verursache (Braudel, Bd. 1, S. 175).

Adam Smith schrieb eine der ersten Abhandlungen zur Verteidigung der Kartoffel und schilderte die ungeheure Bedeutung, die sie für Europa haben könnte. Er sagt exakt voraus, daß der vermehrte Anbau von Kartoffeln zu einem Anstieg der Produktion, der Bevölkerung und der Bodenpreise führen würde. Aufgrund seiner Beobachtungen in Irland, damals das einzige Land, wo Kartoffeln in größerem Ausmaß angebaut wurden, kam er zu dem Schluß, die Kartoffel sei ein ausgezeichnetes Nahrungsmittel, besonders für die unteren Bevölkerungsschichten. Seiner Meinung nach wurden die Männer von Kartoffeln kräftiger und die Frauen schöner, und als Beweis führte er die Prostituierten und Arbeiter an, die von Irland nach London importiert wurden. Obwohl sich Smith so für den Anbau von Kartoffeln engagierte, bezweifelte er, daß Kartoffeln zu einem weitverbreiteten Nahrungsmittel würden, weil sie nicht länger als ein Jahr haltbar waren (Smith, S. 140).

Während der ersten zwei Jahrhunderte war die Kartoffel in Europa eigentlich nur eine Kuriosität, die in Kräutergärten von Klöstern und Universitäten wuchs und als Neuheit bei den oberen Schichten auf den Tisch kam. Die Massen ignorierten den Fremdling weiterhin. Erst in der zweiten Hälfte des 18. Jahrhunderts gelangte sie auf die nordeuropäischen Äcker. Die Bauern bauten sie an, weil sie von ihren Herrschern dazu gezwungen wurden. Friedrich der Große in Preußen, Katharina die Große in Rußland und ähnlich aufgeklärte Monarchen stellten die Bauern nach einer Reihe von Hungersnöten, Epidemien und Kriegen im 18. Jahrhundert vor die Alternative, entweder Kartoffeln anzubauen oder zu verhungern.

Der Erzbischof von Mainz beendete die Abhängigkeit der Dorfbewohner vom Getreide durch mehrere restriktive Gesetze. Er verbot in Kahl und anderen Dörfern seines Bistums den Bau neuer Backöfen und gestand jedem Dorf nur einen einzigen gemeinschaftlich zu benützenden Backofen zu. Der große bienenkorbförmige Ofen steht heute noch im ältesten Teil von Kahl nahe der Kirche als historischer Talisman, der die heutigen Dörfler mit der Gemeinschaft der Vorfahren verbindet. Die Errichtung der Gemeinschaftsbacköfen verringerte den Konsum von Brot und Backwaren, weil jede Hausfrau nur einmal in der Woche backen konnte und für jedes Blech, das sie belud, eine Steuer zu entrichten hatte. Die Besteuerung der Mühlen verringerte ebenfalls die Abhängigkeit von Mehl, und zusätzliche Steuern für Bäcker und Backöfen machten das Brot teurer. Die Bauern mußten Kartoffeln anbauen oder schwere finanzielle Einbußen und Hunger hinnehmen.

Die Monarchen und auch Adam Smith wußten, daß die Bauern bald ein Einsehen haben würden. Ein Acker Kartoffeln bringt mehr und nahrhaftere Ernährung auf zuverlässigere Weise und macht weniger Arbeit als ein Getreidefeld. Noch heute ergibt ein Hektar Land, auf dem Kartoffeln angebaut wurden, 7,5 Millionen Kalorien, während daselbe Stück Land mit Weizen nur 4,2 Millionen Kalorien bringt. Außerdem verschlingt der Anbau von Kartoffeln weitaus weniger Kalorien oder Energie als der von Weizen. Das bedeutete, daß jeder Bauer pro Arbeitskraft mehr Hektar Land bestellen konnte oder daß einige Arbeitskräfte frei wurden für andere Aufgaben. Kartoffeln brauchten nur drei bis vier Monate, bis sie geerntet werden konnten, alle Getreidearten dagegen doppelt so lange. Kartoffeln waren während des Wachstums weniger empfindlich und weniger anspruchsvoll als Getreide und gediehen auf allen Böden, die sonst nicht genutzt werden konnten (Farb/Armelagos, S. 76). Die Bauern stellten fest, daß die Kartoffel weder gemahlen noch kostspielig weiterverarbeitet werden mußte, wodurch die dafür benötigten und beträchtlichen Kapitalinvestitionen für Geräte und Transport wegfielen. Man zog sie aus der Erde und verbrauchte sie entweder sofort oder lagerte sie im Keller, wo sie nahezu ein Jahr lang hielten.

Die Kartoffel konnte als Brot gegessen werden, obwohl das meistens nicht nötig war, da es genügend Getreide gab, um Brot zu backen, und es ließen sich viele neue Gerichte zubereiten, mit denen die nur beschränkt vorhandene Getreidekost aus Brot, Nudeln, Breien und Suppen ergänzt werden konnte. Die Kartoffel konnte gebacken, gekocht oder gebraten, als Suppe, Klöße, Reibekuchen, Eintöpfe, Aufläufe etc. zubereitet werden.

Nachdem die Kartoffel auf den Feldern der europäischen Bauern Einzug gehalten hatte, gedieh sie überall. An die kühlen und oft feuchten Hochlandtäler der Anden gewöhnt, paßte sie sich problemlos dem kühlen und feuchten nordeuropäischen Klima an, ob in Irland, Deutschland, Polen, Rußland, Schottland, England, Holland, Belgien oder Skandinavien. Von den ungefähr dreitausend verschiedenen Sorten, die in Amerika wuchsen, kamen nur vergleichsweise wenige nach Europa; aber es gab genug verschiedene Sorten, so daß für jede Region Europas, in der Kartoffeln angebaut werden sollten, zumindest eine Sorte gefunden werden konnte, die zum Klima und Boden paßte. Nur in den wärmeren Mittelmeergebieten Europas fand die Kartoffel weniger Aufnahme. Dort blieb man bei der herkömmlichen Ernährung mit Getreide.

In den Ländern mit nördlichem Klima, wo lange Winter ohne frisches Gemüse die Regel waren, war die Kartoffel ein Vitamin-C-Spender, der den Gesundheitszustand der Bevölkerung verbesserte. Kartoffeln greifen die Zähne weitaus weniger an als Getreide; warum das so ist, weiß man noch nicht genau. Beim gemahlenen Getreide jedenfalls bleibt die feine Stärke an den Zähnen kleben und führt zu Karies; und Getreide in Form von Körnern genossen hat eine abreibende Wirkung und nutzt die Zähne stark ab. Die Nordeuropäer konnten sich bis ins hohe Alter kräftige Zähne erhalten, weil sie mehr Kartoffeln aßen, und dies kam wiederum ihrer Gesundheit zugute. Krankheiten aufgrund von Mangelernährung wurden seltener, und bis Anfang des 18. Jahrhunderts war der Hungertod, abgesehen von Kriegszeiten, aus Europa praktisch verschwunden (Petersen, S. 442).

Der Siegeszug der Kartoffel in Europa begann in Irland und setzte sich allmählich immer weiter nach Osten fort. Wie so oft, wenn zuverlässige historische Quellen fehlen, entstanden auch um den Ursprung oder die Einführung der Kartoffel in Irland Legenden. In einer heißt es, Sir Walter Raleigh habe die Kartoffel im 16. Jahrhundert auf der Rückfahrt nach England von der Karibik nach Irland gebracht. Eine andere Legende behauptet, irische Bauern hätten die Kartoffeln in den Wracks der spanischen Armada gefunden, die 1588 von den Engländern angegriffen und von einem gewaltigen Sturm zerstreut wurde. Die Zeit scheint in beiden Legenden zu stimmen; aber es verging noch ein weiteres Jahrhundert, bevor die Pflanze die weitverbreitete und geradezu fanatische Verehrung bei den Iren fand, die sie dort noch heute genießt. Bis zum Ende des 17. Jahrhunderts war sie das Hauptnahrungsmittel in Irland (Salaman, S. 222).

Von Irland aus verbreitete sich die Kartoffel als Feldfrucht nach England, Schottland und Wales, und weiter über die Niederlande und Frankreich nach Deutschland und Osteuropa. Die Russen übernahmen sie erst in den Jahren zwischen 1830 und 1840, wurden dann aber ebenso begeisterte Kartoffelkonvertiten wie vormals die Iren.

Trotz des anfänglichen Widerstands gegen die Einführung der Kartoffel in Europa liebten sie die Bauern, sobald sie sich an sie gewöhnt hatten. In Flandern sank durch die Einführung der Kartoffel der Getreidekonsum zwischen 1693 und 1791 von 758 g pro Person und Tag auf 475 g. Das bedeutete, daß die Kartoffel ungefähr 40 Prozent des Getreidekonsums in Flandern ersetzte (Braudel, Bd. I, S. 175). Die Ernährung der Bevölkerung verbesserte sich merklich, und die Bevölkerungszahlen wuchsen entsprechend.

Mit ihren dank der Kartoffel gut ernährten Armeen begannen Friedrich II. von Preußen und Katharina die Große von Rußland ihre südlichen Nachbarn zu bedrängen. Im Zeitalter der Aufklärung kämpften sich diese nördlichen Kulturen von der wirtschaftlichen, kulturellen und politischen Dominanz des Südens frei. Die Schwerpunkte der Macht verlagerten sich aus Spanien und Frankreich nach Deutschland und Großbritannien, und schließlich wurden alle diese Länder von Rußland in den Schatten gestellt. Rußland entwickelte sich zum größten Kartoffelproduzenten der Welt und ist es bis heute geblieben, und in Rußland werden die meisten Kartoffeln gegessen. Die Übernahme der Kartoffel als Hauptnahrungsmittel ging dem Aufstieg Rußlands zur Weltmacht voraus.

Nahrungsmittel aus Amerika bewirkten das Wunder, das jahrhundertelanges Beten, Arbeiten und Kurieren nicht herbeiführen konnten: Sie erlösten Europa von den immer wieder auftretenden Hungersnöten, die seit Jahrtausenden zu den größten Plagen der Menschheit zählten. Sogar Frankreich, das reichste Land Europas, litt unter zahlreichen großen Hungersnöten und noch häufiger unter solchen, die sich auf kleinere Regionen beschränkten. Die Zahl der allgemeinen Hungersnöte in Frankreich schwankt von zwei im 12. Jahrhundert bis zu sechsundzwanzig im Jahrhundert davor. Noch im 18. Jahrhundert kam es in Frankreich zu sechzehn allgemeinen Hungersnöten. Ihre Gesamtzahl zwischen den Jahren 1371 und 1791 betrug 111 (Braudel, Bd. I, S. 74).

Gut ein halber Hektar Ackerland genügte, um eine Durchschnittsfamilie zu ernähren, wenn sie auf dem Land Kartoffeln anbaute und diese mit einer Beikost aus Milch, Butter oder Käse ergänzte. Mit dem revolutionären Anbau von Kartoffeln vermehrte sich die Bevölkerung von Irland in knapp einem Jahrhundert von 3,2 Millionen im Jahr 1754 auf 8,2 Millionen im Jahr 1845. Im selben Jahrhundert wanderten 1,75 Millionen Iren nach Amerika aus. Damit hatte sich die Bevölkerung von Irland im ersten Jahrhundert nach der Einführung der Kartoffel praktisch verdreifacht (Crosby, S. 183). Als Irland dann von der Kartoffelfäule heimgesucht wurde, verhungerten Tausende und ebenso viele emigrierten, weil Irland ohne Kartoffeln seine Menschen nicht ernähren konnte. Hätten die Iren die Technik der Indianer angewandt und viele verschiedene Sorten angebaut statt nur einige wenige, wären die Auswirkungen der Fäule wahrscheinlich beträchtlich geringer ausgefallen.

Aber trotz der irischen Hungersnot boomten die Bevölkerungszahlen in den Ländern, die die Kartoffel übernommen hatten. Vielleicht wurde ihr deshalb von vielen eine aphrodisische Wirkung zugestanden, vielleicht aber auch nur wegen ihrer etwas phallischen Form oder ihrer Ähnlichkeit mit der Trüffelknolle, einer extravaganten, teuren Delikatesse, die mit dem schamlosen und ausschweifenden Leben der Reichen und Aristokraten in Verbindung gebracht wurde.

Ein Blick auf die weltweite Bevölkerungsentwicklung seit der Einführung der Kartoffel läßt einen ähnlichen Vorgang erkennen. In den drei Jahrhunderten zwischen 1650 und 1950 stieg die Bevölkerung von Europa (einschließlich der Sowjetunion) um das Sechsfache von knapp über 100 Millionen auf beinahe 600 Millionen. In Afrika lebten um 1650 wahrscheinlich annähernd genauso viele Menschen wie in Europa, doch hat sich die Bevölkerung dort bis 1950 nur verdoppelt, von 100 Millionen auf zirka 198 Millionen. Dieses vergleichsweise langsame Wachstum spiegelt die langsamere Annahme von amerikanischen Feldfrüchten wider, aber auch die Entvölkerung durch den Sklavenhandel und die Kolonisierung. Die Bevölkerung Asiens wuchs nicht ganz so schnell wie die in Europa, aber schneller als die Bevölkerung Afrikas. In den drei genannten Jahrhunderten stieg sie von 327 Millionen auf 1,3 Milliarden. Insgesamt stieg die Bevölkerung in der Alten Welt von Europa, Asien und Afrika von ungefähr einer halben Milliarde Menschen im Jahr 1650 auf über zwei Milliarden im Jahr 1950. Zusätzlich verließen Millionen von Menschen Asien, Afrika und Europa, um in der Neuen Welt als Kolonisten oder Sklaven zu leben (Crosby, S. 166).

Im Jahr 1750 schätzte man die Weltbevölkerung auf 750 Millionen. 1830 erreichte sie die Milliardengrenze; 1975 waren es vier Milliarden (Farb/Armelagos, S. 75). In den letzten Jahrzehnten ist ein Teil des Bevölkerungswachstums auf medizinische Fortschritte zurückzuführen, aber das große Bevölkerungswachstum ereignete sich vor den medizinischen Innovationen. Die bessere Ernährung ist der wichtigste Faktor für die gestiegenen Bevölkerungszahlen vor 1900. Verbesserungen in der Hygiene und medizinischen Versorgung wirkten sich erst später, in den zurückliegenden hundert Jahren, auf das Bevölkerungswachstum aus, als echte medizinische Fortschritte erzielt wurden.

Doch der große Bevölkerungszuwachs und der bessere Gesundheitszustand der Menschen in der Alten Welt war nicht allein das Verdienst der Kartoffel. Die amerikanischen Indianer kultivierten über dreihundert verschiedene Feldfrüchte, und von vielen gab es zahlreiche unterschiedliche Sorten. Diese Feldfrüchte wurden von den Menschen der Alten Welt allmählich übernommen, und jede trug auf ihre Weise zu einer verbesserten Ernährung bei, sowohl hinsichtlich der Menge als auch der Qualität. Die Welt verdankt den Indianern drei Fünftel der heute angebauten Feldfrüchte. Viele davon gediehen in Umgebungen, die früher wegen der dort herrschenden Temperaturen, Feuchtigkeit, Bodenbeschaffenheit oder ihrer Höhenlage landwirtschaftlich nicht genutzt werden konnten.

Einige dieser Pflanzen verbreiteten sich weltweit auf dem Weg über Europa, aber die meisten tropischen Pflanzen gelangten auf dem direkten Seeweg nach Afrika und Asien. Der afrikanische Sklavenhandel brachte Hunderte von Schiffen, beladen mit menschlicher Fracht, über den mittleren Atlantik nach Brasilien, in die Karibik, nach Virginia und den beiden Carolina-Staaten. Auf der Rückreise transportierten die Schiffe Nahrungsmittel und Gewürze der Indianer nach Afrika, und viele wurden in dem ähnlichen Boden und Klima Afrikas schnell heimisch. Etwas langsamer verlief die Ausbreitung der tropischen amerikanischen Nutzpflanzen nach Asien durch spanische Schiffe, die von Acapulco in Mexiko nach Manila auf den Philippinen, dem bedeutendsten Hafen der Spanier in Asien, fuhren. Andere gelangten aus der entgegengesetzten Richtung nach Asien durch die Portugiesen, die Produkte aus ihrer brasilianischen Kolonie zu ihren verschiedenen Besitzungen in Afrika und weiter nach Goa in Indien und ihrer östlichsten Kolonie Macao im südlichen China brachten.

Auch die Proteinversorgung in der Alten Welt besserte sich durch die große Vielfalt an Bohnen, die aus Amerika, vor allem aus Mexiko kamen, wo Bohnen, Mais und Kürbis die wichtigsten Grundnahrungsmittel der Indianer waren. In verschiedenen Teilen der Alten Welt wurden amerikanische Bohnen begeistert übernommen – die kleine weiße, die schwarze, die rote mexikanische Bohne, die Elefanten-, Flageolet-, Feuer-, Wachtel-, Stangen-, Busch-, Prinzeß- und Saubohne.

In Afrika steigerte die amerikanische Erdnuß den Proteingehalt der Ernährung. Dort und auch in Asien fand sie großen Anklang, in Europa dagegen wurde sie nie mehr als ein Rohstoff für Öl und Tierfutter und eine gelegentliche Knabberei. Nicht einmal die in den USA zur alltäglichen Kost zählende Erdnußbutter fand Anhänger in Europa. In Westafrika dagegen wurde sie sehr beliebt; dort wird sie vermischt mit scharfem Paprika als herzhafter und beliebter Imbiß auf den Straßen verkauft.

In Europa, wo sich das Klima nicht für den Anbau von Erdnüssen eignet, wird Öl und Tierfutter aus einem weiteren amerikanischen Grundnahrungsmittel hergestellt, der Sonnenblume, die aus den großen Ebenen Nordamerikas stammt und von den Indianern kultiviert wurde. Neben der Kartoffel ist die Sonnenblume wahrscheinlich die wichtigste Kulturpflanze, die Rußland von Amerika erhielt. Weder Oliven noch andere zur Ölgewinnung geeignete Feldfrüchte gedeihen in Rußland besonders gut, und so bedeutete die Sonnenblume für die Russen endlich eine zuverlässige Quelle für Speiseöl. Die Sowjetunion und ihre Nachfolgestaaten produzieren und konsumieren bis heute die meisten Sonnenblumen.

Von den zahlreichen amerikanischen Getreidearten fand nur der Mais in Europa Verwendung. Die europäischen Bauern lernten Mais anzubauen, aber die meisten lernten nie, ihn zu essen. Nur in einigen Gegenden Südeuropas wie Italien, Griechenland, Jugoslawien und Rumänien wird er manchmal als Getreideersatz für Suppen und Grützen verwendet. Die übrigen Europäer haben den Mais weitgehend ignoriert. Aber er spielte dennoch eine Rolle, denn es lassen sich viele wichtige Produkte daraus gewinnen wie zum Beispiel Öl, und er liefert ein nahrhaftes Futter für die meisten Haustiere. Manche Tiere wie Schweine kann man mit Kartoffeln füttern, Kühe und Hühner dagegen nicht. Mit Mais waren sie jedoch alle einverstanden. Der Mais bedeutete für die Nutztiere in Europa das gleiche wie die Kartoffel für die menschliche Bevölkerung. Das neue Viehfutter steigerte nicht nur die Erzeugung von mehr Fleisch und Fett, sondern auch die von Eiern, Milch, Butter, Käse und all den anderen tierischen Produkten, die einen so wichtigen Teil der Kost der Europäer bilden. Diese Nahrungsmittel trugen wesentlich zu einer proteinreichen Ernährung der Europäer bei.

Das Bevölkerungswachstum beeinflußte der Mais im Süden Europas wesentlich mehr als im Norden. Im 18. Jahrhundert, als Mais und andere amerikanische Gemüse und Feldfrüchte in Südeuropa angebaut wurden, stieg die Bevölkerung Italiens von elf Millionen auf achtzehn Millionen an, und die Bevölkerung in Spanien verdoppelte sich (Farb/Armelagos, S. 76). Die Auswirkungen auf Afrika sind schwerer zu messen, aber auf jeden Fall war eine Maisernte zuverlässiger als die traditionellen Hauptnahrungsmittel Hirse und Sorghum.

Mais wächst auf Böden, die für Weizen zu feucht oder für Reis zu trocken sind. Und während Reis am besten in subtropischen Zonen gedeiht und der Weizen in gemäßigten Zonen, fühlt sich der Mais in beiden zu Hause. Die Indianer kultivierten rasch wachsende Sorten in so kalten Gebieten wie Kanada und Chile, und andere Maissorten, die in der Hitze der Anden gediehen. Die Inka-Bauern pflanzten Mais an den terrassierten Hängen der Anden, die Hopi bewässerten ihn und zogen ihn in den heißesten und trockensten Wüsten der Vereinigten Staaten.

Obwohl die Weißen im Gegensatz zu Chinesen und Afrikanern den Mais nur langsam übernahmen, fanden sie für ihn immer neue Verwendungszwecke. Die vielen verschiedenen Sorten können als Gemüse verzehrt oder zu Mehl, Stärke oder Sirup verarbeitet werden. Besonders in Form von Traubenzucker und Sirup hat der Mais bei der Lebensmittelherstellung den Rohrzucker in immer größerem Umfang ersetzt. Denn im Gegensatz zum Rohrzucker behält der Maissirup seine Feuchtigkeit und verhindert dadurch die Kristallisation bei sich wie bei anderen Zuckern, mit denen er vermischt wird. Dank dieser einzigartigen Eigenschaft, nicht einzutrocknen und nicht zu kristallisieren, fanden sich für Maissirup ganz ungewöhnliche Verwendungszwecke, so z. B. in Filmstudios, wo er rot gefärbt als Blut fließt, weil er sein frisches Aussehen auch während stundenlanger Proben und Aufnahmen nicht verliert. Dieselbe Eigenschaft macht Maissirup zum idealen Süßstoff für Getränke, angefangen von Arzneien für Kinder bis zu Kakaogetränken und Colas sowie für Speiseeis, Ketchup, Fruchtsoßen, Bonbons, Pralinen, Salatsoßen, Kuchen und alle Arten von Gerichten, die feucht bleiben sollen. Zudem ist Maissirup wesentlich billiger als andere Zucker.

Die große Bevölkerungsexplosion in Afrika, die im vorigen Jahrhundert begann und sich im 20. Jahrhundert fortsetzte, basierte auf Mais und Maniok. Letzterer spielte in Afrika sehr bald eine besonders wichtige Rolle, weil er auf armen Böden wächst, die keine anderen eßbaren Pflanzen hervorbringen; er beansprucht keine Felder, auf denen Mais oder Getreide angebaut werden können. Maniok hat zudem den Vorteil, daß seine Wurzeln nach der Reife jederzeit innerhalb von zwei Jahren geerntet werden können. Sie lassen sich im Boden lagern für schlechte Zeiten, was bei dem Klima und den vielen Schädlingsplagen im tropischen Afrika, die eine Vorratshaltung zu einer sehr unsicheren Sache machen, einen immensen Vorteil darstellt. Maniok hat nur insofern einen Nachteil, als ihm im Gegensatz zu Kartoffeln und Mais einige wesentliche Nährstoffe fehlen. Da die Maniokwurzel nahezu reine Stärke ist, erzeugt ein Hektar Maniok fast zehn Millionen Kalorien, ein Hektar Getreide dagegen nur knapp die Hälfte, Reis und Kartoffeln drei Viertel der genannten Kalorienmenge. Maniok wurde eine wichtige Kalorienquelle und half vor allem, Hungersnöte zu verhindern; aber die Kost der Afrikaner hat er nicht verbessert.

Die Asiaten übernahmen die Süßkartoffel mit dem gleichen Eifer wie die Afrikaner den Maniok, und sie zeitigte ziemlich die gleichen Folgen wie die Kartoffel in Europa. Obwohl Reis nahrhafter ist als die meisten Getreidearten, hat er doch die einem Getreide eigenen Nachteile. Er ist außerdem hochempfindlich sowohl gegen Trockenheit als auch zuviel Regen, so daß es in China immer wieder zu Hungersnöten kam. Die Süßkartoffel versetzte die Chinesen in die Lage, den regelmäßigen Wechsel zwischen fetten und mageren Jahren, den ihre Abhängigkeit vom Reis unvermeidlich machte, aufzufangen und ihre Ernährung zu verbessern. Ein Acker Süßkartoffeln ergibt drei- bis viermal mehr Nahrung als ein gleich großes Reisfeld, und die Süßkartoffel wächst auf Böden und in einem Klima, bei denen Reis eingehen würde (Crosby, S. 172).

Trotz der stereotypen Ansicht, die orientalische Ernährung basiere ganz auf Reis, sind die einfachen Leute ebenso auf die Süßkartoffel angewiesen. China ist der größte Süßkartoffelerzeuger der Welt. Die Chinesen mögen sie schlicht gekocht oder in Form von Nudeln, Klößen und anderen Gerichten, die aus Süßkartoffelmehl zubereitet werden. Reis ist das Renommiernahrungsmittel des Orients, aber die Süßkartoffel das tägliche Brot vieler Bauern.

Amerika schenkte der Welt auch einige neue Getreidearten, die mehr Nährwert enthielten als alle Getreide der Alten Welt. Größtenteils ignorierten die Europäer den Amarant aus Mexiko und *quinoa* aus den Anden. Die Aztekenhauptstadt Tenochtitlán erhielt von ihren siebzehn Provinzen in den letzten Jahren vor der Eroberung Mexikos jährlich einen Tribut von zwanzigtausend Tonnen Amarant (vorwiegend die einheimischen Varietäten *Amaranthus hypochondriacus* und *A. cruentus*). Wegen seines vergleichsweise hohen Proteingehalts von 16 Prozent – bei Reis sind es 7 Prozent, bei Weizen 13 Prozent – ist Amarant wesentlich nahrhafter als die meisten Getreidearten. Er enthält außerdem doppelt soviel Lysin wie Weizen und ebensoviel wie Milch, wodurch er ein weitaus ausgewogeneres Nahrungsmittel ist als die meisten anderen pflanzlichen Produkte. Die Azteken schätzten dieses Getreide so hoch, daß sie ihm zu Ehren alljährlich ein Fest feierten mit Amarantkuchen, die mit Honig oder menschlichem Blut in Form ihrer Götter gebacken wurden. Die Spanier glaubten, die Azteken wollten damit die christliche Kommunion verspotten und verboten daraufhin bei Todesstrafe den Anbau, den Verkauf oder den Verzehr von Amarant (National Academy of Sciences, S. 1-4). Amarant mochte noch so nahrhaft sein; sie hatten bereits genügend Getreide und wollten gar nicht mehr.

Wissenschaftler entdeckten im 20. Jahrhundert, daß indianische Bauern in den hohen Andentälern und in entlegenen Gebieten von Mexiko auch heute noch Amarant anbauen. Inzwischen fördern internationale Forschungsorganisationen wie die National Academy of Sciences der USA und UNICEF den vermehrten Anbau von Amarant als Hilfe gegen den Hunger in den Ländern der dritten Welt. In den 1970er Jahren gelangte Amarant in die Bio-Läden der USA, gefolgt von *quinoa* im Jahr 1986, aber das große Potential dieser beiden Wundergetreide der Indianer ist noch nicht erschlossen.

Amarant wurde zu einer der wichtigsten Kornfrüchte in der Ernährung der Hochlandvölker in Indien, China, Pakistan, Tibet und Nepal. Er hat im vergangenen Jahrhundert so weite Verbreitung gefunden, daß Asien heute mehr Amarant anbaut und konsumiert als die Länder Amerikas.

In den sumpfigen Teichen von Minnesota und Wisconsin sammelten die Indianer seit Jahrhunderten ein im Wasser wachsendes

Korn, das die Weißen später Wildreis nannten, obwohl es nichts mit dem Reis der Alten Welt zu tun hat. Trotz der Betonung auf »wild« wuchs die Pflanze dank menschlicher Kultivierung, denn die Ojibwa-Bauern verstreuten die Samen für die Ernte des nächsten Jahres, während sie ernteten, und sie säten dieses Korn auch in Teichen an, wo es zuvor noch nicht wuchs. Auf diese Weise verbreiteten sie die Pflanze in neuen Gebieten; aber sie kontrollierten auch den Pflanzentyp, den sie neu ansäten, indem sie Samen mit den Eigenschaften wählten, die von unterschiedlichen Gruppen der Ojibwa besonders bevorzugt wurden. So wuchsen dann später in bestimmten Seen und Teichen besondere Arten von Wildreis.

Anders als der normale Reis, der in halb tropischen Gegenden wächst, gedeiht Wildreis in den kältesten Gegenden der nördlichen Prärien. Er wächst, obwohl er den Winter über in Seen steht, die vier Monate und länger zugefroren sind. Diese ungewöhnliche Pflanze ist als Luxusspeise populär geworden und wird von den Köchen häufig mit weißem Reis gemischt zu Feinschmeckergerichten gereicht. Der volle Nahrungsgehalt der Pflanze muß jedoch noch erforscht werden. Nachdem auch die Kartoffel nach ihrer Einführung in Europa erst einmal zweihundert Jahre lang nur von den Reichen gegessen wurde, bevor sie ein Grundnahrungsmittel für die Allgemeinheit wurde, so wird vielleicht eines Tages auch der Wildreis seine Rolle bei der Ernährung großer Bevölkerungen in kalten, sumpfigen Gebieten übernehmen – zum Beispiel in der sibirischen Tundra –, die bis jetzt nur mit einem geringen landwirtschaftlichen Potential aufwarten konnten.

Die landwirtschaftlichen Versuche, die vor vielen Jahrhunderten in den Anden begonnen haben, werden heute vom Internationalen Kartoffelinstitut in den Vorstädten von Lima fortgesetzt. Die modernen Gebäude der Instituts liegen über die Landschaft verstreut wie auf einem neuen Universitätscampus. Tadellos gepflegte Kartoffelbeete umgeben die Gebäude und säumen die Wege. Es sieht fast so aus, als hätte man die schönen Terrassen von Machu Picchu hier flach ausgebreitet und in militärisch akurater Anordnung über die Ebene verteilt. Finanziert von verschiedenen internationalen Institutionen dient das Institut als Samenbank für die annähernd zehntausend Varietäten von kultivierten und wilden Kartoffeln, die in den Anden gefunden wurden. Außer dieser im Tiefland gelegenen Anlage unterhält das Institut zwei weitere im Hochland und im Dschungel. In den Behältnissen des Instituts sieht man gelbe, rote und lila Kartoffeln sowie weiße, blaue, grüne, schwarze und braune. Manche sind rund oder oval, andere haben die Formen von Hörnchen oder Kürbissen. Manche haben eine glatte Schale, andere eine schrumplige. Aber ob schön oder häßlich, jede Kartoffel wird sorgfältig gehegt und gepflegt wegen ihres möglichen künftigen Werts für die Welt.

Ein ganzes Aufgebot von Wissenschaftlern – Agronomen, Anthropologen, Botaniker, Demographen, Kartographen, Volkswirtschaftler, Zoologen – arbeitet zusammen, um jeden Aspekt der Kartoffel und ihren Platz in der Umwelt und in der menschlichen Gesellschaft zu untersuchen. Es wird untersucht, wie sie wächst, wie die Bauern den Boden vorbereiten, wie sie geerntet und in unterschiedlichen Klimata gelagert wird. Beim Anblick dieses Heers von Wissenschaftlern, die an den Kartoffelbeeten werkeln, in den Labors arbeiten, in der Kaffeepause Konferenzen abhalten und mit Computerdiagrammen experimentieren, habe ich mich unwillkürlich gefragt, wie es wohl vor fünfhundert Jahren in Machu Picchu gewesen sein könnte. Ich weiß nicht genau, was die Menschen damals in Machu Picchu getan haben, aber vielleicht wird die Arbeit, die dort geleistet wurde, an diesem Institut fortgesetzt.

Wie ihre Vorgänger arbeiten diese Wissenschaftler daran, das Anbaugebiet der Kartoffel auszuweiten, zum Beispiel in tropische Gegenden. Sie versuchen, Kartoffeln aus Samen zu ziehen statt aus Saatknollen und Methoden für einen längeren Erhalt ihres Nährwerts zu entwickeln. Sie hoffen, daß die Kartoffel eines Tages die Menschen in Brasilien, Botswana oder Bangladesh genauso vom Hunger erlösen wird wie einst die Menschen in Deutschland, Irland und Rußland.

5
Indianische Landwirtschaftstechnologie

Das Wasserflugzeug sank unter die Wolkendecke und überflog ein paar Häuser auf einem Hochufer des Ucayali, eine Flugstunde oberhalb der Mündung des Flusses in den Amazonas. Auf beiden Seiten sahen wir bis zum Horizont nur endlosen hohen Urwald. Wir kreisten einmal über dem Dorf, während der Pilot herauszufinden versuchte, ob es sich tatsächlich um Genaro Herrera handelte. Nach seiner von der Regierung herausgegebenen Karte war das nächstgelegene Dorf San Filipe; Genaro Herrera sollte weiter flußaufwärts liegen. Obwohl unser Pilot, ein Hauptmann der peruanischen Luftwaffe, die Strecke entlang des Amazonas und seiner Nebenflüsse seit fünfzehn Jahren beflog, war er noch nie in dieser Gemeinde gewesen. Nachdem er sich überzeugt hatte, daß selbst seine Generalstabskarten nicht ganz genau waren, landete er sanft in der Mitte des Flusses, während ein Schwarm von Dorfbewohnern ans Ufer gelaufen kam. Seit vielen Jahren war hier kein Wasserflugzeug mehr gelandet, und die meisten Kinder hatten so etwas noch nie gesehen. Nachdem wir mehrere nebeneinanderliegende Einbaumkanus beiseite geschoben und uns einen provisorischen Anlegeplatz geschaffen hatten, kletterten wir das lehmige Ufer hinauf, um von dem offensichtlich verwirrten Bürgermeister offiziell empfangen zu werden, der barfuß im Schlamm stand, umgeben von aufgeregten Kindern und Jungen, die ihre Macheten fest umklammert hielten. Wir waren in Genaro Herrera, im richtigen Dorf gelandet.

Genaro Herrera ist ein kleines Dschungeldorf wie Tausende anderer an den Flüssen des Amazonasbeckens. Ungefähr hundert strohgedeckte Häuser auf Stelzen scharen sich um einen großen freien Platz, der ziemlich beschönigend *la plaza* heißt, daneben eine schiefwinklige Kirche aus Stöcken und Lehm, die leer ist bis auf eine große Statue der Jungfrau Maria. Die Häuser sind kaum mehr als erhöhte und überdachte Plattformen. Ihre Einrichtung besteht hauptsächlich aus Hängematten, die kreuz und quer an den Dachbalken hängen. In jedem Hof befindet sich eine große Feuerstelle, an der die Frauen ihre tägliche Hauptnahrung aus dem leicht säuerlich schmeckenden Maniokmehl backen. Einige Familien haben ihre vorderen Räume als Läden eingerichtet, wo sie ein paar importierte Dosen sowie Milch, Nudeln, Reis und Mehl verkaufen.

Was Genaro Herrera von anderen Dörfern unterscheidet, ist ein kleines Forschungszentrum, das die peruanische Regierung ein paar Kilometer hinter dem Dorf im Dschungel unterhält. Die Regierung ließ hier kleine Flächen durch Brandrodung urbar machen und traditionelle indianische Äcker, sogenannte *chacras* anlegen. Mit Techniken, die sie sich von den einheimischen Indianern zeigen ließen, untersuchen ausgebildete Agronomen, Botaniker und Förster die Anbaumethoden und Pflanzenkenntnisse der Eingeborenen, ihre landwirtschaftlichen Techniken, ihre Lagerhaltung und selbst ihre Art zu bauen.

Auf den gerodeten Parzellen im Dschungel ragen verschiedene Arten von Maniok empor, die nach mehr Sonnenlicht streben. Diese hohen, schlanken Büsche, die einer etwas zu groß geratenen Marihuanastaude ähneln, haben eine stark kalorienhaltige Wurzel, aus der die Indianer Mehl gewinnen. Maniok stammt ursprünglich aus diesem Amazonasgebiet; von hier aus wurde er durch die spanischen und portugiesischen Händler überall in den tropischen Zonen der Erde verbreitet. Manche nennen die Pflanze auch Manioca, Mandioka oder Tapioka; bei den südamerikanischen Indianern heißt sie Tupi. Bei uns wird Maniokmehl zur Herstellung von Puddings und Babynahrung verwendet.

Die Indianer graben die Maniokknolle aus, schälen sie und legen sie einige Tage ins Wasser. Die fermentierten Stücke werden in Säcken zwischen zwei Bretter gelegt und beschwert, damit das Wasser herausgepreßt wird. Die teilweise getrockneten Stücke sehen nun aus wie weißer Kies. Anschließend rösten die Indianer den Maniok sehr langsam über einem offenen Feuer in Pfannen, die einen Durchmesser bis zu eineinhalb Metern haben. Das knusprige körnige Mehl oder die Farina, die dabei entsteht,

kann lange Zeit aufbewahrt werden und das selbst im feuchthei-
ßen Klima des Amazonasbeckens, wo alles nur zu schnell verfault
und verschimmelt.

In der Nähe der Maniokfelder sahen wir Obstgärten mit Bäumen, die von den Eingeborenen kultiviert wurden. Während uns
laut krächzende Papageien von Baum zu Baum folgten, besich-
tigten wir diesen Versuchsgarten. Einer der Bäume trug Früchte
von der Größe dicker Kirschen, die ungewöhnlich bitter
schmeckten, aber eine dieser kleinen Früchte enthielt das Mehrfa-
che des Vitamin-C-Gehalts einer Orange. Zwischen diesen und
anderen exotischen Obstbäumen wuchsen verschiedene Sorten
wilder Kakaosträucher. Die Kakaobohnen wachsen in einer großen goldgrünen Schote, umgeben von einer fleischigen süßen
Frucht, die den Eingeborenen lieber ist als die Bohne.

Schwärme von Termiten mit riesigen Flügeln schwirren durch
die feuchte Luft auf der Suche nach Nistplätzen. Sie krabbeln uns
in Ohren und Nasen und zwischen die Nähte unserer feuchten
Kleidung. Wenn wir sie abstreifen und herausziehen wollen,
fallen ihre Flügel ab und sie bleiben, wo sie sind, bis sie sich
entschließen, wieder auf Nistplatzsuche zu gehen. Dann kriechen
sie lahm aus ihrem Versteck und warten auf einen Windstoß, der
ihren flügellosen Körper auf die Erde weht.

Bei der Bekämpfung von Termiten und anderen Insekten haben die Indianer gelernt, besondere Produkte des Waldes zu
nutzen, und die Wissenschaftler bemühen sich nun, diese kennen-
zulernen und nachzuzüchten. Manche Bäume haben ein Holz, das
Termiten und andere Insekten abstößt. Auf einigen der Dschun-
gel-*Chacras* haben die Botaniker besondere Varietäten von einheimischen Bäumen angepflanzt, die von den Indianern wegen ihrer
besonderen Eignung als Bauholz geschätzt werden. Einer dieser
Bäume bildet ein Holz, das tatsächlich die meisten Insekten meiden, ein anderer liefert besonders kräftige Bretter, und wieder ein
anderer hat dauerhafte, geschmeidig bleibende Blätter, die sich
gut zum Dachdecken eignen. Ein spezieller Baum lockt eine
besondere Liane an, die sich eingeweicht zum Zusammenbinden
von Balken, Brettern und Stangen verwenden läßt. Nach dem
Trocknen sind diese Lianen ein besseres Befestigungsmittel als

Nägel, und im Gegensatz zu den in diesem Klima rasch rostenden Nägeln halten die Lianenstricke zwanzig Jahre lang. Dann gibt es hier Bäume mit ganz ungewöhnlichen Eigenschaften; einer erzeugt große Mengen eines brennbaren Saftes, sehr ähnlich dem Terpentin, ein anderer angeblich einen Saft, der das Dieselöl ersetzen könnte.

Diese ungewöhnlichen Pflanzen gedeihen in ihrer natürlichen Umgebung, aber die Wissenschaftler haben noch längst nicht alle ihrer vielen Geheimnisse entschlüsselt oder entdeckt, welche ihrer Eigenschaften auf welchem Gebiet zur Anwendung kommen könnten. In auffallendem Gegensatz zu diesen Pflanzen kümmern auf nahe gelegenen Feldern verkrüppelte und sterbende exotische Bäume dahin wie Fichte und Eukalyptus, die von den Schweizern eingeführt wurden in dem Versuch, am Amazonas ausländische Bäume zur kommerziellen Nutzung zu pflanzen.

Statt Ausländern zu erlauben, mit Hilfe der Indianer zu experimentieren und ausländische Bäume anzubauen, sucht die Regierung jetzt Hilfe bei den Indianern selbst. Sie sollen die Wissenschaftler im Anbau der vielen Varietäten von Yams, Kartoffeln und Knollengewächsen unterweisen, für die es bis jetzt weder im Spanischen noch im Englischen Namen gibt. Ähnlich wie die kultivierten Bäume haben auch die Knollen ungewöhnliche Eigenschaften. Auch sie erzeugen ihre eigenen Insektenabwehrmittel oder sind imstand, auf Standorten zu gedeihen, die für die meisten anderen Pflanzen zu naß, zu heiß oder zu sonnig sind.

Die Indianer aus Genaro Herrera zeigen den Wissenschaftlern nun, wie diese Pflanzen angebaut und genützt werden. In der traditionellen Agrarwissenschaft kennt man diese Pflanzen oft gar nicht, obwohl uns die indianischen Bauern seit fünfhundert Jahren lehrten, wie neue Pflanzen anzubauen und zu verarbeiten sind. Die amerikanischen Feldfrüchte erforderten neue landwirtschaftliche Methoden, die den Bauern der Alten Welt seltsam vorkamen und gegen alle früheren landwirtschaftlichen Grundregeln verstießen. Die Wissenschaftler, die in Genaro Herrera arbeiten, versuchen die komplexe Technologie der Landwirtschaft und Nahrungsmittelverarbeitung der Eingeborenen zu verstehen und mehr über die Biologie der Pflanzen zu erfahren.

Der traditionelle Ackerbau in Nord- und Mittelamerika gründete sich auf das kleine Feld, genannt *milpa*, das weder gepflügt noch in ordentlichen Reihen bestellt wurde. Statt dessen häuften die indianischen Bauern kleine Hügel an, auf denen sie ihren Mais anpflanzten. Anders als bei gepflügten Reihen spült der Regen von so einem kleinen Hügel relativ wenig Erdreich fort, so daß die Bodenerosion gering bleibt. Weiße Farmer in Amerika übernahmen diese Methode, die dort als »hilling« − Häufeln − bekannt ist und praktizierten sie bis in die 1930er Jahre (Sauer, S. 6). Seit die Vereinigten Staaten das Häufeln zugunsten einer größeren Pflanzdichte aufgegeben haben, hat die Erosion merklich zugenommen; Tausende von Tonnen bester Ackerkrume gehen jährlich den Mississippi hinunter. Künftige Generationen müssen eines Tages vielleicht zum Häufeln zurückkehren, um zu erhalten, was an Ackerland noch übrig ist.

Auf vielen Maya-Farmen im heutigen Yucatan wird das Land nach diesen Regeln bestellt. Eine solche Farm sieht anders aus als wir uns vielleicht einen Bauernhof mit Wiesen und Feldern vorstellen; sie gleicht eher einer verlassenen Gegend nach einem Waldbrand. Das Feld zieht sich wie ein schwarzer Tintenfleck über das Land. Auf dem verkohlten Erdboden ragen nur teilweise verbrannte Baumstämme und Stumpen empor, und Mais, Kürbis und verschiedene Bohnenarten scheinen beliebig durcheinander zu wachsen.

Erst nachdem man mit den Bauern gesprochen hat, erkennt man das komplizierte System. Die breiten Blätter der winterfesten Maispflanze schützen die zarten Bohnenpflanzen vor der grellen Sonne, und die kräftigen Maisstengel sind ein lebendes Gerüst, an dem sich Bohnen und Kürbisse hochranken. Kürbisranken mäandern außerdem auf dem Boden zwischen den Mais- und Bohnenstauden und sind mit ihren breiten Blättern ein idealer Bodendecker, der maximale Regenaufnahme und minimale Erosion durch Wind oder Wasser garantiert und verhindert, daß sich unerwünschte Pflanzen breitmachen. Dadurch entfällt die Unkrautbekämpfung, und es gibt bessere Ernten. Die Bohnen halten dafür den Stickstoff im Boden, den Mais und Kürbis für ihr Wachstum brauchen.

Neue wissenschaftliche Untersuchungen haben gezeigt, daß die Kombination von Mais, Kürbis und Bohnen auch den Befall durch Pflanzenfresser, Insekten und andere Schädlinge verringert. Die in dieser Anordnung angebauten Pflanzen locken räuberische Insekten an, die die Schädlinge fressen. Auf diese Weise halten sich die Verluste durch Schädlingsbefall in Grenzen, ohne daß chemische Insektenvernichtungsmittel angewendet wurden. An den Gartenrändern wachsen Pflanzen, die zunächst wie Unkraut aussehen, aber auch sie ziehen Schädlinge an und halten sie dadurch von den Beeten fern. Jüngste Forschungsarbeiten im heutigen Mexiko ergaben, daß mit dieser herkömmlichen Polykultur 50 Prozent mehr Mais geerntet wird als mit Monokultur (Gliessman et.al.; Chacon und Gliessman).

Als die ersten Siedler in die Vereinigten Staaten kamen und mit dieser *Milpa*-Landwirtschaft konfrontiert wurden, mußten sie völlig umlernen. Die europäische Reihenanbaumethode einer einzigen Feldfrucht auf ordentlich gepflügten Feldern erwies sich als nicht praktikabel sowohl für die indianischen Feldfrüchte als auch für das aus der Alten Welt nach Amerika verpflanzte Getreide. Hinter der Ostküste Nordamerikas erstreckte sich ein riesiger Urwald mit Laubbäumen, die schwer zu fällen waren und nach dem Fällen riesige Stumpen mit einem weitverzweigten Wurzelsystem hinterließen, das sogar einem stählernen Pflug widerstand.

Die Indianer betrieben in ihrem Wald jedoch seit Jahrhunderten Landwirtschaft mit Hilfe einer einfachen, aber geeigneten Technologie. Um eine Lichtung zu schaffen, töteten sie die Bäume, indem sie die Rinde ringförmig einschnitten und dadurch einen wesentlichen Bestandteil des Baums ohne viel Hacken und Sägen durchtrennten. Schon nach wenigen Monaten standen auf der Lichtung nur noch kahle Bäume und die Sonne konnte bis auf den Waldboden durchdringen. Dann bestellten die Indianer das Gebiet ein paar Jahre lang und überließen es anschließend wieder dem Wald, der dem Boden die entzogenen Nährstoffe zurückgab.

Die Siedler übernahmen dasselbe System, nur mit dem Unterschied, daß sie das Land nicht mehr Wald werden ließen. Die

Bäume konnten nach einiger Zeit als Feuerholz verwendet werden; sie stürzten durch ihr eigenes Gewicht um, und die Stümpfe verfaulten allmählich. Nach wenigen Generationen wich der Laubwald langsam vor den vordringenden *milpas* zurück, die schließlich zu Feldern wurden, auf denen gepflügt werden konnte (Sauer, S. 7). Amerikanische Pioniere öffneten das Land weniger mit Axt und Pflug als vielmehr, indem sie von den Indianern das *Milpa*-System und das Baumringeln übernahmen. Der Pflug kam erst richtig zum Einsatz, als die Pioniere die freien Ebenen von Nordamerika und Argentinien erreichten, wo sie keine unüberwindlichen Bäume und Wurzeln behinderten.

Eine weitere bedeutende Neuerung, die die europäischen Siedler von den Indianern übernahmen, scheint auf den ersten Blick fast zu geringfügig, um erwähnt zu werden; es war der Wechsel vom Säen zum Pflanzen. Die meisten Getreidearten der Alten Welt hatten sehr kleine Samen, die die Bauern von Hand auf den vorbereiteten Boden streuten. Die amerikanischen Indianer wußten, daß Mais Korn für Korn gesetzt werden mußte. Sie suchten jedes Maiskorn, das sie pflanzten, sorgfältig aus statt einfach eine Handvoll Samen aus einem Sack zu nehmen und auszusäen. Dieses Sortieren der Saatkörner ermöglichte den Indianern, von jeder Pflanze, die sie anbauten, Hunderte von Varietäten zu entwickeln. Während es das Getreide der Alten Welt nur in einigen Formen gab, verfügten die Indianer über zahlreiche Formen von Zahnmais, Zuckermais, Hartmais und Dutzende anderer Sorten. Ihre Farben reichten von Gelb und Rot zu Blau und Lila. Einige reiften in nur sechzig Tagen heran, andere benötigten mehrere Monate. Einige wuchsen in sehr feuchten Gegenden wie Florida, andere in den Wüsten im Südwesten der Vereinigten Staaten. Mais gedieh in den Anden wie auf den Küstenebenen, von Kanada bis weit hinunter nach Südamerika. Auf ähnliche Weise zogen die Indianer zahlreiche Varietäten von Bohnen und Kürbissen und anderen Kürbisgewächsen.

Diese Vielfalt entwickelte sich aufgrund der weitreichenden Kenntnisse der Indianer auf dem Gebiet der praktischen Genetik. Damit der Mais wuchs, mußten die Bauern jede Pflanze befruchten, indem sie Maispollen auf die Seide der Maispflanze streuten.

Sie wußten, daß sie einen Mais mit den kombinierten Eigenschaften zweier Elternpflanzen erhalten würden, wenn sie die Seide der einen Varietät mit den Pollen der anderen befruchteten. Heute nennt man diesen Vorgang »kreuzen«, und die Wissenschaftler kennen die genetischen Gründe dafür; die Indianer entwickelten ihn über Generationen hinweg durch praktisches Ausprobieren.

Bei manchen Pflanzen ist es schwer festzustellen, ob sie von den Indianern kultiviert oder einfach als wildwachsende Pflanzen gesammelt wurden. Am einen Ende des Spektrums haben wir Pflanzen wie den Mais, eine eindeutige Kulturpflanze. Um die Körner vor Schädlingen und Wettereinflüssen zu schützen, züchteten die frühen indianischen Bauern einen Mais mit Hülse. Diese Hülse schützte den Mais, doch ohne die Hilfe des Menschen, der die Hülse entfernte, konnte er sich nicht mehr vermehren. Folglich wächst Mais nie wild; er kann nur von Menschen gehegt überleben.

So erkennbar das Kulturpflanzen-Ende des Spektrums ist, so verschwommen ist das andere Ende. Richtig bewußt wurde mir, wie schwer es ist festzustellen, welche Pflanzen kultiviert wurden und welche wild geblieben sind, im Fall des Feigenkaktus, der mehrere Opuntienarten einschließt. Die Frucht dieses Kaktus – für die Engländer eine »Birne«, für uns Deutsche eine »indische Feige«, bei manchen indianischen und spanischen Gruppen heißt sie »tuna« – ist unterschiedlich, von grün bis gelb und rot. Das Fruchtfleisch unter der dicken Schale ist sehr süß und saftig und verständlicherweise eine Köstlichkeit in der Wüste. Sogar heute erzielt *tuna* unter all den vielen verschiedenen Früchten auf den Märkten in den tropischen Gegenden Amerikas noch häufig die höchsten Preise. Abgesehen von der Frucht pflücken die Indianer auch die Dornen von den frischen jungen Polstern des Kaktus und bereiten aus diesen *nopales* verschiedene Gerichte zu.

Ohne darüber nachzudenken, hielt ich viele Jahre lang den Feigenkaktus wie alle anderen Kakteen auch für eine wild wachsende Pflanze. Was mich jedoch verwunderte, war, daß dieser Kaktus häufig als Zaun auf indianischen Gehöften wuchs, meistens zehn bis zwölf Meter vom Haus entfernt. Ich hatte dies im Südwesten der USA bemerkt, in Teilen von Mexiko und Mittelamerika, in den hoch gelegenen Wüsten der Anden bis weit nach Südamerika hinein. Es war überall das gleiche Muster, aber die Bewohner leugneten stets, ihre Häuser absichtlich inmitten eines großen Kaktushains gebaut oder anstelle der sonst bei den Indianern häufig anzutreffenden Hecken aus *ocotillo*, einem kaktusähnlichen Baum, eine Kaktushecke gepflanzt zu haben. Das Geheimnis klärte sich erst nach mehreren Aufenthalten in indianischen Dörfern auf. Die Frucht des Feigenkaktus enthält Hunderte sehr kleiner harter Samen, die sich schlecht aus dem Fruchtfleisch lösen lassen und zu hart sind, um zerkaut zu werden. Die Indianer zerdrücken die Frucht nur mit den Zähnen und schlucken sie ohne lange zu kauen hinunter. Die unzerkauten Samen gehen durch den menschlichen Verdauungsapparat und verlassen ihn unversehrt, wenn der betreffende Mensch abseits vom Haus seinen Darm entleert. Die Samen kommen nicht nur in gutem Zustand zutage, sondern fallen auch noch auf eine reich gedüngte Umgebung. Weil die Menschen häufig unweit des Hauses, aber meisten in einer ziemlich gleichen Entfernung ihre Notdurft verrichten, ist das Haus bald von einem umgrenzenden Zaun umgeben.

Man kann diese Art des Anbaus nicht als Kultivierung im üblichen Sinn bezeichnen, aber auch nicht behaupten, daß der Kaktus wild wächst. Die Einheimischen entfernen die Kakteen, die in der Mitte ihres Maisfelds, zu nah am Haus oder an sonstigen ungeeigneten Stellen hervorsprießen. Sie beschränken die Pflanze auf lange schmale Stellen, wo sie die Früchte leicht ernten können. In dieser Form dient sie auch als Schutz gegen Wind und unerwünschtes Getier.

Bei vielen anderen Pflanzen, die uns zunächst nur Wildpflanzen zu sein schienen, die die Indianer nutzten, stellte sich häufig nach genauerer Prüfung heraus, daß sie bis zu einem gewissen Grad kultiviert wurden. Die Indianer beseitigten konkurrierende Gewächse, schnitten die Pflanzen zurück, und manchmal pflanzten sie sogar viele dieser vermeintlich wild wachsenden Bäume und Sträucher. Ein Gehölz aus verschiedenen Obst- und Nußbäumen und dazwischen wuchernden Beerensträuchern mag manchem früheren europäischen Forscher oder Pionier wie ein Geschenk des Himmels vorgekommen sein, während in Wirklichkeit Generationen von Indianern diese Pflanzen sorgfältig und bestimmt ebenso liebevoll wie englische Gärtner gepflegt hatten. Nur im Gegensatz zu englischen Gartenpflanzen wuchsen diese hier in einer scheinbar natürlichen Anordnung und waren nicht zu starren, militärisch akkuraten Gebilden gepflanzt, gebunden, gebogen und zurechtgestutzt.

Diese sinnreiche *Milpa*-System war jedoch nicht das einzige Anbausystem, das die Indianer entwickelten und auch nicht das erste, das Kolumbus und seine Mannschaften antrafen. In Südamerika und auf den meisten karibischen Inseln entwickelten die Indianer ein völlig anderes landwirtschaftliches System, das in den Arawak-Sprachen *conuco* heißt. Anders als beim *Milpa*-System oder bei den Anbausystemen der Alten Welt werden bei *conuco* keine Samen verwendet. Diese Bauern haben über Tausende von Jahren den Anbau von Feldfrüchten mit Setzlingen und Wurzelsprossen vervollkommnet. Zu den Pflanzen, die hier angebaut werden, gehören Maniok, zahlreiche Varietäten der Süßkartoffel (*Ipomoea batatas*), Pfirsichpalmen oder *pejibae (Bactris utilis)*, Yams (*Dioscorea trifida*) und Ananas *(Ananas comusus)*. Die *conucos* enthalten auch Pflanzen, die von Nichtfachleuten weniger genutzt wurden wie *Arracacia xanthorrhiza*, eine Rübe ähnlich der Pastinake; Aaronstabgewächse, *Xanthosoma yautia* und *X. malanga*; und Pfeilwurz wie *Maranta arundinacea* und *Calathea allouia*.

Diese Form des Anbaus hat sich in den Tropen bestens bewährt, weil hier das ganze Jahr über gepflanzt und geerntet werden kann. Die indianischen Bauern hatten diese Art Landwirtschaft schon so lange praktiziert, daß die Samen in vielen Fällen praktisch verschwunden oder verkümmert waren. Der größte Teil dieser Pflanzen des *conuco* ist tropisch geblieben und hat sich weltweit nur in den wärmeren Gebieten verbreitet, ohne in den gemäßigten Zonen einen Markt zu finden.

Die *conuco*-Methoden haben sich als recht nützlich erwiesen, und es gibt für sie einige neue Anwendungsbereiche, wie mir kürzlich bei einem Besuch der Farm von Elias Sánchez außerhalb von Tegucigalpa in Honduras vorgeführt wurden. Vermutlich war Señor Sánchez nicht der einzige Bauer in der dritten Welt, der eine in den vergangenen Jahren in den USA durch Kreuzung entwickelte Tomatensorte anbauen wollte. Leider verlangen die Züchter hohe Preise für die Samen. Weil die Pflanze eine Hybride ist, muß für jede Pflanzengeneration neuer Samen gekauft werden. Die Bauern können die Tomaten erzeugen, jedoch nicht die Samen. Daraufhin wandte Señor Sánchez die traditionelle *conuco*-Methode an und reproduzierte Hybridtomaten aus Ablegern der Tomatenstauden. Als ich ihn Ende 1986 besuchte, hatte er die ursprünglichen Tomaten für dreizehn Generationen geklont, ohne daß Degenerationserscheinungen bei den Pflanzen auftraten. Diese technologisch einfache Art des Klonens ist wahrscheinlich besonders geeignet für ärmere Länder, die über mehr Arbeitskräfte als Kapital verfügen, aber sie hat sicher auch etliche noch nicht entdeckte Vorteile für die Landwirtschaft im gemäßigten Klima.

Die indianischen Bauern, die diese komplexen Vermehrungstechniken durch Setzlinge, Ableger und sorgfältige Samenauslese entwickelten, statt den Samen einfach auszustreuen, konnten die Variation bei ihren Pflanzen beobachten und deshalb ihre genetische Zusammensetzung manipulieren. Die Indianer waren fraglos die großartigsten Pflanzenzüchter der Welt, und ihre Kenntnisse stützten sich weitgehend auf die Techniken, die sie beim Pflanzen von Samen oder Ablegern anwendeten und weniger auf das breite Aussäen der Saat. Ausgehend von dieser festen und praktischen Basis der Pflanzenmanipulation haben sich die moderne Genetik und die Pflanzenzüchtung entwickelt. Ohne die reiche Vielfalt, die die frühen indianischen Bauern mit empirischen Methoden schufen, hätten der modernen Wissenschaft die Voraussetzungen gefehlt, um überhaupt anzufangen. Der landwirtschaftliche Hintergrund der Alten Welt wäre viel zu dürftig gewesen, und jahrhundertelange Forschungsarbeit wäre nötig gewesen, bis man den jetzigen Stand der Wissenschaft erreicht hätte.

Mit der genetischen Entwicklung so vieler verschiedener Arten von Pflanzen erwarben die indianischen Bauern auch gründliche agronomische Kenntnisse. Die peruanischen Bauern düngten den

Boden, um ihm seine Nährstoffe zurückzugeben. Am besten bewährte sich Guano, der Mist, den die Vögel an den peruanischen Küsten hinterließen. Die Inka schützten das Guano wie einen kostbaren Schatz, und jedem, der einen Seevogel tötete oder sich während der Brutzeit ihren Nestern näherte, drohte nach dem Gesetz die Todesstrafe. Sie unterteilten die Guanogebiete mit Grenzsteinen in genau gekennzeichnete Bezirke, und jeweils eine Gruppe von Bauern bekam einen solchen Bezirk zugewiesen. Sie durften nur das ihnen zugewiesene Gebiet betreten, aber außer ihnen auch kein anderer. Jeder Bauer durfte nur die Menge Guano nehmen, die er zum Düngen für seine eigenen Felder brauchte (Vega, S. 158-159).

Dank dieser sorgfältigen Nutzung und Pflege der Guanofelder sammelten sich hier ganze Berge von weißem Dünger an. Die Spanier, denen die historische und ökologische Perspektive der Inka fehlte, gestatteten die willkürliche Ausbeutung und Zerstörung der Ablagerungen. Im frühen 18. Jahrhundert entdeckten die Europäer schließlich den Wert des Guano für ihre eigene Landwirtschaft, nachdem einige gewitzte Geschäftsleute unter Francisco Quiroz versuchsweise eine Schiffsladung Guano nach England geschickt hatten. Der stickstoffhaltige Dünger wirkte auf den ausgelaugten britischen Böden wie ein Wundermittel und verschaffte den britischen Farmen rasch höhere Ernteerträge.

Nach damaligen Schätzungen betrug die Höhe der Guanoablagerungen ungefähr fünfunddreißig Meter. Peru exportierte zwischen 1840 und 1880 elf Millionen Tonnen Guano im Wert von rund 600 Millionen Dollar nach Europa (Werlich, S. 79). Dank dieser Goldgrube brachte es die peruanische Regierung im 19. Jahrhundert auf die höchste Exportrate aller südamerikanischen Länder und eröffnete das »Guano-Zeitalter«, eine Ära des Wohlstands und der Aufklärung. Auf diese Weise entstand aus dem Erbe der Inka das moderne Peru.

Guano war bei den nordamerikanischen Farmern nicht minder begehrt als bei den Europäern, aber sie ärgerten sich über die hohen Preise, die Peru aufgrund seiner Monopolstellung verlangte. Es kam deshalb zwischen den USA und Peru zu so großen Spannungen, daß die beiden Staaten 1860 ihre diplomatischen

Beziehungen abbrachen und die USA drohten, zwei der Guano-Inseln in Besitz zu nehmen. Wäre in den Vereinigten Staaten damals nicht der Bürgerkrieg ausgebrochen, der die Bauern und die Regierung in Washington anderweitig beschäftigte, hätte es leicht zu einem Guano-Krieg zwischen den USA und Peru kommen können (Werlich, S. 90).

Guano ging in die peruanische Geschichte als die wertvollste Geldquelle ein, nachdem die Spanier die Gold- und Silberschätze des Landes geraubt und Peru die Silberstadt Potosí an die neu gegründete Republik Bolivien hatte abtreten müssen. Mit der »Entdeckung« des Guano durch die europäische Landwirtschaft begann im 19. Jahrhundert die moderne Landwirtschaft. Dieser stickstoffreiche Dünger führte nicht nur zu besseren Ernten, sondern auch zu einem gesteigerten Interesse der Forschung an Düngemitteln. Das Guano-Zeitalter kennzeichnet den Beginn der modernen Landwirtschaft und führte schließlich zu künstlich hergestellten Düngemitteln.

Die Indianer kannten aber auch die Wirkungsweise von anderen Düngern. Sie fingen die vor der Küste zahlreich vorkommenden Sardellen, und nach der Fischmahlzeit vergruben sie die Fischköpfe dort, wo sie ihr Gemüse anbauten. Im 20. Jahrhundert wurde diese indianische Technik in großem Stil ausgebaut; heute gehören getrocknete Anchovis, die für die Futter- oder Düngemittelherstellung zu Fischmehl verarbeitet wurden, zu den wichtigsten Exportgütern Perus.

Die Indianer schenkten der Welt nicht nur eine ganze Reihe neuer Gemüse und Feldfrüchte und das für ihren Anbau nötige Wissen, sondern entwickelten auch die Technologien zur Verarbeitung der Pflanzen in Nahrung. Sie trockneten den Mais, um ihn haltbar zu machen, und mahlten ihn zu Mehl. Trocknen und Mahlen bildeten auf dem ganzen amerikanischen Kontinent die grundlegenden Technologien zur Nahrungsmittelveredelung, von der gefriergetrockneten Kartoffel und dem Dörrfleisch aus den Anden bis zu den verschiedenen Paprikaschoten und dem Mais Nordamerikas. Aber dieser scheinbar einfache Vorgang war, wie ich im Amazonendschungel entdeckte, für einige Produkte mit großer Mühe verbunden.

In einem Kanu mit Außenbordmotor verbrachte ich zusammen mit drei Kameraden einen Nachmittag auf dem Rio Mamore nahe der brasilianisch-bolivianischen Grenze. Vier Stunden lang waren wir bereits unterwegs, ohne seit unserem letzten Stopp, wo uns eine Indianerin *pacu*-Fische gebraten hatte, eine einzige Hütte gesehen zu haben. In der Hitze waren wir immer durstiger und schließlich auch hungrig geworden. Obwohl es an diesem Tag mitten in der Regenzeit nicht regnete, führte der Fluß doppelt soviel Wasser wie normalerweise, und überall trieben Büsche, Bäume und Tierkadaver im Fluß, so daß er als Trinkwasser nicht in Frage kam.

Endlich bog unser Führer in einen kleinen Flußlauf ein, der uns an einem See vorbei zu einem Hochufer führte, auf dem ein kleines Indianerdorf lag. Weil sich die meisten Einwohner in den Schatten hinter ihren Hütten zurückgezogen hatten, kam uns niemand entgegen. Im Gegensatz zu dem, was sich die meisten Nichteingeweihten unter dem »Gesetz des Dschungels« vorstellen, wußten wir, daß uns dieses Gesetz erlaubte, jede Frucht an oder unter den Bäumen ungefragt zu nehmen und zu essen; man darf nur nichts forttragen, ohne vorher zu bezahlen, und keinen Arbeitsgang bei der Weiterverarbeitung der Ernte stören. Wir pflückten also sofort einige der großen gurkenförmigen Früchte des Kakaobaums, knackten sie auf, indem wir sie gegen den Stamm drückten, und begannen, das weiße, weiche und sehr feuchte Fruchtfleisch zu essen, das überhaupt nicht nach Schokolade schmeckt. Die cremige Frucht stillte rasch unseren Durst und auch unseren größten Hunger.

Erst nachdem wir uns von der heißen Flußfahrt erholt hatten, besuchten wir die hier lebenden indianischen Familien. Das Dorf und die Obstgärten mit den Kakao- und Orangenbäumen und den verschiedenartigen Bananenstauden gingen übergangslos ineinander über, ohne Abgrenzungen zwischen Obstgärten, Arbeits- und Wohnbereichen. Alles schien eine organische Einheit zu bilden. An diesem Tag war ein indianisches Paar mit seinen Kindern dabei, seine Kakaoernte zu verarbeiten. Sie saßen unter den Bäumen hinter ihrer Hütte, wo sie einen großen Berg Kakaofrüchte aufgehäuft hatten, und brachen die Früchte auf. Weil die

Samen der Kakaobohnen, wie wir sie nennen, so gründlich mit dem Fruchtfleisch verwachsen und so glitschig sind, kann man sie kaum mit den Fingern entfernen. Also aßen sie die Früchte und spuckten die abgelutschten Kerne aus. Sobald sich ein Häufchen angesammelt hatte, breitete eines der Kinder die Samen auf einem hölzernen Gestell in der Sonne zum Trocknen aus. Das Gestell war so hoch, daß keine größeren Tiere herankommen konnten; nur die Insekten krabbelten darauf herum und fraßen die noch an den Samen haftenden Reste des Fruchtfleisches. Während des Trocknens, das mehrere Tage dauert, werden die Kerne immer wieder gewendet, damit sie gleichmäßig Sonne bekommen; anschließend werden sie in Pfannen über dem offenen Feuer geröstet.

Die Indianerin, die an diesem Tag die Kakaobohnen röstete, schien genau zu wissen, wann die richtige Temperatur erreicht war und mit welcher Geschwindigkeit sie die Kerne schütteln mußte. Bei zu großer Hitze wären sie verbrannt und der Kakao wäre verdorben gewesen, bei zu geringer Hitze blieben sie roh.

Als die gerösteten Bohnen abgekühlt waren, füllte sie der Mann in eine Handmühle, wo sie zu einer dicken, aber trockenen Paste zerrieben wurden. Die Kinder formten die Paste zu Kugeln und wickelten sie in Bananenblätter. Bei der nächsten Fahrt zum Markt würde die Familie ihre Kakaopäckchen im Kanu mitnehmen und sie gegen andere Lebensmittel oder Waren eintauschen. Die Kakaopaste bedeutete für diese Indianer soviel wie Bargeld und war viel zu wertvoll, um sie selbst zu essen. Sogar Kleinkinder, die noch nicht einmal sprechen konnten, wußten, daß sie die Samen der Kakaofrucht auszuspucken hatten.

Obwohl keiner dieser Arbeitsgänge eine besonders hochentwickelte Technik erforderte, gehörte doch eine ganze Portion Know-how dazu, angefangen von der Gewinnung der Samen bis zum Trocknen, Rösten, Mahlen und Verpacken. Vom Finden und Essen der Kakaofrüchte, wie meine Kameraden und ich das taten, bis zur Herstellung von Kakaopaste ist es ein sehr weiter Weg. Die Indianer brauchten viele Jahrhunderte, nicht nur, um die Pflanze zu kultivieren, sondern auch, um die richtige Technologie für die Verarbeitung der Frucht zu einem ganz andersartigen Produkt zu entwickeln. Die Europäer übernahmen diese Technologie, und obwohl sie sie mit neuen Geräten für die einzelnen Veredelungsschritte häufig verbessern konnten, blieb das eigentliche Verfahren dasselbe und wird noch heute auch auf den großen Plantagen im tropischen Südamerika und Westafrika praktiziert. Bei Hershey in Pennsylvania habe ich Berge von geröstetem und gemahlenem Kakao gesehen, mehr als eine Generation von Dschungelbewohnern produzieren könnte, aber das Endprodukt hatte für mich das gleiche Aussehen und den gleichen Geschmack.

Die Gewinnung von Vanille verlangt sogar einen noch längeren und komplizierteren Vorgang als die Herstellung von Schokolade. Die zarte Liane *Vanilla planifolia* hat sehr kleine Blüten, die die Indianer schon früh von Hand befruchteten. Die geschmacklosen schotenähnlichen Kapselfrüchte müssen aufgebrochen, zum Trocknen ausgebreitet werden und dann vier bis fünf Monate liegen, bis sie ihr Aroma entwickeln. Die Spanier waren von dieser Pflanze sehr angetan und nannten sie wegen ihrer Zierlichkeit und der Form ihrer Früchte *vanilla* – eine Verkleinerung des aus dem Lateinischen abgeleiteten Wortes *vagina*, zu deutsch »kleine Scheide«.

Viele amerikanische Kulturpflanzen müssen auf ähnlich komplexe Verfahrensweise verarbeitet werden. Die einfache Tortilla der Mittelamerikaner und Mexikaner ist das Ergebnis eines auf die Ernährung abgestimmten, raffinierten Verfahrens. Die Indianerinnen weichen den Mais in Wasser ein, dem sie Kalk oder Asche beimischen. Dieses *nixtamal* mahlen sie dann mit einer Handmühle, die aus einer Steinplatte und einem Reibstein besteht, zu *masa*, und daraus werden Tortillas gebacken. Ernährungsforscher unseres Jahrhunderts stellten fest, daß sich der Mais durch das Einweichen in einer warmen alkalischen Lösung – was diese Frauen seit Jahrhunderten getan haben – zu einer Form verändert, die es dem menschlichen Körper erlaubt, ein Maximum des Niacins im Mais aufzunehmen, das den Kalziumgehalt des Mais anhebt und das Protein für den menschlichen Körper leichter verwertbar macht (Bryant et al., S. 46).

Viele Maissorten haben Körner mit so dicker Schale, daß sie weder gemahlen noch gekocht richtig genießbar sind; also mußte die Schale entfernt werden, eine Arbeit, die von Hand ganz offensichtlich viel zu zeitraubend und zu mühsam ist. Doch einige Vorfahren der Indianer entdeckten, daß Lauge die Schalen ablöst, ohne das Innere des Maiskorns zu beschädigen. Eine solche Lauge ließ sich ohne weiteres aus Holzasche herstellen. Auf diese Weise lernten die Indianer, den Mais in einer Lösung aus Wasser und Holzasche einzuweichen. Den geschälten Mais nannten sie in der Algonkin-Sprache *hominy* oder *mote* in Lateinamerika. Sie aßen diesen Maisbrei wie er war oder trockneten und mahlten ihn zu Maisgrieß, der in Form von Grütze, einem rein indianischen Gericht, im amerikanischen Süden so beliebt wurde.

Aus irgendeinem Grund fanden die Menschen im Norden Amerikas weder an Maisbrei noch an Maisgrütze den rechten Geschmack. Dr. Will K. Kellogg aus Battle Creek in Michigan entdeckte schließlich, daß man das Maiskorn walzen und anschließend rösten kann. Auf diese Weise entstanden die ersten Cornflakes und mit ihnen die amerikanische Frühstücksflocken-industrie und ihre zahlreichen Produkte. Cornflakes, Maisbrei und Maisgrütze, Tortillas und Tamales spielen in der Geschichte und bei der Ernährung der amerikanischen Gesellschaft, ob heute oder vor tausend Jahren, eine ähnlich wichtige Rolle.

Ebenfalls von den Indianern stammt das Anzapfen des Zucker-ahorns und die Verarbeitung des gewonnenen Saftes zu Sirup und Ahornzucker – ein Verfahren, für das es in der Alten Welt nichts Vergleichbares gab. Die Siedler lernten von den Indianern, den roten Pfeffer zu trocknen, ätherische Öle aus verschiedenen Minzen und immergrünen Sträuchern zu gewinnen sowie den Gebrauch vieler anderer Gewürze und Aromapflanzen. Die Indianer entwickelten das langwierige Verfahren, aus den zerkleinerten oder zerstampften Wurzelknollen des Maniok den giftigen Milchsaft herauszuwaschen. Sie fanden heraus, daß die Blausäure des Milchsaftes auch durch Kochen aufgespalten werden kann und daß die Chemikalie in diesem Zustand hartes Fleisch weicher machen und gleichzeitig vor dem Verderben bewahren konnte. Diese Lösung aus der Maniokwurzel wird noch heute in den Vereinigten Staaten als Weichmacher für Fleisch und Saucen verwendet.

Amerika hatte weltweit mit seinen Früchten und Nüssen, Gemüsen und Ölen einen immensen Einfluß auf die Ernährung, nicht jedoch auf einem anderen wichtigen Ernährungssektor, dem der Fleisch- und Tierprodukte wie Milch, Käse, Butter, Schmalz, Eier und Gelatine. Während die Alte Welt eine Vielzahl von Tieren domestiziert hatte – Pferde, Esel, Kühe, Ziegen, Schafe, Schweine, Wasserbüffel, Elefanten, Kamele, Enten, Gänse, Hühner und Tauben –, war Amerika erstaunlich arm an solchen Tieren. Die wenigen großen Tiere Amerikas wie Bison, Bär, Hirsch, Trughirsch und Elch lebten wild und hielten sich mehr in den weniger zugänglichen Teilen des Kontinents auf, abseits von größeren menschlichen Ansiedlungen. Die Indianer jagten diese Tiere und handelten mit Fleisch und Fett, aber beides spielte nur eine relativ kleine Rolle in der Kost der Indianer, ausgenommen in den wenigen Gebieten, wo nichts angebaut werden konnte. Zu den Haustieren zählten in Amerika nur Truthahn, Ente, Hund, Meerschweinchen und Lama. Letztere sind in den Anden beheimatet. Das Lama, das sich in tieferen Lage nie so recht wohl fühlt, liefert zwar Milch und Fleisch, aber bei weitem nicht in dem Umfang wie die Kühe und Ziegen der Alten Welt, ja nicht einmal wie sein altweltlicher Vetter, das Kamel. Verglichen mit dem Lama ist eine Kuh eine Milch- und Fleischfabrik.

Die Andenbewohner essen noch heute gern Meerschweinchen, doch die Menschen außerhalb dieser Region fanden keinen Geschmack daran. Die Europäer hatten ihre Kaninchen, das größer war und flexibler hinsichtlich seiner Umweltbedingungen; und außerdem bestand bei ihnen seit langem eine Abneigung gegen den Verzehr von Nagetieren, die sie nur in der allergrößten Not aßen.

Nur der amerikanische Truthahn fand Anhänger in der Alten Welt, vermutlich weil er ein wenig wie ein zu groß geratenes Huhn aussah.

Die Inka hielten sich auch Nandus, den südamerikanischen Strauß. Sie aßen die Vögel, schätzten sie jedoch vor allem wegen der langen weichen Federn und wegen des Leders, das sie aus ihrer Haut herstellten. Nach der Ankunft der Spanier, die mit dem Pampasstrauß nichts anderes anzufangen wußten, als ihn zu jagen, gingen die Straußenfarmen ein, und die Nandus waren bald vom Aussterben bedroht.

Die Verbreitung von amerikanischen Nahrungsmitteln in der Alten Welt begann 1492, als Kolumbus die ersten Pflanzen aus der Neuen Welt nach Spanien brachte, doch der Vorgang hält an. An so entlegenen Orten wie Genaro Herrera am Rio Ucayali geht die Suche nach neuen Kulturpflanzen und neuen Veredelungsverfahren für Nahrungsmittel weiter, um den Hunger in der Welt zu besiegen. Tag für Tag sammeln und katalogisieren einheimische Indianer, Mestizen und Wissenschaftler die in dem Gebiet kultivierten Pflanzen, setzen sie verschiedenen Umgebungen aus und versuchen, einen Vorrat an Keimplasma anzulegen, das an andere Stationen weitergegeben werden kann zu weiteren Tests unter anderen Umweltbedingungen. Gleichzeitig katalogisieren sie alle indianischen Techniken und Verfahren zur Nutzung dieser Pflanzen.

Am Talavaya Center in Santa Fe, New Mexico, bemühen sich Wissenschaftler, einige der ertragsstarken Maissorten zurückzugewinnen, die die Hopi vor zweihundert Jahren anbauten. Die Hopi waren Experten für Maiszüchtungen; eine Besonderheit war ihr blauer Mais, der dicht über dem Boden wächst, ohne mit üppigen Stengeln und Blättern Energie und Wasser zu verschwenden. Sie konzentrierten die ganze Energie der Pflanze auf die Bildung des Maiskolbens und erreichten dadurch eine Frucht von rund 45 cm Länge. Die Wissenschaftler studieren nun die Züchtungsmethoden der Hopi in der Hoffnung, diesen blauen Mais zu bekommen, der in den Wüsten im Südwesten der USA so gut gedeiht und eines Tages vielleicht auch in Äthiopien und überall in der von Dürre geplagten Sahelzone in Afrika angebaut werden kann. Mit dem gleichen Ziel werden die Trockenfarm-Melonen der Indianer sowie ihre roten, rosa und türkisfarbenen Maissorten untersucht.

Immer wieder finden Wissenschaftler neue Pflanzenvarietäten in entlegenen Enklaven des Landes, in den unzugänglichsten Teilen des Amazonasgebiets, in mexikanischen Hochtälern und an den sumpfigen Ufern der Flüsse Costa Ricas. Erst im 20. Jahrhundert begann die Forschung, die komplexen Zusammenhänge der indianischen Landwirtschaft und Nahrungsmittelverarbeitung zu entschlüsseln. Wenn sich die Wissenschaft eines Tages noch intensiver mit diesen Fragen befaßt, könnte sich herausstellen, daß die amerikanische Ernährungsrevolution erst begonnen hat.

Doch nur wenige der amerikanischen Indianer profitieren von den technologischen Erfindungen und dem großartigen landwirtschaftlichen Können ihrer Vorfahren. Zu viele von ihnen leben heute wie die Familien am Rio Mamore, die Kakaofrüchte essen und die Samen ausspucken, damit die Menschen in reicheren Ländern Schokolade naschen können, während sie eigentlich mehr Mais und Bananen anbauen sollten. Durch die Trends der internationalen Märkte ist ihre Welt aus den Fugen geraten, so daß es für sie immer schwieriger wird, ihre traditionelle Landwirtschaft zu betreiben.

Ein Beispiel dafür ist die Familie, bei der ich während meines Aufenthalts am Rio Madre de Dios in Peru wohnte. Hernán und seine Frau Viviana sind Hochlandindianer, die nach den fehlgeschlagenen Landwirtschaftsreformen der Regierung, mit denen die Ernährungssituation der Hochlandbevölkerung verbessert werden sollte, als Siedler in den Dschungel geschickt wurden. Hernán bekam ein Stück Dschungel zugeteilt. Will er zum nächsten Huarayos-Dorf, in dem rund vierhundert Einwohner leben, muß er mit dem motorisierten Kanu eine Stunde flußaufwärts fahren; bis zur nächstgelegenen Stadt Puerto Maldonado, wo es einen Markt gibt und solche Annehmlichkeiten wie Tankstellen und Elektrizität, braucht er zwei Tage.

Nachdem Hernán den Dschungel am Flußufer mit einer Machete gerodet und niedergebrannt hatte, baute er für seine Familie ein Heim, eine Plattform ungefähr dreißig Zentimeter über dem Boden und darüber ein Dach aus Stroh. Viviana kocht in einem Loch im Boden. Der Fluß ist für die ganze Familie Toilette, Badewanne und Trinkwasser, obwohl es darin nur so wimmelt von Alligatoren, Zitteraalen, Stachelrochen und Piranhas. Nach dem Hausbau begann Hernán mit der mühevollen Rodung des Dschungels, um sein Land zu bestellen. Der Entwicklungsplan der Regierung, mit dem er in diese Gegend gelockt worden war, riet zum Anbau von Bananen, weil sie sich gut exportieren ließen. Eines Abends, als wir um das Feuer saßen und einen gebratenen Dachs verzehrten, den Hernán am Nachmittag erlegt hatte, erklärte mir mein Gastgeber seine Situation. »Der Dschungel hat alles, nur kein Kapital. Wir haben Land und Wasser und Pflanzen, und ich habe die schwere Arbeit, aber es gibt kein Geld.« Das Regierungsprogramm bot ihm Geld an in Form eines kleinen Darlehens; aber er konnte damit nur Kunstdünger, Pestizide und Geräte in Puerto Maldonado kaufen. Für Hernán bilden die Bankiers der Stadt, Regierungsbeamte und Kaufleute eine dicht geschlossene und mächtige Gruppe. Er erhielt den von der Regierung gestützten Kredit, kaufte dafür jedoch auf Empfehlung dieser Leute einen mit Druckluft arbeitenden Apparat zum Versprühen von Insektiziden und einen ordentlichen Vorrat an Schädlingsbekämpfungsmitteln, die aus Lima eingeflogen werden.

Die Kosten für die Ausrüstung überstiegen das durchschnittliche Jahreseinkommen eines Bauern in dieser Gegend bei weitem, aber die besten wissenschaftlichen Erkenntnisse der modernen Welt sprachen dafür. Heute steht die moderne Spritze wie eine Familienikone auf einem Ehrenplatz unter dem Palmstrohdach. Sie ist das einzig moderne Gerät für eine Familie, die liebend gern einen Außenbordmotor für ihr Kanu hätte, eine Kettensäge zum Fällen der Bäume oder eine Pumpe, um das Wasser über das steile und sehr schlammige Flußufer heraufzupumpen. Nachdem der ursprüngliche Vorrat an Insektenvertilgungsmitteln versprüht war, verfügte Hernán nie wieder über das nötige Geld, um Nachschub zu kaufen. Er erzielte eine recht ordentliche Bananen- und Mehlbananenernte, die er entweder an ein zufällig vorbeikommendes Kanu verkaufen oder gegen Geld in einem solchen Kanu nach Puerto Maldonado verschiffen und dort selbst verkaufen konnte. Er wählte die zweite Möglichkeit und verkaufte sie für ungefähr drei Cent das Kilo. Die Bananen brachten ihm weniger Geld ein als die Pflanzenschutzmittel gekostet hatten. Jetzt hatte er Schulden bei der Bank, und das wenige Geld, das er noch besaß, hatte er für den Transport der Bananen nach Puerto Maldonado ausgegeben.

Heute lernt Hernán von den Indianern, im Dschungel zu leben. Obwohl er ein von der Regierung gesandter Siedler ist, der die Landwirtschaft im Dschungel modernisieren sollte, ernährt er seine Familie jetzt mit Jagen und Fischen und den großen Kapselfrüchten des Paranußbaums. Er kann vom Fluß und vom Dschungel leben, nur das Problem mit der Bank, der er nach seiner Investition in moderne Landwirtschaft etliche hundert Dollar schuldet, ist damit noch nicht gelöst. Nun fällt er Hartholzbäume im Dschungel und schleppt sie ans Flußufer in der Hoffnung, sie an einen vorbeikommenden Holzhändler zu verkaufen. Aber selbst er weiß, daß er mit den Bäumen seine Nahrungsquelle zerstört. Schon jetzt benötigt er fast einen ganzen Tag, um von einem Jagdausflug Fleisch für drei Tage nach Hause zu bringen, und wenn eines Tages keine Bäume mehr da sein werden, wird es auch keine Tiere mehr geben und keine Paranüsse. »Wir werden anderswo hingehen müssen, vielleicht an einen anderen Fluß, um leben zu können.«

Forschungsprojekte wie das in Genaro Herrera und das Internationale Kartoffelinstitut sind vereinzelte Bemühungen, von den Eingeborenen zu lernen. Die allgemeine Situation der heutigen Indianer entspricht jedoch viel eher dem Schicksal von Hernán und seiner Familie. Man hat sie neue Kulturpflanzen anbauen lassen mit Hilfe teurer (und gewöhnlich petrochemischer) Insektizide und Düngemittel, die zur Ausbringung teure Geräte benötigen. Das Ergebnis war häufig verheerend. Die auf diese Weise ausgenutzten Indianer geraten immer öfter in ein kompliziertes Netz wirtschaftlicher Kräfte, in dem sie bettelarm bleiben und Nahrungsmittel für städtische Eliten und Ausländer produzieren müssen.

6
Die kulinarische Revolution

Die kleine Hafenstadt Dire am Niger liegt am Südrand der Sahara. In diesem Teil der Wüste erreichen die Temperaturen im Sommer leicht 50° C und mehr, ohne nachts wesentlich unter 40° C zu sinken. In guten Jahren fällt ein wenig Regen, in manchen Jahren kein Tropfen. Am Ende des langen trockenen Winters fegen Sandstürme über das Gebiet und machen den Tag buchstäblich zur Nacht. Im April, selbst nach einem guten Erntejahr, beginnen die Menschen zu sterben. Kleine Kinder, ältere und schwache Menschen erliegen der Unterernährung. In Dürrejahren verhungern auch Gesunde.

Die Lehmziegelhäuser von Dire scharen sich um eine kleine Moschee und einen großen, dichtbevölkerten Marktplatz. Blau verschleierte Tuareg auf Kamelen drängen sich zwischen den Bauern und Händlern aus dem Süden, die Hirse, Weizen und Brennholz gegen das Salz aus der Sahara und die getrockneten Datteln der nomadischen Tuareg tauschen. Auf meiner Reise in diese Gegend wohnte ich im Haus eines Mannes, eines Bambara, der ebenfalls aus dem Süden stammte. Mamadou war ein erfolgreicher Kaufmann; er besaß mehrere kleine Geschäfte und ein großes Familienanwesen. Hinter kahlen, fensterlosen Lehmziegelmauern und einer dicken Eisentür mit Schlössern von der Größe einer Kokosnuß verbargen sich rund ein Dutzend Wohnräume für die Familie, die alle auf einen Innenhof hinausgingen, in dem es einen tiefen Brunnen gab, ein Hockklo in einer Ecke, Küche und Waschraum, zwei Ziegenböcke, Fässer mit Kerosin und Benzin und ein Lager für Lebensmittel und andere Waren.

Hier lebte Mamadou mit seinen zwei Frauen, zehn Kindern sowie mit einer Frau und einem Kind, die beschönigend als Gesinde bezeichnet wurden; in Wirklichkeit waren sie Angehörige einer von Geburt an minderprivilegierten Gesellschaftsschicht, die ganz allgemein Gefangene oder Sklaven heißen, auch wenn diese Bezeichnungen von offizieller Seite mißbilligt werden. Mamadou beherrschte etliche Sprachen – Bambara, Arabisch und Französisch-Kreolisch – sowie mehrere einheimische Dialekte; trotzdem war er Analphabet und wollte es bleiben. Büroarbeit, sagte er, sei unter der Würde eines erfolgreichen Kaufmanns. Er verließ sich lieber auf einen Nachbarsjungen, der ihm die gelegentlichen Briefe, die er erhielt, die amtlichen Schreiben oder die Rechnungen vorlas.

Marokkanische Teppiche mit kühnen gelben, grünen und roten Streifenmustern zierten den Boden des größten Zimmers in Mamadous Haus. In einer Ecke türmten sich auf einer Schaumstoffmatratze getragene Kleider, in einer anderen stand ein einzelner Stuhl. In diesem Raum bewirtete Mamadou seine Gäste, meistens Leute, mit denen er Geschäfte machte. Er servierte ihnen Kaffee oder Tee, mitunter auch ein ganzes Essen, und wenn sie über Nacht bleiben wollten, bot er ihnen die Matratze in der Ecke als Schlafplatz an. Eines Abends, als ich mit einem Freund und einem arabischen Kaufmann aus Timbuktu zusammen mit dessen beiden Songhai-Assistenten bei ihm einkehrte, kamen wir in den vollen Genuß der hier herrschenden, traditionell großzügigen Gastfreundschaft. Der Abend begann, als die Frauen eine Kerosinlampe und mehrere Eimer warmes Wasser hereinbrachten und nacheinander jeder von uns in einen kleinen Alkoven gebeten wurde, um sich von Staub und Schweiß der Sahara zu reinigen. Nachdem sich alle Männer gewaschen hatten, trugen die Frauen einen großen Topf mit Ziegenfleisch auf und sieben längliche Brotlaibe. Der Gastgeber brach das Brot und reichte jedem Gast eine Hälfte. Die Männer rückten näher an den Topf heran und begannen, kleine Brotstücke in die würzige Sauce zu tunken, wobei sie sorgfältig darauf achteten, keine Sauce an die Finger zu bekommen. Dann fischte der Gastgeber einzelne Fleischstücke heraus und verteilte sie an uns. Auf das Fleischgericht folgten in Scheiben geschnittene Tomaten mit grünen und roten Paprika, und zum Schluß gab es Kaffee, süß und dickflüssig wie Sirup. Am Schluß rülpsten alle vernehmlich, und einer nach dem anderen rollte sich auf die Seite und schlief, während die Frauen leise hereinkamen, um zwischen den schnarchenden Männern die Reste des Mahles wegzuräumen.

Diese Szene könnte sich ebensogut vor tausend Jahren abgespielt haben. Die Dörfer, die ein so unsicheres Leben am Rand der Sahara fristen, haben sich in ihrer Lehmziegelarchitektur sowie in ihrem eintönigen und streng an die Regeln des Islam gebundenen Alltag kaum verändert. Eine der wenigen Veränderungen, die in den vergangenen Jahrhunderten stattfanden, war die scheinbar recht bescheidene Aufnahme einiger neuer Gewürze und Gemüse in die Ernährung. Das Ziegenfleisch, das uns der Kaufmann servierte, war ein traditionelles Gericht der Wüste, aber es war mit einer Erdnußsauce zubereitet und mit Chili gewürzt, und das Gemüse bestand hauptsächlich aus Paprikaschoten, vermischt mit Tomaten. Alle Gemüse waren indianischer Herkunft; sie hatten bei ihrem Siegeszug um die Welt seit Kolumbus' erster Amerikareise selbst die entlegensten Winkel der Sahara erreicht.

Zum Bedauern der kulinarischen Geschichtsforschung gibt es einige Verwirrung bei den Begriffen »Pfeffer« und »Paprika«. Der einzige Pfeffer, den man in der Zeit vor Kolumbus kannte, war das schwarze Pulver, das beim Mahlen der getrockneten Beerenfrüchte von *Piper nigrum* entstand. Wurde die äußere Schale dieser Beeren vor dem Mahlen entfernt, erhielt man weißen Pfeffer. Manchmal zählten unter die Kategorie Pfeffer auch Kubebe, Betel und Kava, aber diese Pflanzen wurden mehr wegen ihrer pharmakologischen und narkotischen Eigenschaften statt zum Würzen verwendet und fanden nie großen Absatz in Europa.

Als Kolumbus nach Amerika kam, in der Annahme, er hätte Ostindien erreicht und würde sich in der Nähe der Gewürzinseln befinden, nannte er die Eingeborenen »Indianos« – Inder; und Inder würzten ihre Speisen nun mal mit Pfeffer. Die Indianer verwendeten jedoch mehrere Formen einer völlig anderen Pflanze – des Nachtschattengewächses *Capsicum frutescens*. Die Früchte dieser Pflanze konnten dunkelgrün, rot, gelb oder violett sein. Manche waren rund und dick, andere länglich und schmal. Heute werden auch bei uns diese an Vitamin C und Karotin reichen Früchte vielseitig verwendet: die großfrüchtigen Sorten unausgereift als Gemüsepaprika; die kleinfrüchtigen unausgereift als Peperoni, und ausgereift zur Bereitung von Gewürzen wie Cayenne- und Chilipfeffer.

Welche Bedeutung die indianischen Paprikaarten und Tomaten erlangten, wurde mir in einem anderen Teil von Afrika noch deutlicher bewußt. Bei einem Besuch auf der Insel Sansibar vor der ostafrikanischen Küste, wanderte ich einen langen heißen Tag lang durch ländliche Dörfer und sah mir die Kokos- und Gewürznelkenplantagen an, die seit den mißglückten Kollektivierungsversuchen der Regierung brachliegen und verkommen. Der Markt mit seinem mageren Angebot an Fisch und ein paar teuren Gemüsen enttäuschte mich, vor allem im Vergleich zu den lebhaften und üppigen Märkten, die ich von den Tropen gewohnt war.

Tagsüber plauderte ich mit Dörflern, die starken Kaffee oder Tee, manchmal mit einem Schuß Kokosmilch, tranken; dazu gab es ein paar Stücke einer reifen Jackfrucht. Das einfache Essen der Einheimischen stand in auffallendem Gegensatz zu den Gerichten, die ich später im einzigen Hotel der Insel zu sehen bekam. Das im internationalen Stil der 1970er Jahre erbaute Hotel bewirtete eine Handvoll europäischer Touristen, eine Gruppe Chinesen, die den Reisanbau auf Sansibar einführen sollten, einige Inder, die beim Bau einer Schuhfabrik halfen, und etliche Regierungsbeamte. In dem höhlenartigen Speisesaal, in dem während meines Aufenthalts nie mehr als zwei Dutzend Menschen ihr Essen einnahmen, wurden internationale Spezialitäten serviert wie Lasagne, Steak, Kartoffeln und Tomatencremesuppe, und die einheimischen Currys mit Meeresfrüchten waren mit Cashewnüssen belegt. Zum Nachtisch brachten die Kellner große Tabletts mit verführerischen Desserts wie frische Ananas, Bananen und Papayas, Schwarzwälder Kirschtorte, Vanilleeis und Schlagsahne.

Abgesehen davon, daß es mir unpassend vorkam, so üppig zu speisen in einem angeblich sozialistischen Land, wo viele Menschen schlecht oder unterernährt waren, fiel mir noch etwas anderes auf. Jedes der hier servierten Gerichte war leicht als ein für ein Land oder eine Gegend typisches Gericht zu erkennen. Die Lasagne kam aus Italien, die Currys aus Indien, die Torte aus Deutschland. Das Eis war mit Bourbon-Vanille aromatisiert, und die Früchte waren die üblichen tropischen Früchte, die ich überall zwischen der Karibik und Bali zu essen bekommen habe. Obwohl keines dieser Nationalgerichte auf einem indianischen Grundnahrungsmittel basierte, war jedes um ein solches herum komponiert.

Amerikanische Nahrungsmittel schenkten der Welt sehr viel mehr als Kalorien und neuartige Feldfrüchte für Böden, die einst nur magere Ernten trugen. Amerikanische Nahrungsmittel und Gewürze ermöglichten die Entwicklung der nationalen und regionalen Küchen in einem bis dahin nicht vorstellbaren Ausmaß.

Ganz deutlich sieht man das an den indischen Currygerichten. Die Grundzutaten Reis, Kokosnuß und Gemüse stammen aus Eurasien, ebenso einige der Gewürze wie Kreuzkümmel, Safran und Koriander. Einige der typischsten Geschmackseigenschaften erhält ein Currygericht jedoch durch die Chilis. Die indischen und ceylonesischen Köche übernahmen Chili- und Cayennepfeffer sehr schnell und verwendeten sie ergänzend zu ihrem scharfen schwarzen Pfeffer und ihrem Ingwer. Da Hindus und Buddhisten kein Fleisch essen, hielten die Köche dort stets Ausschau nach neuen Gemüsen und griffen begeistert nach Tomaten, Kartoffeln, Erdnüssen und Cashewnüssen.

Die Inder verbreiteten diese Gewürze um die ganze Welt, als sie mit den Briten nach Süd- und Ostafrika und nach England zogen; ja sie brachten sie sogar wieder nach Amerika zurück, als sie sich zahlreich auf den britischen Inseln in der Karibik und in Guyana an der südamerikanischen Küste niederließen. Obwohl ihre Küche eindeutig asiatischen Charakter hat, sind einige der Zutaten typisch amerikanisch.

In Korea, Japan, der Mongolei und in Nordchina war der Einfluß der amerikanischen Gewürze bescheidener, doch die Südchinesen waren begeistert von Chili. Vermutlich wurden die meisten der neuen amerikanischen Nahrungsmittel durch die Portugiesen über ihre Kolonie Macao in China eingeführt. Die etwas weiter flußaufwärts gelegene Stadt Kanton konnte sich dank dieser neuen Gewürze und Nahrungsmittel sehr bald der besten chinesischen Küche rühmen. Für die Inlandprovinzen Szetschuan und Hunan, wo die köstliche Vielfalt der Küche der chinesischen Küstenprovinzen fehlt, bedeutete Chili eine willkommene Abwechslung. Chilis wurden zu wichtigen Zutaten chinesischer Saucen und gaben den traditionellen Gemüsen einen neuen Geschmack. Die Chinesen fanden auch heraus, daß sie Chilis auf verschiedene Weise mit ein paar anderen Saucen und Öl mischen konnten und auf diese Weise eine haltbare Sauce erhielten, die das ganze Jahr über verwendet werden konnte.

Chinesen wie Inder entwickelten eine Vorliebe für Erdnüsse, die rasch einen Platz bei ihren Fleisch- und Gemüsegerichten fanden. Aus Süßkartoffeln machten die Chinesen köstliche Nudeln, die bald beliebter waren als Nudeln aus Weizenmehl.

Die südasiatische Küche kombinierte seit jeher Elemente der chinesischen und indischen Küche, und auch sie übernahm die neuen amerikanischen Zutaten, besonders Erdnüsse, Chilis, Tomaten und einige Früchte. Häufig hatte eine Provinz einen besonderen Lieblingschili, und so entstanden, je nach den örtlichen Wachstumsbedingungen und Verarbeitungsmethoden, viele verschiedene Arten der Speisenzubereitung. Die thailändische Bevölkerung liebt einen sehr kleinkörnigen orangen Chilipfeffer, den sie *prik kee nu luang* nennt; es ist eines der schärfsten Chiligewürze. Die Thais verwenden Chilis ebenfalls zur Zubereitung einer Sauce mit Essig, die sie *nam som* nennen und die fast für jedes Gericht verwendet werden kann. Häufig geben die thailändischen Köche schon vor dem Servieren getrocknete Chiliflocken, *prik kee nu bon*, an ihre Gerichte, von denen man sich bei Tisch nach eigenem Gusto noch mehr nehmen kann.

Auf Bali, der Hindu-Insel Indonesiens, werden mildere Chilis bevorzugt, die die Balinesen häufig mit Garnelen zu einer Paste mahlen, die sie mit Zitronensaft abschmecken. Diese *sambal* genannte Sauce wird zu allen Arten von Reisgerichten verwendet. Eine andere beliebte Sauce wird aus Erdnüssen mit oder ohne Chilis zubereitet. Ebenfalls aus Erdnüssen sind die *rempeyek*, beliebte knusprige Kekse. Bei der Verwendung amerikanischer Früchte entfernen sich die Balinesen jedoch am weitesten vom westlichen Geschmack. Aus der amerikanischen Passionsfrucht machen sie *markisa*, einen Likör, und aus amerikanischen Avocados mit Rum, Kaffee und gesüßter Milch ein Milchmixgetränk.

Auf die Kost der Europäer hatten die amerikanischen Gewürze und Gemüse sogar noch größere Auswirkungen. Vor der Einführung der amerikanischen Tomaten und Gemüsepaprika war die Kost der Italiener relativ eintönig. Für ihre hunderterlei Arten von Nudeln stand ihnen nur eine kleine Auswahl an Saucen zur Verfügung. Die Wohlhabenden aßen mit Pfeffer gewürzte Fleischgerichte und Saucen dazu; die weniger Wohlhabenden Käse- und Sahnesoßen; die Armen ein paar Kräuter und Gemüse. Spaghetti mit Karottensauce oder Lasagne mit roten Beten schmeckten bestimmt nicht so gut wie nach heutiger Art.

Mit dem Erscheinen der ersten amerikanischen Lebensmittel auf italienischen Märkten explodierte die italienische Küche förmlich von neuen Ideen, und die Tische von arm und reich ächzten unter der Fülle wunderbarer neuer Gerichte. Gelbe, orange, grüne und rote Tomaten, runde und längliche, von Kirsch- bis beinahe Melonengröße fanden den Weg in die italienische Küche, wo sie sauer eingelegt, in Scheiben geschnitten, gehackt, gewürfelt, püriert und zu hunderterlei Saucen verkocht wurden. Die Italiener kochten sie zusammen mit Gemüsepaprika, die es in noch mehr verschiedenen Größen und Formen gab als die Tomaten, und hatten ohne viele weitere Zutaten die perfekte Sauce für Spaghetti, Ravioli, Lasagne und alle möglichen anderen Nudel- und Fleischgerichte.

Außerdem mochten die Italiener zumindest einen der amerikanischen Kürbisse. Sie übernahmen den länglichen, dünnen, grünen Kürbis, und nannten ihn – nach dem italienischen *zucca* für Kürbis – *zucchini*, den kleinen Kürbis. Auch einige amerikanische Bohnen, Gartenbohnen wie Bohnenkerne, hielten in ihrer Küche Einzug. Bohnenkerne, Paprika und Nudeln wurden zu den Standardzutaten der italienischsten aller Suppen, der Minestrone.

Auch die Spanier brachten die Tomate und die verschiedenen Paprika zu sich nach Hause und verwendeten sie in sehr unterschiedlichen Gerichten wie Gazpacho und anderen Suppen sowie zu Saucen für Fleisch, jedoch ohne das Flair der italienischen Köche. Sie übernahmen auch Bohnen und einige Kartoffelsorten, aber im großen und ganzen scheinen die Nahrungsmittel, die sie selbst entdeckt haben, ihre Kost weniger beeinflußt zu haben als die der übrigen Europäer.

Viele Osteuropäer schätzten die süßen roten Paprikaarten, aus denen sie, fein gemahlen, ihren Paprika gewannen. Besonders im einstigen Jugoslawien und in Ungarn wurde daraus ein Lieblingsgewürz. Gulasch ohne Paprika ist praktisch undenkbar; und verschiedene Gegenden in Ungarn entwickelten ihre besondere Paprikamischung.

Den Briten, die noch nie als gute Köche berühmt waren, gelang es, einige der köstlichsten amerikanischen Naturprodukte so fad zu verkochen, daß sie nicht wiederzuerkennen sind. Die Kartoffel wurde zu Brei vermanscht und mit Hackfleisch als plebejische Imitation von Beef Wellington zu *shepherd's pie*, einer Art Auflauf, gebacken. Oder sie stopften sie mit ein paar armseligen Gewürzen und etwas Fleisch oder Fisch in eine Kuchenform und nannten das Ganze »Pastete«. Andere schnitten die Kartoffeln in Stücke und fritierten sie zusammen mit Fischstücken zum berühmtesten Gericht Großbritanniens: *fish & chips*. Die amerikanischen Bohnen servierten sie auf Toast, wodurch sie nicht nur fad, sondern auch trocken wurden. Der Gebrauch, den die Briten von amerikanischen Nahrungsmitteln machten, nährt den Glauben an die oft zitierte Behauptung, die englische Küche sei ein Oxymoron, ein Unding, etwas, das es überhaupt nicht gibt.

Die Tomate stieß im Norden auf einen gewissen Widerstand, wo man mit der Kartoffel den Bedarf an Vitamin C ohne weiteres decken konnte. Sogar noch heute verwendet man in der nordeuropäischen Küche die Tomate hauptsächlich als Verzierung, und das auch nur in der Jahreszeit für Tomaten, im Gegensatz zu den Mittelmeerländern, wo sie praktisch zu den sommers wie winters verwendeten Grundnahrungsmitteln gehört.

Die Franzosen stürzten sich auf keine der amerikanischen Neuheiten, aber sie integrierten Tomaten, Kartoffeln und Bohnen allmählich in ihre Kost. Besonders unter dem Einfluß der französischen Königinnen aus dem Haus Medici entwickelten sie eine neue Küche, die traditionelle europäische Nahrungsmittel mit vielen neuen Gewürzen und Pflanzen aus Asien und Afrika und auch aus Amerika kombinierte. Trotz dieser Neuerungen hegten die Franzosen lange Zeit tiefes Mißtrauen gegen fremde Einflüsse im Hinblick auf ihre Sprache wie auf ihre Ernährung. Sie bevorzugten im großen und ganzen milde Geschmacksrichtungen, die sie mit Milchprodukten, Schmalz, Wein oder Essig erzielten sowie mit milden Kräutern und milden Gewürzen. Die kräftigeren Gewürze, die im Süden so beliebt waren, mied man in Frankreich. Viele der heutigen Gerichte mit gebackenen und gerösteten Kartoffeln verdanken wir französischen Köchen, die sie mit den traditionellen Sahnesaucen, Käsen und dem Knoblauch der französischen Küche verfeinerten.

Was die Franzosen und Nordeuropäer am meisten von den scharfen amerikanischen Gewürzen abhielt, war der große Anteil an Milchprodukten in ihrer Ernährung. Sie streichen Butter und Käse auf ihr Brot, servieren bestimmte Gerichte mit Sahnesaucen und Käse, und kochen Puddings und Aufläufe mit Milch. Wegen ihres hohen Fettgehalts hinterlassen diese Gerichte einen Film aus Butterfett im Mund des Essers, und dieses Fett nimmt den Chilis den Geschmack. Aus diesem Grund ließen die italienischen Köchinnen bei ihren Sahnesaucen den Chili weg; und aus demselben Grund mußten sie sich eine völlig neue Grundsauce ausdenken, und dazu diente ihnen die Tomate. Die Italiener stellten sich bereitwillig um, nicht jedoch die übrigen Europäer, denn sie waren viel zu sehr von ihren Milchprodukten abhängig.

In Amerika behielten die indianischen Nahrungsmittel ihre Bedeutung auch nach der europäischen Invasion. Obwohl die Europäer Brot, Milchprodukte und Schlachtvieh mitbrachten, ergänzten sie damit nur die amerikanischen Nahrungsmittel, aber sie ersetzten sie nicht. Die Europäer lernten vielmehr, amerikanisch zu essen. Dies wird nirgends deutlicher als in der mexikanischen Küche, wo Bohnen und Mais die Grundlage blieben. Rindfleisch ersetzte Wild, Geflügel und Menschenfleisch in vielen der *tacos, tamales* und *enchiladas*, aber die Gerichte blieben ziemlich die gleichen.

Die meisten regionalen Küchen in den USA haben wie die Tex-Mex-food indianische Lebensmittel als Grundstoffe. Die langweiligen Neuengländer konnten mit indianischen Gewürzen nichts Rechtes anfangen, aber sie akzeptierten die Bohnen- und Maisgerichte. Der süße Ahornsirup war ihnen lieber als scharf Gewürztes, besonders zu Süßspeisen, Brot, Pfannkuchen oder zu gebackenen indianischen Bohnen. Aus diesem Gericht entwikkelten sich die verschiedenen Arten von *Boston baked beans*, die heute überall im Land gegessen werden; im Lauf der Zeit wurde der Ahornsirup durch die billigere Melasse ersetzt. Die Amerikaner fügten häufig noch ein Stück Schweinefett hinzu, woraus dann der amerikanische Eintopf Bohnen mit Speck entstand, ein Gericht, das sie mit keinem auf der Welt, außer den Briten, teilten.

Von den Indianern lernten die Neuengländer zahlreiche Köstlichkeiten des Meeres kennen, die in Europa unbekannt waren. Dazu gehörten eßbare Muscheln, die die puritanischen Siedler anfangs für giftig hielten, bis ihnen die Indianer zeigten, daß man sie erst in einem irdenen Ofen zusammen mit Tang backen mußte. Die Neuengländer backen ihre Muscheln noch heute so.

Die Narragansets lehrten die Siedler ein Gericht aus ganzen Maiskörnern, Limabohnen und einigen milden Gewürzen zuzubereiten, das sie *succotash* – »gekochte ganze Körner« – nannten. Ein anderer indianischer Eintopf, den die Siedler übernahmen, hieß *squantum* – das indianische Wort für Picknick oder Fest im Freien. Von den Indianern Neuenglands lernten die Siedler auch die Verwendung der Krannbeeren, besonders als Beilage zum indianischen Truthahn.

Im amerikanischen Süden wurde die Kost wahrscheinlich noch stärker von den Indianern geprägt als in anderen Teilen des Landes. Da der Weizen dort nur spärlich gedieh, übernahm die Bevölkerung mit Begeisterung die verschiedenen Maisarten. Von den Indianern lernten die Siedler, wie man Mais zubereiten und essen konnte: als zarte Maiskolben, als Eintopf mit Bohnen, als Brei aus Maismehl oder Maisgrieß, gebacken als Brot oder geröstet als Popcorn. Am meisten wurde er in Form von dicken Pfannkuchen ähnlich der mexikanischen Tortilla verzehrt. Dieses »gebratene« Brot wurde im Süden zum Hauptnahrungsmittel der ärmeren Schichten, und es bekam viele Namen: *hoecake, ash bread, spoon bread, johnnycake* (möglicherweise von *Shawnee-cake*);

manchmal nannte man es auch *pone*, wie es bei den Algonkin hieß. *Pone* ist ein auf einer heißen Platte gebackenes und ganz auf die traditionelle indianische Art zubereitetes Brot ohne Milch und Eier, die bei den Europäern oft als unentbehrlich gelten. Doch nur die wohlhabenden Pflanzer hatten Küchen mit Öfen, in denen das Brot wie in Europa mit saurer Milch oder Buttermilch gebacken werden konnte. Diese Eliteversion wird heute allgemein als »Maisbrot« bezeichnet.

Die Indianer machten auch eine Art Schmalzgebäck, indem sie Maismehl löffelweise in heißes Bärenfett streuten. Die Siedler bereiteten diese *hush puppies*, wie sie später bei ihnen hießen, nicht mehr in Bärenfett zu, sondern in Schweinefett oder Maisöl. Das gleiche konnte man mit einem Teig aus Weizenmehl machen, und das hieß dann *fry bread* oder *Indian bread*. Die Indianer tunkten dieses knusprige Brot häufig in Ahornsirup oder bestäubten es mit Zucker; es wurde zum Vorläufer des heutigen schmalzgebackenen Kringels ohne das Loch in der Mitte. Die Bewohner des Südens lernten auch die Süßkartoffel schätzen, die sie backten und wie eine Banane schälten, um sie als Zwischenmahlzeit zu essen, oder Aufläufe und Pfannengerichte pürierten, backten und rösteten.

Die von den Indianern des Südens kultivierte Erdartischocke wurde eine beliebte Zutat für Pickles und Würzsaucen. Tapioka, ein Rückstand aus den verarbeiteten Knollen des Manioks, wurde im Süden für Puddings und als Bindemittel verwendet. Später fand dieses Stärkemehl überall in den USA bei der Herstellung von Babynahrung Verwendung. Der Süden entwickelte auch eine große Vorliebe für die amerikanische Pekannuß, die für viele Gerichte, insbesondere den *pecan pie*, verwendet wird.

Im Süden der USA wurde auch der Brauch übernommen, kleine oder große Fisch- oder Fleischstücke mit einer besonderen Sauce zu marinieren und über dem offenen Feuer oder auf einem Rost zu grillen. *Barbecueing* lernten die Europäer zum ersten Mal auf der Insel Hispaniola bei den Taino kennen. Aus der Taino-Sprache ging das Wort *barbecue* über das spanische *barbacoa* in die englische Sprache über. Nach den Darstellungen früher Entdecker und Zeichner benutzten die karibischen Indianer diese Methode, um ganze menschliche Schenkel zu braten. Obwohl es keine Beweise gibt, daß die Taino oder andere Kariben Menschenfleisch aßen, erlangte dieses Bild in Europa traurige Berühmtheit. Das spanische Wort *caribale* für Karibe wurde bald gleichbedeutend mit Menschenfresser und ging ins Englische ein als das Wort *cannibal*, so daß Kannibale und Barbecue einen gemeinsamen Ursprung bekamen.

Verschiedene Regionen der Vereinigten Staaten übernahmen die Kunst des *barbecueing* auf verschiedene Arten und mit verschiedenen Saucen. In North Carolina entwickelte man eine Essig-und-Paprika-Sauce, während man in South Carolina bei der eigenen merkwürdigen Mischung aus Senf und Melasse blieb. Die Tomatensaucen wurden jedoch allgemein üblich und sind heute praktisch gleichbedeutend mit Barbecue. Außer den Barbecue-Saucen verwendet die amerikanische Küche Saucen wie Ketchup und Fleischsaucen, deren Hauptbestandteil Tomaten oder Paprika sind.

Die berühmteste Küche des Südens, die kreolische und Cajun-Küche Louisianas, wird häufig mehr mit französischer als indianischer Kultur verbunden. Aber ihre Gerichte sind nicht französischer als die *tacos* und *tamales* der Spanier. Die Küche der Kreolen und Cajuns (angeblich die Nachfahren von Exilfranzosen aus Akadien, einem historischen Gebiet in Nordamerika, das die heutigen kanadischen Provinzen New Brunswick und Nova Scotia sowie den amerikanischen Bundesstaat Maine umfaßte (A.d.Ü.) verdanken wir einem Völkergemisch aus Franzosen, Schwarzen und Indianern, die alle ihre Tradition einbrachten. Die Kost, die sie entwickelten, ist in erster Linie indianisch, dann schwarz und nur am Rande französisch. Wichtigster Bestandteil all dieser Gerichte ist die indianische rote Bohne und eine Mischung aus Tomaten, scharfen Paprikas wie Cayennepfeffer und Chilisaucen wie Tabasco. Das andere wichtige Gemüse und wichtigste Bindemittel ist Okra (*Hibiscus esculentus*), das die Sklaven von der westafrikanischen Küste mitbrachten. Außerhalb von Louisiana wird das Okra wegen seiner schleimigen Beschaffenheit häufig weggelassen, und bei Würzen nimmt man gern weniger Chilis, Cayenne und Tabasco.

Eines der häufigsten Gewürze, *gumbo filé* erhielt seinen Namen aus der Kombination eines afrikanischen und eines französischen Wortes, aber eigentlich ist es eine Würzessenz, die aus den Blättern des Sassafraslorbeers gemacht wird; das Rezept wurde von den in dieser Gegend einheimischen Choctaw an die Siedler weitergegeben. Garnelen, Langusten und Fisch sind die Besonderheiten der Cajun-Küche, und obwohl die Indianer gewiß nicht für sich in Anspruch nehmen, Meerestiere domestiziert zu haben, so zeigten sie den französischen Siedlern doch, welche davon eßbar sind und wie man sie fängt und zubereitet.

Jede Region der USA rühmt sich eines besonderen Eintopfgerichts mit einheimischen Erzeugnissen, die gewöhnlich zusammen mit Tomaten, Paprika oder Kartoffeln zubereitet werden. Zusätzlich zu den *gumbos, creoles* und *jambalayas* aus Louisiana gibt es die Chiligerichte des amerikanischen Westens. Die Südstaaten entwickelten verschiedene Formen von *Catfish*-Eintöpfen, bei denen sie Tomaten und Kartoffeln mit dem schuppenlosen amerikanischen Zwergwels kombinieren. An der Ostküste entstanden mehr auf Kartoffel- als auf Tomatenbasis dicke Suppen mit Krabben und Meeresfrüchten. Weiter landeinwärts kochten die Siedler Eintöpfe aus Mais. Von den Ojibwa in Minnesota übernahmen die skandinavischen Siedler die Wildreissuppe, der sie jedoch ihre geliebten Milchprodukte hinzufügten.

In Virginia und North Carolina kochten die Siedler ihr berühmtes Brunswick Stew, einen Eichhörnchen-Eintopf nach Indianerart mit Mais, Tomaten und Bohnen; später verwendete man statt der Eichhörnchen Geflügel und Rindfleisch.

Doch nirgends in der amerikanischen Küche errangen indianische Nahrungsmittel eine solche Bedeutung wie bei der Imbißkost oder den Snacks. Kartoffelchips und Pommes sind rein amerikanischer Herkunft. Ähnlich sind alle *corn chips, nachos* und *tortilla chips* Maisprodukte aus dem amerikanischen Südwesten und ebenso die Tomatensaucen, *salsas*, und *guacamole*, in die sie getunkt werden. Die Stäbchen aus Dörrfleisch, die Amerikaner gelegentlich zu ihrem Bier essen, gehen auch auf die Indianer zurück. Popcorn und Erdnüsse sind indianischen Ursprungs. Manchmal übergossen die Indianer eine Mischung aus Erdnüssen und Popcorn mit Ahornsirup zu einem Snack, der heute als Cracker Jack in den USA verkauft wird.

Bei den Süßigkeiten rangieren die indianische Schokolade und Vanille als Aromaspender ganz oben, obwohl die Amerikaner im allgemeinen den Geschmack von Ahornsirup vorziehen. Diese Snacks bilden wie andere Lebensmittel einen Teil der modernen Ernährung und gehören zum Vermächtnis der Indianer an die Küchen in aller Welt.

Nicht alles, was als Snack angeboten wird, ist so gründlich verarbeitet wie Chips und Tunken. Viele der »natürlichen« Snacks sind einfach eine Mischung aus indianischen Produkten wie zum Beispiel die Mischung aus Erdnüssen, Sonnenblumenkernen, Kürbiskernen, Pekannüssen und Trockenfrüchten, die in den USA oft »trail mix« heißt oder »Studentenfutter« in Deutschland. Die meisten Zutaten stammen aus den gemäßigten und tropischen Zonen Amerikas, wo sie von indianischen Bauern über Tausende von Jahren kultiviert wurden.

Die Siedler in den tropischen Zonen Lateinamerikas behielten die große Vielfalt der einheimischen Früchte bei, aber sie ergänzten sie mit anderen aus Afrika, Asien und dem Südpazifik importierten Gewächsen. Die exotischen Zitrusfrüchte der Alten Welt, Johannisbrot und Mangos gediehen hervorragend in ihrer neuen amerikanischen Heimat und ergänzten die amerikanischen Ananas, Papayas, Cashewnüsse und Maracujas.

In einer Seitenstraße eines Mittelklasse-Viertels von Tegucigalpa, der Hauptstadt von Honduras, befindet sich ein zu einem Laden umgebautes Haus, die *Fruit and Vegetable Boutique*. Unter Leitung der Organisation »World Neighbors« werden hier die Gärtnereiprodukte der kleinen Gemeinde Guinope verkauft, die ungefähr eine Autostunde von der Stadt entfernt liegt. Abgesehen von Bananen und einigen Zitrusfrüchten werden hier nur traditionelle Produkte der Neuen Welt angeboten – körbeweise Mais, Maniok, Kartoffeln, Tomaten, verschiedene Paprika, Avocados, Erdnüsse und Papayas. Außerdem gibt es schier unzählige Gartenerzeugnisse zu kaufen, die der typische Europäer oder Nordamerikaner nicht kennt.

Auf einem Brett liegen verschiedene Arten von Chayote, ein Gemüse, das an einer Ranke, *sechium edule*, wächst und einem gelbgrünen Kürbis gleicht. Im Gegensatz zum Kürbis wird diese Pflanze häufig auf Bäumen gezogen und sieht dann aus wie ein riesiger Weinstock mit übertrieben großen Blättern und Früchten. Doch genau wie beim Kürbis ist Chayote nicht *ein* bestimmtes Gemüse, sondern eine ganze Familie mit vielen unterschiedlichen Mitgliedern, die von der Form und Größe einer Pflaume bis hin zu denen einer mittelgroßen Melone variieren. Die Schale kann glatt wie die bei einer Aubergine bis stachlig und mit Tausenden feiner Härchen bedeckt sein; wieder andere haben tiefe Runzeln in der Haut wie die Falten eines Gehirns. Farblich variieren sie von beinahe weiß bis zu verschiedenen, teils sehr dunklen Grüntönen.

Der Name Chayote stammt aus der Nahuatl-Sprache der Azteken, die die Pflanze *chayotl* nannten. In der *Fruit and Vegetable Boutique* heißt sie bei Verkäufern und Kunden so, wie sie bei den Maya hieß: *pataste*. In den letzten Jahren kam zumindest eine Form von Chayote in einige nordamerikanische Supermärkte, aber richtig eingeführt ist die Frucht bei den Händlern noch nicht. Selbst Unternehmungslustige, die Chayote auf ihren Tisch brachten, haben vermutlich keine Ahnung, wie vielseitig diese Pflanze ist. Die Indianer Mittelamerikas essen praktisch die ganze Pflanze. Sie verarbeiten die harte und nahrhafte Wurzel wie Maniok und kochen die zarten Blätter wie Spinat. Die Maya essen die Frucht, und die großen Kerne in der Mitte werden geröstet und ebenfalls gegessen. Nur wenige Pflanzen in der Alten wie der Neuen Welt sind ähnlich vielseitig wie Chayote. Dennoch bleibt sie relativ unbekannt und wird hauptsächlich von den Nachfahren jener Indianer genutzt, die sie als erste vor Tausenden von Jahren in ihre Gärten holten.

Die Boutique in Tegucigalpa bietet auch viele tropische Früchte an, die außerhalb ihrer heimischen Gegenden wenig bekannt sind. Die Passionsfrucht, *Passiflora quadrangularis*, verkauft sich sehr gut. Die Frucht steckt in einer orange-grünen Schale von der Größe eines Hühnereis. Bricht man die Schale auf, findet man Tausende kleine Samen in einem grauen schleimigen Fruchtfleisch, das recht süß schmeckt. Wegen dieser eßbaren Samen nannten die Spanier diese Frucht zunächst *granadilla* – »kleiner Granatapfel«. Eine andere Form der Passionsfrucht ist *maracuya*, die in ganz Lateinamerika wegen ihres Safts sehr beliebt ist. Als Maracuyasaft gelangte sie auch auf den nordamerikanischen Markt. In der Werbung pries man ihren Saft jedoch nicht als Produkt einer einheimischen Pflanze, sondern als das einer exotischen Frucht aus Hawaii.

In der Obstabteilung der Boutique findet man kleine grünliche Früchte, genannt *ciruella corona* sowie verschiedene Arten von Papaya, von der Größe kleiner Birnen bis zu der großer Wassermelonen. Das Fruchtfleisch unter der gelbgrünen Schale variiert farblich von hellgelb bis dunkelgelb und sogar rot mit den entsprechenden feinen Geschmacksunterschieden. Sie werden roh verzehrt oder als leicht dickflüssige Säfte, pur oder kombiniert mit anderen Früchten aus tropischen oder gemäßigten Zonen.

Für Menschen, die nicht in den Tropen leben, haben die indianischen Nahrungsmittel, die noch heute in Lateinamerika verwendet werden, oft etwas Exotisches an sich. Aber überall auf dem nordamerikanischen Kontinent gedeihen fast ebenso viele und ebenso verschiedenartige Kulturpflanzen, die einst von den Indianern genutzt wurden und dem Durchschnittsesser von heute weitgehend unbekannt sind. Da gibt es das Pokeweed, *Phytolacca americana*, eine große Pflanze mit kleinen weißen Blüten und schwarzroten Beeren, deren junge Schößlinge früher vor allem von den armen Leuten in den USA als Gemüse gegessen wurden. Beim Obst zählt dazu die Persimone oder Dattelpflaume sowie die Papaufrucht, *Asimina triloba*, die auch *custard apple* – Vanilleapfel – genannt wird. Die Papau ist eine Version der Papaya in gemäßigten Zonen, und ihr Name ist wahrscheinlich eine Abwandlung von »Papaya«, weil sich die Früchte oberflächlich, jedoch nicht genetisch ähnlich sind. Auch die Passionsfrucht hat eine nordamerikanische Verwandte, die Frucht der Kletterpflanze *Passiflora incarnata*, genannt Maypop; ursprünglich hieß sie *maycock* nach dem Wort *mahcawq* aus der Powhatan-Sprache. Auch sie ist praktisch unbekannt.

Die von den Indianern kultivierten Pecanobäume verbreiteten

sich in den USA, nicht jedoch in anderen Teilen der Welt. Viele andere amerikanische Nußbäume sind heute sogar in ihrem Heimatland unbekannt. Die meisten Amerikaner haben wahrscheinlich schon den Namen Hickory gehört, als Spitzname für einen ihrer Präsidenten, Andrew Jackson, oder in Verbindung mit Hartholz, aber nur wenige haben schon einmal die weiche Hickorynuß gegessen, die in elf Varietäten den Hauptbestandteil der Ernährung vieler indianischer Gruppen wie der Muskogee-Creek im Südosten der USA darstellte. Eine andere wenig bekannte Nuß ist die schwarze Walnuß des Baumes *Juglans nigra*. Die sehr aromatische Nuß wächst in einer harten und rauhen Schale von der Größe eines Golfballs, die von einer ungefähr pfirsichgroßen Frucht umhüllt ist. Während sich die Fruchthülle leicht aufbrechen läßt, braucht man für das Nußgehäuse fast immer einen kräftigen Schlag mit dem Hammer. Wahrscheinlich wurde sie deshalb weniger populär als die einfache Walnuß.

Eicheln gab es in vielen verschiedenen Arten in vielen Teilen des amerikanischen Kontinents. In Kalifornien waren sie ein Grundnahrungsmittel der Indianer und wurden von den Frauen zu Mehl verarbeitet. Weil es so viele Eicheln gab, brauchten die meisten kalifornischen Indianer weder Mais noch andere Feldfrüchte anzubauen. Außerdem konnten die Indianer dieser Gegend auch die Samen von verschiedenen Arten von Nußkiefern ernten.

Die Zahl der von den Indianern verwendeten Beerenarten war sogar noch größer als die der Nußarten. Nahezu jeder Teil Nordamerikas hat mehrere Varietäten von Beerensträuchern, die von den einheimischen Indianern gepflegt wurden. Inzwischen wurden siebenundvierzig amerikanische Beerenarten identifiziert. Einige dieser Arten wie die Blaubeere haben bis zu zwanzig Varietäten; von der Stachelbeere gibt es mindestens ein Dutzend. Andere Beeren sind die sauren *chokecherries, Prunus serotina*; wilde Johannisbeeren, *Ribes inebrians* und *R. cereum*; mindestens vier Varietäten von Holunder, *Sambucus melanocarpa, S. mexicana, S. neomexicana und S. coerulea*; wilder Wein, *Vitis arizonica* und *V. californica*; die *ground cherries, Physalis pubescens* und *P. fendleri* (wir kennen aus derselben Familie nur die ganz ähnliche Lampionblume – A.d.Ü.) die *Zürgelbaumbeeren, Celtis pallida, C. reticula* und *C. douglasli*; Manzanita, *Arctostaphylos pringlei, A. pungens* und *A. patula*; und die *squawberry, Rhus trilobata.*

Sogar eine jetzt so bekannte Pflanze wie die Avocado wurde außerhalb von Lateinamerika bis vor einer Generation praktisch ignoriert. Ihr Name geht auf das Wort *ahuacatl* (Hoden) der Nahuatl-Sprache der Azteken zurück. In den USA wurden Avocados mindestens seit dem Unabhängigkeitskrieg gegessen. Sie gehören zu den nahrhaftesten Früchten, die je kultiviert wurden. Als halbtropische Frucht mit einer dünnen Schale war sie für den Transport weniger geeignet als Bananen und Ananas, bis es die Entwicklung moderner Transportmittel ermöglichte, große Mengen von Avocados aus Florida, Puerto Rico und Kalifornien schnell und ohne Schaden für die Früchte in die städtischen Zentren zu bringen. Die Frucht wurde zunehmend beliebter, nachdem die Händler ihren englischen Namen »alligator pear« änderten, der sowohl abstoßend wirkte als auch etwas Süßes erwarten ließ, und eine Bezeichnung wählten, die dem ursprünglichen aztekischen Namen näherkam.

Heute werden Avocados auch in Israel und Kenia angebaut für den einheimischen Konsum und den Export nach Europa. Trotzdem zeigten die Europäer bis jetzt wenig Interesse. Für sie ist die Avocado noch immer etwas Ungewöhnliches, und es sieht nicht so aus, als würde sie in nächster Zeit in Europa eine ähnlich große Rolle in der Ernährung spielen wie in Amerika.

»Squash« ist eines der wenigen indianischen Worte, die im Englischen überlebt haben. Es stammt aus der Sprache der Massachusetts-Indianer, und hieß *askootasquash* bei den Proto-Algonkin. Dennoch beschränkt sich der Gebrauch des Wortes »squash« für ein Gemüse immer noch auf das amerikanische Englisch; für Briten bedeutet dasselbe Wort ein Getränk aus Zitrusfrüchten. Von den verschiedenen Kürbisarten ist nur die Zucchini bei den Italienern richtig heimisch geworden.

Am Thanksgiving Day, dem amerikanischen Erntedankfest, erinnern sich die Nordamerikaner manchmal der Indianer, denen sie ihre Küche verdanken, bei einem Festessen mit Truthahn, der mit Maisbrot gefüllt wurde, Krannbeerensauce, Mais- und Boh-

neneintopf, Maiskolben, Süßkartoffelauflauf, gedünsteten Kür-
bisfrüchten und Tomaten, gebackenen Bohnen mit Ahornsirup
und Pekannußpudding. Doch nur wenige Köche oder Fein-
schmecker sind sich bewußt, in welchem Ausmaß und wie
grundlegend die indianische Küche die Kost der Menschen überall auf der Welt, von Timbuktu bis Tibet, verändert hat. Sze-
tschuan-Rindfleisch mit Chilis, deutscher Schokoladenkuchen,
mit Curry gewürzte Kartoffeln, Vanilleeis, ungarisches Gulasch,
Erdnußkrokant und Pizza – sie alle verdanken ihren tropischen
Geschmack den Indianern.

Die Entdeckung Amerikas führte zu einer Revolution in Ernährung und Kost, die noch nicht zu Ende ist. Tomaten, Chilis
und grüne Paprika gingen als erste Welle amerikanischer Würz-
gemüse um die Welt, aber im indianischen Garten gedeihen noch
viele andere Pflanzen, die die Welt vielleicht noch kennen- und
genießen lernen wird. Diese Pflanzen können einem praktischen
Nutzen dienen, indem sie auf Böden wachsen, die sich anderweitig nicht nutzen lassen, oder sie bringen auf bisher schlecht ge-
nutzten Böden größere Ernten. Sie ermöglichen überall auf der
Welt eine abwechslungsreiche und damit auch nahrhaftere Kost.
Trotz der vielen Verbesserungen, die mit der modernen Biologie
erreicht wurden, waren es die Indianer, die die größte Anzahl
nahrhafter Lebensmittel entwickelt und am meisten zu den unterschiedlichen Küchen der Welt beigetragen haben.

7
Freiheit, Anarchismus und der edle Wilde

An einem heißen Freitagnachmittag in der letzten Augustwoche schiebt sich eine schier endlose Autoschlange – Familienkutschen, Lieferwagen, Campingbusse und Schulbusse – in einen Park am Rande der Stadt Fargo in North Dakota. Unter großem Hallo begrüßen sich junge Leute, und alte Ojibwa-Frauen schütteln sich feierlich die Hände, sagen »Bozhoo, bozhoo« und sehen sich die Enkelkinder der anderen an. Dakota-Männer begrüßen sich mit dem freundschaftlichen »Hau, kota«, bevor sie einander ihre Geschichten und Witze erzählen.

Lakota-Familien nehmen rings um ihre Fahrzeuge kleine Territorien in Besitz und verwandeln den Park mit einer Decke auf der Erde, Aluminiumklappstühlen und Holzkohlengrill in viele kleine Indianerlager.

Wie seit unzähligen früheren Generationen versammeln sich die Indianer der großen Ebenen wieder einmal zum alljährlichen Powwow. Während des größten Teils des Nachmittags scheint jeder jedem beim Anziehen zu helfen. Ein Vater befestigt ein buntes Federbüschel an seinem halbwüchsigen Sohn und hält ihm anschließend den Spiegel, damit der Junge seinen langen Haarschopf ordnen kann. Junge Mädchen helfen sich gegenseitig beim Entwirren der Fransen ihrer Schals, von den Hunderten von Glöckchen an ihren Wildlederkleidern. Mehrere Männer versammeln sich bei den Wagen, um sich unbeobachtet Zöpfe zu flechten und ihre Gesichter mit unregelmäßigen und betont asymmetrischen schwarz-roten Mustern zu bemalen. Frauen flicken ihre zerrissenen Mokassins, und Mädchen binden sich Gehänge aus Perlenstickerei ins Haar. Ein junges Mädchen hilft seinem Vater, die Federn seines Kopfschmucks locker und flaumig zu machen, und Mütter und Großmütter schmücken die Babys, die sie mit sich herumtragen, mit Stirnbändern und kleinen Armreifen.

In der Mitte des Schauplatzes installiert ein junger Mann Laut-sprecheranlage und Beleuchtung. Ein Ansager erkundigt sich über das Mikrofon, ob eine Trommlergruppe eingetroffen ist. Als sich niemand meldet, ruft er die Namen verschiedener Trommlergruppen auf: White Earth, Pine Ridge, Red Wing, Lake Nipigon, The Cities – aber er bekommt keine Antwort. Zwanzig Minuten später wiederholt er seine Frage und weist darauf hin, daß einige Leute jetzt fertig angezogen sind und gern tanzen würden. Aber noch ist keine Trommlergruppe bereit zu trommeln.

Mit Beginn der Dämmerung erscheinen am Rand des mittleren Platzes zwei Männer, anscheinend Großvater und Enkel, mit einer großen Trommel. Sie stellen ihr Instrument auf und warten, bis sich mehrere andere Männer verschiedenen Alters zu ihnen gesellt haben. Dann hält der älteste die linke Hand ans Ohr, legt den Kopf schräg und schließt die Augen, bevor er einen langen hohen Heulton ausstößt, der beinahe so schrill klingt wie der Schrei einer Frau, und sofort beginnen alle Männer zu trommeln und mit hoher Stimme zu singen.

Die kleinen Kinder hüpfen und tanzen begeistert am Rand der Arena, aber niemand betritt die Mitte des Platzes. Die Stimme des Ansagers dröhnt, es möchten doch ein paar Krieger vortreten, um die Flagge zu tragen, damit man endlich beginnen könne. Er wiederholt seinen Aufruf siebenmal, bis die ersten beiden mit Federn und Perlen geschmückten Krieger auftauchen. Sie sind um die Sechzig, Veteranen des Zweiten Weltkriegs, und tragen die Flaggen der Vereinigten Staaten und Kanadas. Bevor sie losmarschieren, müssen sie auf die jüngeren Veteranen des Korea- und Vietnamkriegs warten, die einzeln aus der Menge hervortreten, einige in Jeans und Cowboyhüten, andere mit dem traditionellen Federschmuck und einem Bierbauch über dem Lendenschurz, der eine schamhafte Badehose verdeckt. Diese Herren mittleren Alters tragen die Flagge von North Dakota, Flaggen von etlichen anderen benachbarten Staaten und kanadischen Provinzen, eine Reihe farbenprächtiger Fahnen der indianischen Reservationen, und einige tragen mit Adlerfedern besetzte Stäbe. Alle Zuschauer erheben sich, und die schon sehr ruhige

Menge wird für einige Augenblicke völlig still. Dann singen sie die Nationalhymne von Kanada und den Vereinigten Staaten. Die Männer mit den bunten Fahnen tanzen langsam im Kreis, und dann singen sie ein besonderes Lied, um die Fahnen zu ehren.

Nach der Flaggenzeremonie eröffnen dieselben Krieger den ersten Tanz des Powwow. Die ältesten Veteranen tanzen zuerst, und langsam schließen sich ihnen andere an zum Intertribal Dance, dem gemeinsamen Tanz. Großmütter schlurfen mit den Enkelkindern auf dem Arm, während die halbwüchsigen Jungen um sie herumspringen. Strahlende junge Frauen schwenken, die jungen Männer geflissentlich ignorierend, ihre langen bunten Schals. Einige Männer und Frauen in Straßenkleidung kommen dazu, und schließlich bewegt sich ein Kreis von rund hundert Menschen langsam im Uhrzeigersinn auf dem Platz; alle im selben Tempo, aber jeder vollführt die zu seinem Geschlecht und seiner Kleidung passenden Tanzschritte. Bei den meisten Tänzen, die an diesem Abend noch folgen, tanzt immer nur eine der fünf Tänzergruppen: die Männer, die Traditional Dance und Fancy Dance, die Frauen der Gruppen, die Traditional Dance, Schaltanz und Glöckchenkleidtanz tanzen. Jede Gruppe trägt die entsprechende Kleidung und folgt einer bestimmten Choreographie. Der Ansager und eine Jury verleihen gelegentlich Preise bis zu einhundert Dollar an die verschiedenen Tänzer. Zwischen den Wettbewerben wird immer wieder eine Runde Intertribal Dance verlangt, bei dem die Tänzer aller Gruppen und die Zuschauer miteinander tanzen können.

Die vorherrschende Sprache dieser ein Dutzend verschiedene Stämme repräsentierenden Menschen ist Englisch, aber innerhalb der kleineren Gruppen und Familien werden eine oder mehrere indianische Sprachen gesprochen, vermischt mit dem einen oder anderen Wort aus dem Französisch-Kreolischen. Gesungen und gebetet wird in Dakota, der Sprache der Gastgeber bei diesem Powwow.

Zwischen zwei Tänzen lenkt eine Familie die Aufmerksamkeit auf sich. Die jugendliche Tochter verteilt an alle Geschenke anläßlich ihrer Namensgebung. Sie hat den indianischen Namen ihrer Großmutter angenommen. Alle, die ihr geholfen haben, bis zu diesem Stadium ihres Lebens heranzuwachsen, bekommen etwas geschenkt: Wolldecken, Schmuck aus indianischer Perlenstickerei, eine Stange Zigaretten und Geld. Anschließend eröffnet sie ihnen zu Ehren einen Tanz.

In einer anderen Tanzpause tritt jemand ans Mikrofon, um irgend jemanden zu ehren oder um an ein Ereignis zu erinnern, ein anderes, demnächst stattfindendes Powwow anzukündigen oder eine Gruppe zu begrüßen, die besonders weit gereist ist, um an diesem festlichen Abend teilzunehmen. Verschiedene Ansager erinnern daran, daß ein Teil des Eintrittsgelds für ein Programm zur Bekämpfung der Alkohol- und Drogensucht unter den Indianern gespendet wird, und prangern die schlimmen Folgen an, die ihnen durch diese Laster entstanden sind.

Am Rand verkauft ein Imbißstand Krapfen, indianische Tacos, Hamburger und Bratwürste, verschiedene kalte alkoholfreie Getränke und heißen Kaffee. Fliegende Händler bieten alle möglichen indianischen Artikel feil, aus synthetischen und natürlichen Materialien. Ein Mann verkauft Buttons und Stoßstangenaufkleber mit Slogans wie »Red Power«, »Proud to be an Indian«, »I powwowed in Fargo«, »Squaw on Board« und »I'd rather be dancing«.

Bis spät in die Nacht wird getanzt und gegessen; dann gehen die Leute nach Hause oder in ein Motel oder zu ihren Caravans und Campingbussen. Am nächsten Tag wird weitergefeiert, bis am Nachmittag die ersten, die eine lange Heimreise vor sich haben, aufbrechen. Andere bleiben noch eine Nacht und ruhen sich aus, bevor sie sich auf den Heimweg machen.

Heute mischen sich bei den Powwows die typischen Merkmale von einem Dutzend verschiedener indianischer Gruppen mit Elementen, die aus der Kultur der Weißen stammen, und manche Indianer haben blondes Haar und grüne Augen. Manche haben »typisch« indianische Namen, andere heißen wie Norweger, Iren oder Franzosen. Doch trotz dieser Vermischung überwiegen einige grundlegende indianische Werte.

Für einen Außenseiter wirken solche Powwows oft chaotisch. Obwohl auf Tafeln angekündigt wird, daß die Tänze um vier Uhr nachmittags beginnen, tanzt um halb sechs noch kein

Mensch. Auf dem Programm angekündigte Trommler sind nicht erschienen, und andere, von denen vorher kein Mensch etwas gehört hat, treten plötzlich auf. Improvisierte Familienfeiern schieben sich zwischen das offizielle Programm, und das Mikrofon geht den ganzen Abend lang von Hand zu Hand. Niemand leitet die festliche Versammlung.

Dies scheint typisch für ein indianisches Gemeinschaftserlebnis zu sein: Niemand ist Herr des Geschehens. Kein Zeremonienmeister bestimmt, was zu tun ist, niemand befiehlt den Tänzern aufzutreten. Der Ansager sagt an und ist möglicherweise für den Ablauf des Festes ganz nützlich, aber kein Häuptling steht auf und verlangt etwas. Die Zusammenkunft läuft auf geordnete Weise ab wie Hunderte von Powwows zuvor, aber die Führer können nur durch ihr Beispiel führen oder durch Ersuchen oder Ermahnen. Alle erweisen den Ältesten und Kriegern großen Respekt, die immer wieder einzeln vorgestellt werden, damit sie auch jeder kennt; doch gleichzeitig zollt man auch den Kindern Anerkennung für ihre Tänze, und sogar die Zuschauer werden fürs Zuschauen gelobt. Das Powwow nimmt auf organische Weise Gestalt an, wenn die Tänzer allmählich durch die Trommeln und den Gesang in Stimmung kommen. Das Fest entfaltet sich als eine kollektive Veranstaltung aller, die daran teilnehmen; nichts ist vorgeschrieben oder von oben diktiert. Jeder Teilnehmer reagiert auf die kollektive Mentalität und Stimmung der gesamten Gruppe, nicht auf eine einzelne, lenkende Stimme.

Diese Neigung der Indianer zu rücksichtsvollem Individualismus und Gleichheit scheint heute in Fargo, North Dakota, noch ebenso stark vorhanden zu sein wie vor fünfhundert Jahren, als die ersten Entdecker darüber berichteten. Sehr zum Entsetzen der zeitgenössischen Bürokraten und erschreckend für alle übrigen Beobachter in der Alten Welt funktionierten indianische Gesellschaften ohne mächtige Führerpositionen und zwingende Vorschriften.

Freiheit hat in der Alten Welt keine lange Tradition. Als sie in der Literatur der Antike auftaucht, bezieht sie sich gewöhnlich auf die Befreiung eines Stammes, eines Volks oder einer Stadt von der

Vorherrschaft einer anderen solchen Gruppe, wie zum Beispiel die Befreiung der Juden aus der ägyptischen Gefangenschaft oder die der griechischen Städte von persischer Herrschaft. Hier entspricht das Wort unserem heutigen Begriff von nationaler Souveränität, aber es hat nur wenig mit unserer Auffassung von persönlicher Freiheit zu tun. In diesem Zusammenhang tauchte das Wort gelegentlich auf, wenn ein römischer oder griechischer Sklave die Freiheit erhielt, aber hier dient es zur näheren Bezeichnung, um auszudrücken, daß jemand menschlich wurde und nicht mehr zum Besitz eines anderen zählte.

Nachdem sich die Menschen der Alten Welt mit der Kunde von den fremdartigen Tieren in Amerika abgefunden und ein wenig mit den neuen Pflanzen Bekanntschaft gemacht hatten, interessierten sie sich allmählich auch für die Menschen Amerikas und ihre Kultur. Bis zu diesem Zeitpunkt hatten die Spanier die indianischen Gesellschaften, mit denen sie in Berührung gekommen waren, praktisch geköpft und auf die Wurzeln der einheimischen amerikanischen Kultur ihre Monarchie, ihre Sprache und ihren spanischen Katholizismus aufgepfropft. In den mehr am Rande liegenden Gebieten Amerikas, die in die Hände der Franzosen und Briten fielen, gab es dagegen noch florierende indianische Gesellschaften.

Das Thema, das in den Beschreibungen über die Neue Welt am beständigsten wiederkehrt, ist das Erstaunen über die persönliche Freiheit der Indianer, besonders ihre Freiheit von der Herrschaft einzelner und gesellschaftlicher Klassen, die auf Besitz beruht. Franzosen und Briten wurde zum ersten Mal bewußt, daß es auch möglich ist, ohne die Herrschaft eines Königs in Eintracht und Wohlstand zu leben.

Als die ersten Berichte von dieser Neuen Welt nach Europa drangen, gaben sie Anlaß zu vielen philosophischen und politischen Schriften. Thomas Morus verarbeitete die von den ersten Amerikareisenden berichteten Eigentümlichkeiten der indianischen Gesellschaften, wie sie besonders in den damals vieldiskutierten Briefen von Amerigo Vespucci geschildert wurden, in seinem 1516 erschienenen Buch *Utopia,* in dem er der herrschenden Gesellschaft ein Utopia, gegründet auf Kollektiveigentum, allgemeiner Arbeitspflicht und religiöser Toleranz, gegenüberstellte. Ein Jahr später begab sich sein Schwager, John Ratsell, auf die Suche nach einem solchen Paradies in Amerika. Obwohl seine Reise scheiterte, trat er in seinen Schriften weiterhin für eine Kolonisierung von Amerika ein, und sein Sohn konnte dann 1536 nach Amerika reisen (Brandon, S. 10).

Das Werk von Thomas Morus wurde in alle bedeutenden europäischen Sprachen übersetzt und wird nach wie vor gedruckt. Es beeinflußte den gesamten europäischen Kontinent. Im darauffolgenden Jahrhundert hoben andere Schriftsteller den Freiheitsgedanken, wie ihn Morus beschrieb und wie er von den Indianern gelebt wurde, verstärkt hervor und entwickelten ihn weiter.

Der etwas später im 16. Jahrhundert schreibende Essayist Michel de Montaigne schilderte das indianische Leben ähnlich und stützte sich dabei vorwiegend auf die frühen Berichte aus Brasilien. In seinem Essay *Von den Menschenfressern* schrieb Montaigne, sie »befolgten noch die natürlichen Gesetze und seien durch die unsrigen noch wenig verderbt«. Er wies besonders darauf hin, daß es bei ihnen weder »bürgerliche Obrigkeit noch Knechtschaft, keinen Reichtum, keine Armut, keine Erbfolge gab«. Wie in Morus' *Utopia* erschien Brasilien als der ideale Ort, und die Indianer waren die Schöpfer der idealen Gesellschaft (Montaigne, S. 88). Die meisten dieser frühen Werke hatten ausgesprochen satirischen Charakter. Die Schriftsteller gaben zu verstehen, daß sogar die sogenannten Wilden besser lebten als zivilisierte Europäer, aber die Satire lag in der unübersehbaren Tatsache, daß die technologisch schlicht ausgerüsteten Indianer gewöhnlich unter gerechteren und besseren, weil gleichen sozialen Bedingungen lebten.

Erst ein Jahrhundert nach Montaigne erschien die erste französische Ethnographie über die nordamerikanischen Indianer. Louis Armand de Lom d'Arce, Baron de Lahontan, schrieb mehrere kleine Bücher über die Huronen von Kanada, nachdem er von 1683 bis 1694 bei ihnen gelebt hatte. Obwohl er viel mehr Abenteurer als Anthropologe war, gelang es ihm, dem französischen Leser über das Genre von Abenteuergeschichten hinausge-

hend etwas von der Weltanschauung der Huronen aus indianischer Sicht zu vermitteln. Zu der Zeit, als sich Lahontan bei den
Huronen aufhielt, hatten sie bereits seit mehreren Jahrzehnten
gelegentliche Berührungen mit europäischen Entdeckern und
Händlern überlebt, und auch viele missionierende Jesuiten hatten
über sie berichtet. Insofern waren die Huronen in der Lage, ihre
eigene Lebensweise mit der der Europäer zu vergleichen. Besonders abfällig äußerten sie sich über die Geldbesessenheit der Europäer, die europäische Frauen zwang, ihren Körper an Männer,
und Männer zwang, ihr Leben an die Armeen habgieriger Herrscher zu verkaufen, die sie dazu benutzten, noch mehr Menschen
zu unterwerfen. Dagegen lebten die Huronen ein Leben in Freiheit und Gleichheit. Nach ihrer Ansicht verloren die Europäer
ihre Freiheit durch ihr ständiges »Dein« und »Mein«.

Einer der Huronen erklärte Lahontan: »Wir sind frei geboren
und vereinigte Brüder, jeder ist genauso ein großer Herr wie der
andere, während ihr alle die Sklaven eines einzigen Mannes seid.
Ich bin Herr über meinen Körper, ich selbst verfüge über mich,
ich tue, was ich will, ich bin der erste und der letzte meines
Volkes... nur dem Großen Geist bin ich untertan« (Brandon,
S. 90). Es ist schwer zu sagen, wo der Huronenphilosoph spricht
und wo Lahontan vielleicht seiner eigenen politischen Einstellung
Vorschub leistet; trotzdem beruhte dieses Büchlein auf einer soli-
den ethnographischen Tatsache: Die Huronen lebten ohne gesellschaftliche Klassen, ohne Regierung, abgesehen von ihrem
Verwandtschaftssystem, und ohne privaten Besitz. Um diese
politische Situation zu beschreiben, nahm Lahontan das aus dem
Griechischen abgeleitete Wort »Anarchie« wieder auf und ge-
brauchte es im Sinn seiner eigentlichen Bedeutung: »ohne Herrscher«. Er fand bei den Huronen eine geordnete Gesellschaft vor,
jedoch keine formelle Regierung, die Ordnung erzwang.

Nach dem Erscheinen von *New Voyages to North America* im
Jahr 1703 in Den Haag und den *Curious Dialogues* bald danach
wurde Lahontan zu einer internationalen und in liberalen Kreisen
gefeierten Berühmtheit. Der Bühnenschriftsteller Drevetière
fühlte sich durch diese Bücher zu einem Theaterstück angeregt, in
dem ein Indianer zu Besuch nach Paris kommt. *Arlequin Sauvage*

wurde 1721 in Paris aufgeführt. Das Stück endet damit, daß sich eine junge Pariserin namens Violette in den Indianer verliebt und mit ihm flieht, um in der Freiheit Amerikas jenseits von Gesetz und Geld zu leben.

Der Erfolg des Stücks zog Dutzende von Imitationen nach sich, und bald folgte eine Flut von Theaterstücken, Farcen, Burlesken und Opern, die alle von dem wundervoll freien Leben der Indianer handelten. Die Impressarios brachten scharenweise Indianer nach Europa und schickten sie auf Tour durch die europäischen Hauptstädte, wo sie die Leute auf größeren und kleineren gesellschaftlichen Veranstaltungen mit ihren Erzählungen vom amerikanischen Paradies der Freiheit unterhielten. In den 1730er Jahren folgten Stücke wie *Indes Galantes* und *Le Nouveau Monde.* Das erste Stück dieser Art, *Arlequin Sauvage,* hatte einen jungen Mann namens Jean Jacques Rousseau tief beeindruckt, der 1742 daranging, eine Operette über die Entdeckung der Neuen Welt zu schreiben, in der Kolumbus bei seiner Ankunft mit dem Schwert in der Hand vor die Eingeborenen hintritt und singt: »Vergeßt eure Freiheit!« (Brandon, S. 104). Dieser Gegensatz zwischen der Freiheit der Indianer und der praktischen Versklavung der Europäer beschäftigte Rousseau sein Leben lang und führte schließlich 1754 zur Veröffentlichung seines berühmten *Diskurs über die Ungleichheit.*

Trotz der exzessiven literarischen Vermarktung des amerikanischen Freiheitsbegriffs erschienen in diesem Zeitraum auch zahlreiche gute ethnographische Arbeiten über die Indianer. Lahontans Schilderung der indianischen Gesellschaft wurde von den weniger dramatischen, dafür aber systematischeren Beschreibungen des Jesuitenpaters Joseph François Lafitau bestärkt, der 1724 sein Buch veröffentlichte, in dem er »die Bräuche der amerikanischen Wilden«, in diesem Fall der Mohawk, mit denen aus frühester Zeit verglich. Lafitau war von den Tugenden der indianischen Gesellschaft so beeindruckt, daß er in ihnen ein Spiegelbild der antiken griechischen Gesellschaft sah und meinte, die Indianer könnten Nachfahren von Flüchtlingen aus den Trojanischen Kriegen sein, denen es gelungen war, sich und ihre griechischen Ideale nach Amerika zu retten.

Während dieser Ära schufen die Denker Europas eine geistige Strömung, die als die europäische Aufklärung bekannt wurde, und ein großer Teil ihrer erhellenden Wirkung ging von der Fackel der indianischen Freiheit aus, die in dem kurzen Interregnum zwischen dem ersten Kontakt der Indianer mit den Europäern und ihrer Dezimierung durch sie noch hell brannte. Der Indianer, besonders der Hurone, wurde der »edle Wilde«, der freie Mensch, der im Naturzustand lebt. Während einige Europäer den Weg der Violette wählten und die schlechte Welt Europas hinter sich ließen, um in Amerika ihr Glück zu suchen, überlegten sich andere, wie Europa durch die Übernahme einiger dieser freiheitlichen Gedanken geändert werden könnte. Fast alle diese Pläne enthielten revolutionäre Veränderungen: Die Monarchie sollte gestürzt, die Aristokratie, die Kirche abgeschafft werden; einige forderten sogar die Abschaffung von Geld und Privateigentum.

Der bedeutendste radikale Verfechter der indianischen Tugenden könnte Thomas Paine (1737–1809) gewesen sein, ein englischer Quäker, der an Weihnachten 1774 in Philadelphia eintraf, um Benjamin Franklin zu besuchen. Weil er als Sohn einer Quäkerfamilie nur in bescheidenem Maße Latein – die Sprache der Gelehrten – erlernen durfte, war Paine kein philosophisch geschulter Intellektueller. Mit dreizehn verließ er die Schule und ging bei seinem Vater, einem Korsettmacher, in die Lehre. Seine Bildung erwarb er sich im Lauf seines Lebens, etwas, das viele versucht und wenige erreicht haben; und seine Erfahrungen machten ihn zu einem radikalen Befürworter der Demokratie.

Nach seiner Ankunft in Amerika entwickelte er großes Interesse für die Indianer, die in dem Naturzustand zu leben schienen, der so völlig anders war als das urbane und angeblich zivilisierte Leben, das ihm ringsum begegnete. Als der amerikanische Unabhängigkeitskrieg begann, war Paine Sekretär der Regierungsbeauftragten, die im Januar 1777 nach Easton in der Nähe von Philadelphia an den Delaware geschickt wurden, um mit den Irokesen zu verhandeln (Johansen, S. 116). Während dieser Zusammenkünfte mit den Indianern bemühte er sich, ihre Sprache zu erlernen, und in seiner ganzen späteren Karriere als Politiker und Schriftsteller waren ihm die Indianer ein Vorbild dafür, wie man menschliche Gesellschaft organisieren könnte.

In seinen Schriften warf Paine den Engländern vor, daß sie die Indianer mißbrauchten, und er war der erste Amerikaner, der die Abschaffung der Sklaverei verlangte. Durch eine ständige Weiterentwicklung seiner Bildung gelang es ihm, seine Ideen auf eindrucksvolle Weise in Worte zu fassen und unter so schlichten Titeln wie *Common Sense* – erschienen im Januar 1776 als der erste Ruf nach der amerikanischen Unabhängigkeit – an die Öffentlichkeit zu bringen. Später schlug er als erster für die neue Nation den Namen »United States of America« vor. Nach dem revolutionären Sieg in Amerika kehrte er 1787 nach Europa zurück, um den indianischen Zündfunken weiterzutragen. Die Franzosen machten Paine zum Ehrenbürger und boten ihm einen Sitz in der Nationalversammlung an, wo er am Entwurf einer gerechten Verfassung für Frankreich mitarbeiten sollte. Er kämpfte mit aller Kraft für die Französische Revolution, doch er verabscheute die französische Schreckensherrschaft. Trotz der Ausschreitungen der Franzosen verteidigte er die Ideen der Revolution in seiner berühmten Schrift *Die Rechte der Menschen* (1792) und setzte sich anschließend mit der Rolle der Religion auseinander, in einem Buch, dessen Titel später für die ganze Aufklärung stand: *The Age of Reason* – Das Zeitalter der Vernunft (1794–1795).

Nach diesem politisch und schriftstellerisch aktiven Leben stellte Paine 1797 in seiner Schrift *Agrarian Justice* die Frage, die uns auch heute noch quält: Kann die zivilisierte Gesellschaft jemals die Armut heilen, die sie geschaffen hat? Er war nicht sonderlich optimistisch. Er kehrte noch einmal zu den Irokesen zurück, bei denen er Demokratie kennengelernt hatte. »Tatsache ist«, schrieb er damals, »daß die Lebensbedingungen von Millionen Menschen in jedem Land Europas heute wesentlich schlechter sind, als wenn sie vor Beginn der Zivilisation oder bei den heutigen Indianern geboren worden wären« (Paine, S. 338). Und er schloß, daß es leider möglich sei, vom natürlichen zum zivilisierten Zustand zu wechseln, aber nie umgekehrt (Paine, S. 337).

Als die Franzosen ihren Kaiser Napoleon so begeistert feierten, empfand Paine dies als einen Verrat an allem, was er ihnen gepredigt hatte und kehrte 1802 angewidert nach Amerika zurück, das sich mit der Durchführung der Freiheit noch recht schwer tat. Die Amerikaner wirkten zufriedener und schienen jetzt, nachdem die Revolution vorüber war, fest entschlossen, sich niederzulassen, Geld zu verdienen und ihr Glücksstreben zu genießen. Sie waren nicht in der Stimmung, auf einen alternden Radikalen zu hören, der ihnen die wilden Indianer als Vorbild für echte menschliche Werte entgegenhielt.

Als Paine starb, waren die Indianer als Musterbeispiele für Freiheit in das europäische Denken eingegangen. In der nächsten Generation benutzte Alexis de Tocqueville im ersten Teil seines Werks *Über die Demokratie in Amerika* wiederholt Wendungen wie »frei und gleich«. Er sagte, die alten europäischen Republiken hätten nie mehr Unabhängigkeitsliebe an den Tag gelegt als die Indianer Nordamerikas, und verglich das Gesellschaftssystem und die Werte der Indianer mit denen der alten europäischen Völker, bevor sie »kultiviert« und domestiziert wurden (Tocqueville, Bd. I, S. 196).

Sogar noch im 20. Jahrhundert beschäftigten sich französische Anthropologen mit der Analyse von Freiheit und Gleichheit bei überlebenden indianischen Gruppen, besonders in den südamerikanischen Dschungelgebieten. Pierre Clastres, der die politischen Institutionen im indianischen Amerika untersuchte, um zum wiederholten Mal zu ermitteln, ob die Gesellschaft nicht doch ohne politische Unterdrückung und Zwang funktionieren könnte, beschrieb diese Gruppen als »Gesellschaft gegen den Staat«. Selbst in Gesellschaften mit Häuptlingen habe »das Wort des Häuptlings keine Gesetzeskraft«. Er zitierte den großen Kaziken oder Häuptling Alaykin der argentinischen Chaco, der sagte: »Wenn ich gegenüber meinen Kameraden mit Befehlen oder Gewalt auftreten würde, könnten sie mir sofort den Rücken kehren... Ich werde lieber von ihnen geliebt als gefürchtet.« Clastres faßte das Amt des Häuptlings mit dem Satz zusammen: »Der Häuptling, der versucht, sich wie ein Häuptling zu benehmen, wird fallengelassen« (Clastres, S. 176, 131).

Als Worte wie »Demokratie« und »der edle Wilde« in Europa die Runde machten, gab es von Anfang an skeptische Denker, die strikt dagegen waren. Thomas Hobbes war einer der ersten, die sich gegen diesen Primitivismus wandten. Obwohl er nie in Amerika war, behauptete er in seinem *Leviathan* (1651), die Wilden würden vielerorts in Amerika ein einsames, armseliges, abstoßendes, grausames und kurzes Leben führen. Gegen die Freiheitsideen führte er ins Feld, der Naturzustand des Menschen bedeute den »Krieg aller gegen alle« und nur, wenn sich jeder einem Souverän unterwerfe, könne der einzelne vor der Tücke und Barbarei der anderen geschützt werden.

Im Jahrhundert darauf schloß sich Hobbes ein so hervorragender Philosoph wie Voltaire an, der die Indianer herabsetzte, in etlichen seiner Werke jedoch indianische Figuren auftreten ließ. Selbst Immanuel Kant wandte sich gegen die Vorstellung vom edlen amerikanischen Wilden. In seinen Vorlesungen über philosophische Anthropologie an der Universität von Königsberg verkündete er, die Indianer seien »unfähig zur Zivilisation«. Sie hätten keine »Antriebskraft, denn sie sind ohne Zuneigung und Leidenschaft. Sie werden nicht durch Liebe zueinander hingezogen und sind deshalb fruchtlos. Sie sprechen fast überhaupt nicht, liebkosen sich nie, sorgen sich um nichts und sind faul.« In einer Anmerkung zu seiner Vorlesung, die bereits die zwei langen Jahrhunderte rassistischen Denkens in Deutschland ahnen läßt, schrieb er, die Indianer seien »unfähig, sich selbst zu regieren« und »zur Vernichtung bestimmt« (Commager, S. 89).

Als das 18. Jahrhundert mit dem Blutbad der Französischen Revolution zu Ende ging, hatten die Europäer die ständigen politischen Debatten und die Frage nach dem gesellschaftlichen oder politischen Naturzustand des Menschen satt. Sie wandten sich von den Indianern ab und ließen ihre Phantasien in die Südsee schweifen, wo sie ein Paradies der Sinnlichkeit vermuteten. Anders als die Indianer, die keine Machthaber duldeten, hatten die Inselbewohner Polynesiens Herrscher, sie schienen trotzdem glücklich zu sein und, wenn auch keine politische, so doch wenigstens sexuelle Freiheit gefunden zu haben. Der Begriff vom edlen Wilden erhielt eine neue Variante, die weniger politisch als frivol war und sich da und dort in der Literatur bis heute erhalten hat.

Freiheit und auf politische und soziale Gleichheit gerichtete Demokratie, wie wir sie heute kennen, verdanken Europa nur wenig. Sie sind keine griechisch-römischen Derivate, die irgendwie von den Franzosen im 18. Jahrhundert wieder aufgegriffen wurden, sondern gelangten als indianische Begriffe, übersetzt in die Sprachen und Kultur Europas, in die moderne westliche Gedankenwelt.

Die Spanier, die hinsichtlich ihrer Sprache, Bräuche, Religion und geschriebenen Gesetze direkte Nachfahren der Römer sind, brachten nach Amerika nichts, was einer demokratischen Tradition hätte ähneln können. Die Franzosen und Holländer, die Teile von Nordamerika besiedelten, ließen sich auch in vielen anderen Gegenden der Welt nieder, die nicht demokratisch wurden. Auf dem französischsprachigen Haiti entstand nicht mehr Demokratie als in Südafrika, wo sich Briten und Holländer ungefähr um die gleiche Zeit niederließen wie in Nordamerika.

Sogar die Niederlande und England, die beiden Aushängeschilder für europäische Demokratie, hatten Probleme, die Demokratie ihren Monarchien und Aristokratien aufzupfropfen, die ganz und gar von ihren traditionellen Standesprivilegien durchdrungen waren. Zur Zeit Georges III. von England, als die Vereinigten Staaten für ihre Unabhängigkeit kämpften, durfte in England nur einer von zwanzig Einwohnern wählen, und in Irland durfte kein Katholik ein öffentliches Amt bekleiden oder wählen (Commager, S. 146–148). Durch ihren jahrhundertelangen Unterdrückungskampf gegen die Iren behinderten die Engländer möglicherweise ihre eigene demokratische Entwicklung.

England-Freunde nennen immer wieder die Unterzeichnung der Magna Charta durch König John 1215 auf der Wiese von Runnymede als den Beginn der bürgerlichen Freiheiten und der Demokratie in der englischsprachigen Welt. Dieses Dokument verlagerte jedoch die Herrschermacht nur ein wenig von der Monarchie zur Oligarchie, indem es dem Hochadel mehr Macht zugestand. Es setzte das traditionelle europäische Hin und Her zwischen Herrschaft durch einen starken Alleinherrscher und Herrschaft durch eine oligarchische Gruppe fort. Oligarchie ist kein Anfangsstadium von Demokratie, und ein Schritt weg von der Monarchie bedeutet nicht notwendigerweise eine Annäherung an die Demokratie. Im Rahmen dieser Tradition machte auch die Wahl des Papstes durch ein Kardinalskollegium den Vatikan nicht zu einer demokratischen Institution, und das Heilige Römische Reich wurde keine Demokratie, nur weil der Kaiser von den Fürsten gewählt wurde.

Als die Holländer in Amerika Kolonien errichteten, ruhte die Macht in ihrem Heimatland sicher in den Händen von Aristokratie und Bürgertum, die nur ein Viertel der Bevölkerung ausmachten. Eine Stadt wie Amsterdam stand unter der Herrschaft eines Rats von sechsunddreißig Männern, von denen keiner gewählt war; jedes Ratsmitglied erbte sein Amt und behielt es bis an sein Lebensende (Commager, S. 153).

Henry Steel Commager schrieb, daß Europa im Zeitalter der Aufklärung »regiert wurde von den Hochgeborenen, den Reichen und Privilegierten, die ihre Stellung der göttlichen Gnade oder einer Vorschrift verdankten oder die sie geerbt oder gekauft hatten« (Commager, S. 154). Die Philosophen und Denker der Aufklärung beglückwünschten sich selbstzufrieden, weil »aufgeklärte Despoten« wie Katharina die Große von Rußland und Friedrich II. von Preußen Bücher lasen und literarische Neigungen zeigten. Zu viele Philosophen wurden an den Höfen gehätschelt und glaubten deshalb, Europa bewege sich in Richtung einer aufgeklärten Demokratie. Commager schreibt, in Europa habe man sich die Aufklärung nur vorgestellt, doch in Amerika habe man sie zum Gesetz erhoben. Diese Aufklärung ist ebenso auf ihre Wurzeln in der indianischen Kultur zurückzuführen wie auf jede andere Quelle.

Wenn Amerikaner versuchen, ihr demokratisches Erbe in den Schriften der französischen und englischen politischen Denker der Aufklärung zurückzuverfolgen, vergessen sie oft, daß das Gedankengut dieser Menschen bereits stark von den demokratischen Traditionen und dem Naturzustand der Indianer geprägt war. Der Begriff vom »edlen Wilden« stammt weitgehend aus der Literatur über die Indianer, und obwohl dieses Bild romantisiert und verzerrt wurde, schwärmten und phantasierten die Autoren von etwas, das es wirklich gab. Die Indianer lebten in einigermaßen demokratischen Verhältnissen, sie waren gleichberechtigt, und sie lebten in größerer Harmonie mit der Natur. Die modernen Demokratiebegriffe, die auf Gleichheitsprinzipien und einer föderierten Regierung von Kräften mit teilweise gemeinsamen Interessen beruhen, entstanden zwischen 1607 und 1776 aus der einzigartigen Mischung von europäischen und indianischen politischen Ideen und Institutionen entlang der amerikanischen Atlantikküste. Die moderne Demokratie, wie wir sie heute kennen, ist ebenso das Erbe der Indianer, besonders der Irokesen und Algonkin, wie das der britischen Siedler, der französischen Theoretiker oder all der fehlgeschlagenen Bemühungen der Griechen und Römer.

Die amerikanische Revolution endete nicht mit der Unabhängigkeit der dreizehn britischen Kolonien an der amerikanischen Ostküste; sie verbreitete sich bald weltweit. Aus einem kleinen, in Amerika entzündeten Funken, schrieb Thomas Paine in *Die Rechte der Menschen,* habe sich eine Flamme erhoben, die nicht erlöschen, sondern von einem Volk auf das andere übergreifen und es heimlich erobern würde.

Obwohl das Wort vom edlen Wilden heute gewöhnlich nur ein geringschätziges Lächeln und historische Fußnoten über eine komische Vorstellung eines weniger informierten Zeitalters auslöst, hatte dieser Begriff ungeahnte Weiterungen zur Folge. Der edle Wilde verkörperte ein neues Ideal von menschlichen politischen Beziehungen, die sich zu den Hunderten von politischen Theorien auswuchsen, die die Welt in den vergangenen fünfhundert Jahren überschwemmten. Die Entdeckung neuer Formen von politischem Leben in Amerika beflügelte die Denker in der Alten Welt und versetzte sie in die Lage, sich Utopias, Sozialismus, Kommunismus, Anarchismus und Dutzende anderer Gesellschaftsformen als Möglichkeiten vorzustellen. Kaum eine politische Theorie oder Bewegung in den letzten drei Jahrhunderten hat eine solche Wirkung gehabt wie dieses große politische Erwachen, das die Indianer unter den Europäern hervorriefen.

Die Berichte von Baron de Lahontan und anderer Reisender in die Neue Welt von der sogenannten Anarchie unter den Indianern trugen zu verschiedenen anarchistischen Theorien im 19. Jahrhundert bei. Heute wird Anarchismus häufig gleichgesetzt mit Terrorismus und Nihilismus, der alle Werte leugnet; aber zum frühen Anarchismus gehörte weder das eine noch das andere. Pierre Joseph Proudhon (1809–1865), Mitbegründer der modernen Anarchismustheorie, kam es auf den »Mutualismus« in einer Gesellschaft an, auf Kooperation ohne die Ausübung von Zwang von jeglicher Seite. Dieser Zustand sollte friedlich herbeigeführt werden durch Arbeiter, die sich in Arbeitsgemeinschaften gegenseitig halfen.

Aus diesen einfachen Vorstellungen über den edlen Wilden entstand eine bunte Sammlung so verschiedenartiger und exotischer Theorien wie es Vogelarten am Amazonas gibt. Michael Bakunin entwickelte den anarchistischen Kollektivismus. Peter Kropotkin trat für den kommunistischen Anarchismus ein, der in Spanien populär wurde, während in Frankreich der Anarcho-Syndikalismus die Arbeit des Soziologen Georges Sorel inspirierte. Pazifistischer Anarchismus rankte sich um die Ideen Leo Tolstois und des niederländischen politischen Philosophen Domela Nieuwenhuis.

In einer ihrer gemäßigtsten Formen artikulierten sich diese Ideen vom pazifistischen Anarchismus in Amerika in den Schriften von Henry David Thoreau (1817–1862). Thoreau, der die inzwischen von ihren Ureinwohnern entblößte Landschaft Neuenglands liebte und bewunderte, zog sich zwei Jahre lang von der Gesellschaft zurück, um in den Wäldern seinen individualistischen Anarchismus zu praktizieren. Seine Ansichten vom Recht des einzelnen, die Zusammenarbeit mit dem Staat zu verweigern, formulierte er auf glänzende Weise in seinem 1849 veröffentlichten Essay *Über die Pflicht zum Ungehorsam gegen den Staat*. Im 20. Jahrhundert spielten die Ideen von Thoreau in der Weltpolitik eine fast ebenso bedeutende Rolle wie die zahlreichen revolutionären Theorien, die sich aus den mehr aktivistischen Formen des Anarchismus entwickelten. Thoreaus Essay trug dazu bei, daß Gandhi 1907 im Kampf für die Unabhängigkeit Indiens von den Briten die richtigen Mittel wählte und statt eines Befreiungskriegs eine friedliche Bewegung des zivilen Ungehorsams ins

Leben rief. Diese Bewegung führte schließlich zur Unabhängigkeit Pakistans und Indiens und besiegelte das Schicksal des Kolonialismus überall auf der Welt. Die friedliche Bewegung Gandhis leistete mehr für die Unabhängigkeit der Völker als alle Befreiungskriege des 20. Jahrhunderts.

Thoreau und Gandhi zusammen inspirierten zu vielen verschiedenen Formen ihres Kampfes; eine der bemerkenswertesten ist die Bürgerrechtsbewegung in den USA. Diese Bewegung, die sich unter Martin Luther King für den Kampf mit friedlichen Mitteln und zivilem Ungehorsam entschied, erreichte praktisch, daß alle legalen Formen von Rassismus in den USA abgeschafft wurden.

Wie die amerikanischen Pflanzen, die sich über die ganze Welt verbreiteten und die wirtschaftlichen, sozialen und demographischen Grundzüge für immer veränderten, verbreitete sich auch die Freiheitsliebe der Indianer und das für sie selbstverständliche Recht auf Gleichberechtigung und Individualität. Obwohl die Indianer nie ein Monopol auf diese Werte hatten, erreichten sie deren höchste kulturelle Entwicklung. Und so kommt es, daß sich diese selben Werte heute in der geordneten Anarchie eines Powwow in North Dakota noch besser und beredter artikulieren als in den Schriften von Paine, Rousseau, Thoreau und Gandhi.

8
Die indianischen Gründerväter

Tag für Tag marschieren während des Schuljahrs Kinder über den Rasen des Capitols, das, ein Muster an klassischer Symmetrie und Präzision, auf der höchsten Erhebung des Bundesdistrikts Columbia die Skyline von Washington beherrscht. Zwei riesige Flügel von exaktem Gleichmaß erstrecken sich zu beiden Seiten einer römischen Kuppel. Der schmückende Wald griechischer Säulen könnte als Ruine ebenso in Rom oder Neapel stehen wie in Athen oder Korinth. Das Capitol der Vereinigten Staaten ist eine Apotheose seines altweltlichen Erbes.

Indianische Schulkinder finden in den Gängen und Sälen von Senat und Repräsentantenhaus kaum einen Hinweis, daß das Gebäude in Amerika auf einem Hügel am Potomac und nicht an einer Mittelmeerküste liegt, denn es wurde ganz in europäischem und vor allem in klassischem Stil erbaut. Die Bilder, Friese und Büsten in den Vestibülen stellen berühmte politische Denker dar, von Hammurabi und Salomon bis Rousseau und Voltaire, und in den Gängen stehen Statuen von amerikanischen Politikern in griechischen Tuniken und römischen Togen, als handelte es sich um römische Senatoren oder griechische Redner. Griechische Büsten der Vizepräsidenten der Vereinigten Staaten reihen sich in den Gängen des Senats und geben ihnen die Aura eines klassischen Friedhofs.

Die Kinder schreiten durch Eingänge, über denen prächtige Tafeln mit Inschriften aus europäischen Dokumenten wie die Magna Charta angebracht sind oder Zitate aus der Unabhängigkeitserklärung oder der Verfassung der Vereinigten Staaten. Gebäude und Ausstattung weisen stolz auf ihre Rolle beim großen europäischen Vormarsch von Zivilisation und Fortschritt hin. Sie künden von der heiligen Taube Demokratie, die, in Athen geschlüpft, zu einem zweitausendjährigen Flug aufbrach, bei dem sie kurz über dem republikanischen Rom und der Wiese von Runnymede kreiste und sich zu einer Stippvisite auf Voltaires

Schreibtisch niederließ, bevor sie schließlich im jungfräulichen Amerika landete, um für immer zu bleiben.

Ein Kind, das genau in der Mitte des Capitols unter der großen Kuppel steht, sieht einen gemalten Fries, der sich an der oberen Wand entlangzieht und die Geschichte Amerikas darstellt. Die Indianer erscheinen hier nur als ein weiteres gefährliches Hindernis wie die wilden Tiere, die Appalachen, der Mississippi und die Wüsten im Westen, die den Vormarsch der europäischen Zivilisation und Technologie quer durch Amerika hemmten. Das friedlichste Bild in der Rotunde mit einem indianischen Thema zeigt die Taufe von Pocahontas, der Tochter des Indianerführers Powhatan. Umgeben von Europäern und gekleidet wie eine Engländerin entsagt sie symbolisch dem wilden Leben der Indianer, um in der Zivilisation der Briten zu leben.

Die Lehre, die dem Besucher in diesem erlauchten Rahmen vermittelt wird, prägt sich ein. Die Regierung der Vereinigten Staaten hat ihren Ursprung bei europäischen Vorgängern, und die Amerikaner brachten den Indianern die Zivilisation. Nichts im Capitol läßt erkennen, daß die Amerikaner den Indianern zumindest ein wenig zu Dank verpflichtet sind, weil sie ihnen gezeigt haben, wie Demokratie in die Praxis umgesetzt wird.

Trotz dieser staatlichen Mythen um die Schaffung der amerikanischen Nation wußten Amerikas europäische Siedler von Demokratie nur wenig. Die Engländer kamen aus einem Land, das von Monarchen beherrscht wurde, die ihr Herrscherrecht angeblich von Gott erhalten hatten, der ihnen sogar erlaubte, Vernichtungskriege gegen die Iren zu führen. Die Kolonisten aus Frankreich flohen aus einem Land, das unter einer Reihe von Louis' ziellos durch die Geschichte taumelte und von zumeist verschwendungssüchtigen und zügellosen Herrschern unterdrückt, ausgebeutet und manchmal sogar ausgehungert wurde.

Obwohl Plato in *Der Staat* einen Idealstaat entwarf und Aristoteles in *Politik* verschiedene Verfassungen analysierte, hatte die Alte Welt Amerika nur wenige demokratische Staatsmodelle anzubieten. Der demokratische Staat hatte keinen festen Hort in der Alten Welt. Es gab im Europa des 18. Jahrhunderts trotz der demokratischen Rhetorik, die damals in Mode kam, keine demokratischen Systeme. In England waren Monarchie und Adel in einen langwierigen Kampf verwickelt, der schließlich zur Vorherrschaft des Parlaments führte (und zu einem engbegrenzten Wahlrecht bis zu den Reformen im 19. Jahrhundert). Frankreich hatte seine Versuche mit einer Demokratie, an der sich alle beteiligten, noch nicht begonnen. Die Gründerväter der Vereinigten Staaten entwickelten aus zahlreichen Einzelteilen vieler verschiedener Systeme ein vollkommen neues System; einige wesentliche Elemente holten sie sich auch bei den Indianern.

Die Gründerväter standen bei der Erfindung der Vereinigten Staaten vor einem großen Problem. Sie vertraten nach den *Articles of Confederation,* der ersten Verfassung der dreizehn Kolonien, dreizehn einzelne und souveräne Staaten. Wie konnte aus diesen dreizehn ein einziger Staat gemacht werden, ohne daß die einzelnen Staaten ihre Machtbefugnisse aufgeben mußten?

Der erste, der eine Union der Kolonien in Form eines Bundes vorschlug, war angeblich der Irokesenhäuptling Canassatego anläßlich einer Rede im Juli 1744 in Pennsylvania vor einer indianisch-britischen Versammlung. Er beschwerte sich, daß die Indianer mit so vielen verschiedenen Kolonialregierungen verhandeln müßten und daß es für alle Beteiligten viel einfacher wäre, wenn sich die Siedler zusammentun und mit einer Stimme sprechen würden. Er schlug den Kolonisten nicht nur eine Vereinigung vor, sondern erklärte ihnen auch, wie dies zu machen sei, nämlich genauso wie sich die Stämme seines Volks der Irokesen zu einem Bund vereinigt hatten (Johansen, S. 12, 61).

Irgendwann zwischen 1000 und 1450 n. Chr. gründeten Hiawatha und Dekanawida die Irokesen-Liga unter einer Verfassung, die sie *Kaianerekowa* oder das »Große Friedensgesetz« nannten. Als die Europäer nach Amerika kamen, stellte die Liga die größte und bedeutendste politische Einheit nördlich des Aztekenreichs dar. Die Europäer waren von Anfang an von den Irokesen fasziniert und machten sie zum Gegenstand zahlreicher erstaunter Berichte. Benjamin Franklin scheint jedoch der erste gewesen zu sein, der ihr System als ein mögliches Modell begriff, nach dem sich die Kolonisten einen neuen Staat schaffen könnten.

Benjamin Franklin wurde zum ersten Mal in seiner Eigenschaft als Drucker der »Pennsylvania Gazette« auf die politische Organisation der Irokesen aufmerksam, denn zu seinen Aufgaben gehörte auch die Veröffentlichung von Berichten über die verschiedenen Versammlungen und Verhandlungen mit den Indianern sowie der dort gehaltenen Reden. Wißbegierig wie er war, erweiterte er dies zu einer intensiven Beschäftigung mit indianischer Kultur und indianischen Institutionen. Aufgrund seiner Kenntnisse und seines Interesses bot ihm die Kolonialregierung von Pennsylvania seinen ersten diplomatischen Posten als Indianerbeauftragter an. In dieser Eigenschaft lernte er in den 1750er Jahren die komplizierte politische Kultur der Indianer, insbesondere der Irokesen-Liga, kennen. Im Umgang mit den Indianern verfeinerte er auch seine politischen Methoden – wie man überzeugt, Kompromisse schließt und allmählich einen Konsens herbeiführt –, die sich später bei seinen Verhandlungen mit dem französischen Botschafter und während seiner Mitarbeit im Redaktionskomitee der Unabhängigkeitserklärung als außerordentlich hilfreich erwiesen.

In Anlehnung an den ursprünglichen Vorschlag von Canassatego befürwortete Franklin die Übernahme vieler Grundzüge der irokesischen Regierungsform in den neuen amerikanischen Staat (Wilson, S. 46). In einer Rede auf dem Albany Congress im Jahr 1754 forderte er die Delegierten der verschiedenen englischen Kolonien auf, sich nach dem Vorbild des Irokesen-Bundes zusammenzutun. Doch sein Ruf blieb drei Jahrzehnte lang bis zur Niederschrift der Verfassung unbeachtet (Hecht, S. 71). Obwohl die Gründerväter schließlich einige der wesentlichen Züge des Irokesen-Bundes übernahmen, blieben sie dabei weit hinter Franklins Vorstellungen zurück.

Die Irokesen-Liga vereinigte zunächst fünf große Stämme – die Mohawk, Onondaga, Seneca, Oneida und Cayuga. Jeder dieser Stämme hatte einen Stammesrat, der sich aus den gewählten Vertretern – den *sachems* – der Klans zusammensetzte. Die Seneca wählten acht Sachems in ihren Rat, die Mohawk und Oneida jeweils neun, die Cayuga zehn und die Onondaga vierzehn. Alle diese Stämme hatten ihr eigenes Territorium, und die für diesen Bereich nötigen politischen Entscheidungen traf ihr eigener Stammesrat. Aber die Rechtsprechung dieser Stammesräte galt nur für die inneren Angelegenheiten ihrer jeweiligen Nation; in dieser Hinsicht ähnelten ihre Machtbefugnisse denen der einzelnen Regierungen der Kolonien.

Zusätzlich zu den Stammesräten bildeten die Sachems einen großen Liga-Rat, der sich aus den fünfzig Sachems der inzwischen »Sechs Nationen« zusammensetzte und über Fragen von gemeinsamem Interesse beriet. Die Sachems repräsentierten ihren jeweiligen Stamm, aber gleichzeitig auch die gesamte Irokesen-Liga; dadurch wurden die Entscheidungen des Rats für alle in der Föderation zusammengeschlossenen Nationen gültiges Gesetz. In diesem Rat des Bundes hatte jeder Sachem gleiche Autorität und gleiche Vorrechte; seine Macht hing von seiner rednerischen Überzeugungskraft ab. Der Rat trat mindestens einmal in fünf Jahren im Herbst in einem Langhaus im Gebiet der Onondaga zusammen; wenn es nötig war, konnte er aber auch zu anderen Zeiten einberufen werden. Die Machtbefugnisse des Rats erstreckten sich auf alle Dinge, die für die Mitgliedsnationen von gemeinsamem Interesse waren. Der Rat der Irokesen-Liga, schrieb Lewis Henry Morgan, Amerikas erster moderner Anthropologe, »erklärte Krieg und schloß Frieden, schickte und empfing Gesandte, führte Beitrittsverhandlungen mit anderen Nationen, regelte die Angelegenheiten von unterworfenen Stämmen, nahm neue Mitglieder in die Liga auf, dehnte seinen Schutz auf schwache Stämme aus, tat kurz gesagt alles, was nötig war, um ihren Wohlstand zu fördern und ihr Herrschaftsgebiet auszudehnen« (Morgan, S. 66–67).

Auf diese Weise kontrollierten die Völker der Irokesen ein Gebiet, das sich von Neuengland bis zum Mississippi erstreckte; sie schufen einen Völkerbund, der Jahrhunderte überdauerte. Anders als bei den europäischen Staaten war in der Irokesen-Liga aus der Souveränität mehrerer Völker eine Regierung gebildet worden. Dieses Modell von verschiedenen souveränen, zu einem Staat vereinigten Einheiten lieferte die Lösung für das Problem, dem sich die Autoren der Verfassung der Vereinigten Staaten gegenübersahen.

Heute nennen wir dies ein »föderales« System, in dem jeder Staat weitgehend seine Eigenständigkeit behält und die nationale Regierung die gemeinsamen Aufgaben übernimmt. Henry Steele Commager schrieb später über diese kritische Zeit: »Selbst wenn die Amerikaner den Föderalismus nicht eigentlich erfanden, waren sie doch imstande, ein historisches Patent darauf zu erwirken« (Commager, S. 207). Doch erfunden haben ihn die Indianer, auch wenn sich die Vereinigten Staaten ein Patent darauf geben ließen.

Auch Charles Thomson, ein ständiger Mitarbeiter im Kontinentalkongreß, beschäftigte sich intensiv mit der politischen Organisation der Irokesen. Er verwendete soviel Fleiß und Energie auf das Studium der Indianer und ihrer Lebensweise, daß ihn die Delawaren als vollberechtigtes Mitglied aufnahmen. Auf eine Bitte von Thomas Jefferson hin schrieb Thomson einen ausführlichen Bericht über gesellschaftliche und politische indianische Institutionen als Anhang zu Jeffersons *Bemerkungen über den Staat Virginia*. Nach Thomsons Darstellung baute jedes indianische Dorf ein Rathaus, in dem lokale Angelegenheiten entschieden und Delegierte für den Stammesrat gewählt wurden. Der Stammesrat wiederum wählte die Delegierten für den nationalen Rat (Thomson, S. 203). Obwohl Thomson dies etliche Jahre vor dem Zusammentritt der Verfassunggebenden Versammlung schrieb, liest sich seine Beschreibung wie ein Entwurf für die Verfassung der Vereinigten Staaten, besonders wenn man bedenkt, daß diese vorsah, die Senatoren von der Legislative der Staaten (und nicht von der Masse der Bevölkerung) wählen zu lassen. Thomson betont, daß die Sachems oder politischen Führer ihre Stellung nicht erblich erwerben, sondern gewählt werden, und fügt hinzu, daß selbst Außenseiter in solche Ämter gewählt werden können, dank der Möglichkeit, sie in einen indianischen Stamm aufzunehmen.

Die Amerikaner folgten dem Beispiel der Irokesen-Liga nicht nur in groben Zügen, sondern übernahmen auch viele besondere Bestimmungen ihrer *Kaianerekowa*. Nach der Verfassung der Irokesen-Liga waren die Sachems keine Häuptlinge, eine Stellung, die häufig mit der Führungsposition im Krieg verbunden wurde. Als jemand, der Gesetze machte, konnte ein Sachem nie in seiner offiziellen Eigenschaft als Sachem in den Krieg ziehen. »Wenn er sich entschloß, auf den Kriegspfad zu gehen, legte er sein ziviles Amt solange nieder und wurde ein einfacher Krieger« (Morgan, S. 72). Dies entsprach der Tradition vieler Stämme, die sich im Krieg und im Frieden auf verschiedene Führer verließen. Die Kolonisten übernahmen dieses Modell, indem sie schließlich die zivilen Behörden von den militärischen trennten. Kongreßmitglieder, Richter und andere Beamte konnten nicht gleichzeitig militärische Führer sein, wenn sie nicht vorher ihr Amt, in das sie gewählt wurden, niederlegten; ähnlich konnten militärische Führer nur dann in ein politisches Amt gewählt werden, wenn sie ihre militärische Stellung aufgaben. Diese Regelung stand im Gegensatz zur britischen Tradition, in der kirchliche und militärische Führer häufig Mitglieder im Oberhaus wurden oder eine bedeutende Rolle im Parlament spielten. Eine ähnliche Unfähigkeit, Zivilregierung und Militär zu trennen, hat viele Nachahmer der amerikanischen Demokratie, besonders in Afrika und Lateinamerika, zum Scheitern verurteilt.

Wenn sich ein Sachem in den Augen der Bevölkerung unpassend benahm oder das Vertrauen seiner Wähler verlor, wurde er von den Frauen des Klans angeklagt, die ihn offiziell ausschlossen und anschließend einen neuen Sachem wählten (Goldenweiser, S. 570). Diese Art der Anklage widersprach völlig der europäischen Tradition, in der ein Monarch auf Lebenszeit herrschte, selbst wenn er geisteskrank oder anderweitig regierungsunfähig wurde wie im Fall des englischen Königs George III. Die Amerikaner folgten dem Beispiel der Irokesen, indem sie Möglichkeiten zur Absetzung ihrer Führer schufen, aber im Gegensatz zu den Irokesen fühlten sich die Gründerväter nicht veranlaßt, auch den Frauen das Wahlrecht oder irgendeine andere bedeutende Rolle in der politischen Struktur zu geben.

Eine der wichtigsten Eigenschaften des Irokesen-Bunds war, daß er sich vergrößern konnte; der Rat konnte über die Aufnahme neuer Mitglieder abstimmen, was sich als besonders nützlich erwies, nachdem die Tuscarora aus North Carolina 1712 von einem Heer unter Colonel John Barnwell und im Jahr darauf von einer von Colonel James Moore geführten Armee angegriffen und vernichtend geschlagen wurden. Die Kolonisten Carolinas verlangten von den Indianern Reparationszahlungen für die Kosten, die ihnen durch den Krieg entstanden waren. Weil die Indianer kein Geld hatten, um zu bezahlen, nahmen die Kolonisten vierhundert Eingeborene fest und verkauften sie für zehn Pfund Sterling pro Kopf als Sklaven. Die überlebenden Tuscarora flohen nach North Carolina, um bei den Irokesen Zuflucht zu suchen. Sie beantragten 1714 offiziell ihre Mitgliedschaft in der Liga und wurden 1722 als die »sechste« Nation aufgenommen (Waldman, S. 104). Auf ähnliche Weise adoptierte die Liga später andere dezimierte Gruppen wie die Erie, aber Gebilde wie die Kolonien, die seit den Zeiten der alten Griechen für die europäischen Staaten eine so wichtige Rolle spielten, waren nie vorgesehen.

Die aufstrebenden Vereinigten Staaten von Amerika brachen hier radikal mit der Tradition der Alten Welt. Sie ließen nach dem Vorbild der Irokesen-Liga neue Staaten als Mitglieder zu, statt sie wie Kolonien zu behandeln. Im Westen entstanden mehrere Territorien, in denen die USA von Anfang an zukünftige Partner sahen. Mit der Kongreßresolution von 1780, den Landverordnungen von 1784 und 1785, der Nordwest-Verordnung sowie ähnlichen in der Verfassung verankerten Bestimmungen machte der neue Staat diese indianische Praxis zu amerikanischem Gesetz. Es gibt keinen direkten Beweis, der diese Gesetze mit den Irokesen verbindet, aber es scheint doch mehr als ein Zufall zu sein, daß die Irokesen und die Regierung der Vereinigten Staaten so ähnliche Vorgehensweisen zum Gesetz erhoben.

Obwohl die Irokesen in ihrem System keinen obersten Führer analog zum Präsidenten der Vereinigten Staaten anerkannten, imitierten die Gestalter der Verfassung, vorsätzlich oder unbeabsichtigt, den Großen Rat, indem sie für die Wahl des Präsidenten das Wahlmännersystem einführten. Jede Staatsregierung wählte eine Gruppe von Wählern aus, die zahlenmäßig den Senatoren und Repräsentanten des jeweiligen Staates entsprach. Ähnlich wie die Sachems hatte dann jeder der ausgewählten Männer im Wahlmännergremium eine Stimme.

In den zwei Jahrhunderten seit Inkrafttreten der amerikanischen Verfassung haben sich einige Aspekte des Systems geändert. Heute werden sowohl das Wahlmännergremium als auch die Senatoren vom Volk gewählt, aber die typischen Merkmale der Irokesen-Liga wurden in dem System beibehalten.

Nach der Wahl in den Rat »verlor« der neue Sachem seinen Namen und wurde deshalb von den anderen Sachems mit seinem Amtstitel angeredet. Ziemlich ähnlich geht es im US-Senat zu, wo es nicht erlaubt ist, einfach »Senator Kennedy« oder »Rudy Boschwitz« zu sagen. Die Senatoren müssen mit ihrem Amtstitel als »the Senior Senator from Massachusetts« oder »the Junior Senator from Minnesota« angeredet werden. Andere Titel wie »Majority Leader«, »Mr. Chairman« oder »Mr. President« dürfen benützt werden, aber Personennamen sind tabu.

Auch der schlichte Brauch, daß bei einer politischen Versammlung immer nur einer Person zu sprechen erlaubt ist, stammt von den Irokesen und steht im Gegensatz zur britischen Tradition, wo sich die Parlamentsmitglieder gegenseitig unterbrechen und laut ihr Mißfallen oder ihre Übereinstimmung mit dem Redner äußern. Europäer waren es gewohnt, jeden Redner, der ihnen nicht genehm war, niederzuschreien; manchmal bewarf man sie sogar mit Steinen oder fügte ihnen noch schlimmeren Schaden zu.

Die Irokesen ließen keine Unterbrechungen oder Zwischenrufe zu. Es war sogar Brauch, zunächst eine Weile zu schweigen, nachdem ein Redner geendet hatte, für den Fall, daß er noch etwas hinzufügen oder ergänzen wollte (Johansen, S. 87). Obwohl der amerikanische Kongreß und die Parlamente der einzelnen Staaten diese stille Pause am Ende einer Rede nicht übernahmen, erlaubten sie den Rednern, die schriftliche Aufzeichnung nach der Rede »zu überarbeiten und weiter auszuführen«.

Wenn eine indianische Ratsversammlung debattierte, stand nicht die Konfrontation im Vordergrund, sondern die Notwendigkeit zu überzeugen und zu unterrichten. Im Gegensatz zu europäischen Parlamenten, wo sich die gegnerischen Parteien bei der Erörterung eines Themas mit Worten zu übertrumpfen suchen, bemühte sich der Rat der Indianer, über den Kompromiß zu einer Verständigung zu gelangen. Dieser kleine, aber bedeutende Unterschied veranlaßte Bruce Burton in seiner Untersuchung des amerikanischen Rechts zu der Bemerkung, daß »die für die amerikanische Demokratie charakteristische Art zu debattieren und Kompromisse zu schließen den Prinzipien und Strukturen der indianischen Zivilregierung zu verdanken ist« (Burton, S. 5). Dieser Unterschied besteht auch heute noch zwischen der Arbeitsweise des amerikanischen Kongresses sowie der amerikanischen bundesstaatlichen Parlamente und den entsprechenden Einrichtungen in Europa. Amerikanische Parlamente setzen sich primär aus Einzelpersonen zusammen, die von Fall zu Fall wechselnde Gruppierungen bilden, wohingegen die Parlamente in Europa mit gegnerischen Parteien arbeiten, die über die Stimmen der einzelnen Repräsentanten verfügen.

Entsprechend der Tradition der Irokesen, nach der die Sachems kein eigenes Land besaßen noch irgendeine finanzielle Belohnung für ihre Arbeit erhielten, schlug Benjamin Franklin vor, daß auch die Bevollmächtigten der Vereinigten Staaten nicht bezahlt werden sollten. Sie sollten ihre Arbeit wie eine heilige Pflicht dem Gemeinwohl widmen. Obwohl die Gründerväter dies nicht in die Verfassung aufnahmen, konnten sie verhindern, daß Vermögensverhältnisse für die Ausübung eines Amtes oder des Wahlrechts ausschlaggebend waren. Nicht gelungen ist ihnen, obwohl die Tendenz dazu vorhanden war, die Gehälter der Amtsinhaber auf ein die Lebenshaltungskosten deckendes Minimum zu beschränken anstatt die öffentlichen Ämter zu einer Art Pfründe oder zur Straße zum Wohlstand werden zu lassen.

In seinem Eifer, das demokratische System der Indianer nachzuahmen, schlug Franklin sogar vor, daß die Offiziere von den Männern gewählt werden sollten, die später unter ihrem Befehl stehen würden. Franklin stellte 1747 selbst eine solche Miliz auf, um Philadelphia vor der ständigen Belästigung durch französische und holländische Piraten zu schützen. Obwohl sich die amerikanische Armee nicht dazu durchrang, ihre Offiziere zu wählen, trennte sie sich allmählich von dem Brauch, daß sich Wohlhabende ein Offizierspatent kaufen konnten. Das amerikanische System ließ Mobilität innerhalb der Mannschaft zu und verhinderte, daß das Offizierskorps der Armee zu sehr einer aristokratischen Schicht ähnelte, wie das in Europa der Fall war, oder einer Oligarchie wie in vielen lateinamerikanischen Ländern.

Die Irokesen-Liga arbeitete mit nur einer Kammer im Rat. Franklin wurde zum heißen Verfechter dieses Einkammersystems und wollte sogar die englische Übersetzung des Irokesen-Ausdrucks »Großer Rat« dafür verwenden anstelle des aus dem Lateinischen stammenden Wortes »Congress«. Während der Zeit des Kontinentalkongresses verließ sich die US-Regierung auf nur eine Kammer, und einige Staaten wie Pennsylvania und Vermont reduzierten ihre staatliche Gesetzgebung für eine Weile auf eine Kammer. Doch das Einkammersystem hielt sich weder im Kongreß noch in den Einzelstaaten, ausgenommen Nebraska, dessen Gesetzgebung noch heute von nur einer Kammer wahrgenommen wird, um Geld zu sparen, nicht jedoch, um den Irokesen nachzueifern.

Neben Benjamin Franklin, Thomas Paine und Charles Thomson arbeiteten auch zahlreiche andere Gründerväter des amerikanischen Föderalismus eng mit politischen Institutionen der Indianer zusammen. George Washington hatte während der Erkundung des westlichen Teils von Virginia zahlreiche Kontakte mit Indianern, und in den Grenzkriegen gegen Franzosen und Indianer kämpfte er mit und gegen Indianer. Ihm war jedoch wesentlich mehr an einträglichen Landspekulationen gelegen als am politischen Leben der Indianer. Thomas Jefferson, der Verfasser der Unabhängigkeitserklärung, lebte als Sohn eines Pioniers ebenfalls im Grenzland. Er befaßte sich näher mit den Indianern und schrieb mehrere Artikel und Aufsätze über sie, so daß ihn ein späterer Historiker als den »aufgeklärtesten Amateur-Ethnologen« bezeichnete (Commager, S. 179). In seinen Empfehlungen für die Universität von Virginia schlug er als erster ein systematisches ethnologisches Studium der Indianer vor, um »ihre Traditionen, Gesetze, Bräuche, Sprachen und andere Einzelheiten zu sammeln« (Jefferson, S. 151).

Dank solcher Männer wie Thomas Paine, Benjamin Franklin, Charles Thomson und Thomas Jefferson wissen wir heute sehr viel über den Irokesen-Bund und einige der anderen indianischen Gruppierungen im Osten der Vereinigten Staaten. Die ethnologische Erforschung der neuweltlichen politischen Organisationen hat gezeigt, daß die Irokesen-Liga für politische Organisationen in ganz Amerika nördlich von Mexiko und auch in vielen Gebieten Mittel- und Südamerikas repräsentativ zu sein scheint. Die meisten indianischen Völker wurden von gewählten Klan-, Stammes- oder Dorfräten regiert.

Hollywoodfilme und Abenteuerromane lassen häufig den Eindruck entstehen, daß die Indianerstämme im allgemeinen von starken Häuptlingen geführt wurden. Sehr viel öfter jedoch regierte ein Rat, und der sogenannte Häuptling bekleidete gewöhnlich einen Ehrenplatz, der ihm eher Achtung verschaffte als Macht. Häuptlinge spielten meistens mehr eine zeremonielle und religiöse Rolle als eine politische oder wirtschaftliche. Anders als die Worte »caucus« und »powwow«, die indianischen Ursprungs und symptomatisch für die politischen Traditionen der Indianer sind, ist das aus dem Französischen stammende »chief« ein englisches Wort, das den indianischen Stämmen von britischen Beamten aufgezwungen wurde, weil sie jemanden brauchten, mit dem sie Handel treiben konnten und der Verträge unterzeichnete.

In Massachusetts versuchten die Engländer, aus einem indianischen Führer einen *König* Philip zu machen. Das indianische System wurde als monarchisch aufgefaßt, als es dies noch keineswegs war. Während die englischen Siedler von den Indianern lernten, wie sie in Gruppenräten zu sprechen und zu handeln hatten, drängten sie sie gleichzeitig in Richtung eines monarchischen und weniger demokratischen Systems.

Wir finden das gleiche kollektive System in den frühen Jahren des 16. Jahrhunderts in den Pueblos des amerikanischen Südwestens. Einer von Francisco Coronados Soldaten schrieb, die Zunis hätten keine Häuptlinge, sondern würden »von einem Rat der ältesten Männer regiert«, die sie *papas* nannten. Das Zuni-Wort *papa* bedeutet »älterer Bruder«, und jeder Klan wählte vermutlich seinen *papa* wie die Irokesen ihre Sachems wählten.

Selbst der Aztekenstaat entsprach diesem Muster. Er gliederte sich in zwanzig *calpulli* oder Klans, die Land besaßen, das gemeinsam genutzt wurde. Jedes *calpulli* wählte mehrere Beamte, die innerhalb des Klans für die Verwaltung des Landes und die Ausführung des Gesetzes zuständig waren, und sie wählten einen *tlatoani,* wörtlich einen »Sprecher«, der die *calpulli* nach außen vertrat. Alle *tlatoani* bildeten den obersten Rat der Nation, und sie wählten den obersten Sprecher oder *huey-tlatoani* in sein Amt auf Lebenszeit. Als die Spanier kamen, war dieses höchste nationale Amt einer einzigen Familie vorbehalten, aber der Rat entschied, wer aus dieser Familie das Amt übernahm. Die Spanier nahmen an, das Azteken-System sei wie das ihre oder das ihrer Nachbarn, der Mauren; sie übersetzten *huey-tlatoani* als Kaiser und nannten die *tlatoani* »Adelige« des Reichs. Der von Hernando Cortés gefangengenommene Azteken-Führer Moctezuma bekleidete das Amt des obersten Sprechers der Azteken und nicht das ihres Kaisers.

Dieses System der Azteken war aufgrund seiner Räte genausowenig eine Demokratie oder eine Föderation wie das Heilige Römische Reich, wo es ein Kollegium gab, das den Kaiser aus den Mitgliedern einer Familie wählte. Doch im aztekischen System können wir die Umrisse einer politischen Gestaltung erkennen, die auf dem gesamten amerikanischen Kontinent allgemein gebräuchlich war und in vieler Hinsicht dem heutigen demokratischen System in den Vereinigten Staaten nähersteht als den damaligen Systemen Europas. Der Unterschied zwischen dem aztekischen System und einer europäischen Monarchie zeigte sich am deutlichsten, als das aztekische Volk den von den Spaniern gefangengenommenen Moctezuma seines Amtes enthob. Er wurde von seinen eigenen Leuten gesteinigt, als er sie zu überreden versuchte, sich den Spaniern zu ergeben. Die Spanier hatten gedacht, die Azteken würden ihren »Kaiser« verehren und ihm gehorchen, was immer er von ihnen verlangte, aber sie hatten irrtümlicherweise angenommen, Moctezuma würde die gleiche Macht über das Volk ausüben wie die spanischen Könige.

Wie tief die demokratischen Wurzeln bei den nordamerikanischen indianischen Gruppen reichen, kommt sehr deutlich in der ausführlichen Untersuchung von Evelyn Hu-DeHart über die Yaqui zum Ausdruck. Die Yaqui lebten in den heutigen Staaten

Sonora und Sinaloa im Nordwesten von Mexiko unmittelbar südlich der Apachen von Arizona und rangen diesem wüstenähnlichen Land durch Jagen und einfachsten Ackerbau ihren Lebensunterhalt ab. Im Juli 1739 schickten die Yaqui zwei Gesandte namens Muni und Bernabe nach Mexico City zu einer selten gewährten Audienz beim spanischen Vizekönig mit der Bitte, ihnen die freie Wahl ihrer eigenen Regierungsbeamten zu gewähren anstelle der dafür eingesetzten Jesuiten. Nach 1740 erlaubte die Regierung den Yaqui, ihren eigenen Generalhauptmann als Stammesoberhaupt zu wählen, versuchte aber weiterhin durch Klerus und Zivilbehörden, die Yaqui unter ihrer Gewalt zu halten (Hu-DeHart, S. 17).

Hier sehen wir, daß Indianer bereits eine ganze Generation vor der Revolution in den englischen Kolonien Nordamerikas das Wahlrecht und freie Wahlen forderten, um ihre traditionellen politischen Werte aufrechtzuerhalten.

Bei fast allen nordamerikanischen Stämmen, Klans oder Völkern, über die uns genauere Informationen vorliegen, lag die oberste Autorität in den Händen einer Gruppe statt bei einer Einzelperson. Es bedurfte vieler Generationen enger Zusammenarbeit zwischen Kolonisten und Indianern, bevor die Kriterien für Entscheidungen in der Gruppe die europäischen Traditionen einer einzelnen höchsten Autorität ersetzten.

Eine der bedeutendsten politischen Einrichtungen, die von den Indianern entlehnt wurden, war der Caucus. Obwohl es sich wie ein lateinisches Wort anhört und manche gebildeten Jurastudenten meinen, im Plural *cauci* sagen zu müssen, kommt das Wort aus den Algonkin-Sprachen. Der Caucus erlaubt die zwanglose Diskussion eines Themas, ohne von jemanden ein Ja oder Nein zu einer bestimmten Frage zu verlangen. Dies entsprach der traditionellen indianischen Art, Dinge zu besprechen oder eine Ratsversammlung abzuhalten; politische Entscheidungen, die auf diese Weise getroffen wurden, machten weniger aggressiv und wirkten weniger entzweiend. Der Caucus wurde zu einer tragenden Säule der amerikanischen Demokratie sowohl im Kongreß als auch in politischen und gesellschaftlichen Gruppen überall im Land. Er entwickelte sich zu einem so wichtigen Aspekt der amerikanischen Politik, daß er von den politischen Parteien zur Ernennung ihrer Präsidentschaftskandidaten übernommen wurde. Mit der Zeit wurde aus dem Caucus eine politische Gepflogenheit, die noch heute eine wichtige Rolle im politischen Leben der Amerikaner spielt, in der europäischen Politik jedoch weitgehend fehlt.

Es gab auch andere Gründerväter, die kein Interesse an den politischen Traditionen der Indianer hatten. Ihre Vorbilder waren das britische Parlament und einige griechische und italienische Stadtstaaten. Viele von ihnen waren in der klassischen Literatur zu Hause und wesentlich gebildeter im herkömmlichen Sinn als Franklin und Paine. Sie wollten den neuen Staat nach den klassischen Begriffen von Demokratie und Republik gestalten.

Diese Bestrebungen erwiesen sich oft als heikles Unterfangen, denn die alten Griechen verletzten die Regeln der Demokratie weitaus häufiger als daß sie sie zum Gesetz erhoben. Die Griechen, die so redegewandt von der Demokratie schwärmten, schufen nur selten demokratische Institutionen. Ein paar Städte wie Athen versuchten es gelegentlich für ein paar Jahre mit einem demokratieähnlichen System. Diese Städte funktionierten als Sklavengesellschaften und waren gewiß nicht egalitär und demokratisch im indianischen Sinn. Die meisten der hochgeachteten politischen Denker Griechenlands verachteten die Demokratie theoretisch und praktisch. Sokrates wurde von den Athenern während einer demokratischen Ära hingerichtet, weil er mit den Oligarchen konspiriert hatte, um die Demokratie zu zerstören. Auf der anderen Seite trat Plato für die Herrschaft durch einen Philosophenkönig ein und ging sogar nach Syrakus, um dem Tyrannen Dionysios regieren zu helfen.

In den Vereinigten Staaten identifizierten sich die Südstaatler weitaus stärker mit den Idealen der griechischen, auf massiver Sklaverei basierenden Demokratie als mit der der Irokesen, die keine Sklaverei erlaubten. Der Historiker Vernon Parrington schrieb, »am Grund des romantischen Südens kam der Traum von einer griechischen Zivilisation zum Vorschein, aufgebaut auf schwarzer Sklaverei« (Parrington, S. 130).

In den Carolina-Staaten, Georgia und Virginia, identifizierten sich die Menschen so weitgehend mit den sogenannten griechischen Demokratien, daß sie im Süden die Wiedergeburt oder zumindest das Wiederaufleben des einstigen griechischen Lebens sahen. Bis zum Beginn des 19. Jahrhunderts war hier ein regelrechter Griechenkult als schützendes Bollwerk eines Lebensstils entstanden. Europäische Romantiker wie Lord Byron und John Keats liebäugelten zwar mit der griechischen Ästhetik, aber die Europäer wandten sich rasch einer persönlicheren Form von Romantik zu.

Der amerikanische Süden jedoch machte sich alles Griechische zu eigen. Der vornehme Südstaatler, der sich in seinem Arbeitszimmer entspannte, im Salon liebenswürdig plauderte, im Eßzimmer gute Mahlzeiten einnahm, im Ballsaal den Damen den Hof machte und in den Wäldern jagte, verglich sein Leben mit dem guten Leben in der griechischen Literatur. Zumindest eine flüchtige Kenntnis der griechischen und lateinischen Sprache zeichnete den echten Gentleman des Südens aus, und das griechische Ideal von einem gesunden Geist in einem gesunden Körper wurde zum Credo der begüterten Gesellschaft des Südens. Man schrieb Gedichte in pseudogriechischem Stil, verfaßte Briefe in klassischer Form und gab seinen Hausssklaven, Pferden und Jagdhunden Namen wie Cicero, Athena, Cato, Perikles, Homer, Apollo und Nero.

Die Südstaatler schmückten ihre Plantagen mit griechischen Namen und bauten sich Häuser im Stil griechischer Tempel. Die griechische Architektur überwog so stark, daß heute zum stereotypen Bild eines Plantagenhauses klassizistische korinthische Säulen gehören. In ihren Gärten bauten sie Pavillons wie griechische Heiligtümer und stellten griechische Statuen zwischen ihre Magnolien und Palmen. Sogar die Kirchen des Südens bekamen säulengestützte Eingänge und Vorbauten, gekrönt von höchst ungriechischen Spitztürmen.

Wo Amerika dem griechischen Vorbild nacheiferte, vernachlässigte es einen wesentlichen Teil seiner demokratischen Wurzeln im Langhaus der Irokesen und im bescheidenen Caucus der Algonkin zugunsten protzig zur Schau gestellter Requisiten und

Nachbildungen der klassischen mediterranen Welt. Fast das ganze erste Jahrhundert nach der amerikanischen Unabhängigkeit half diese Griechentümelei die Tatsache zu verschleiern, daß die Nation auf Sklaverei basierte – ein Umstand, der niemals mit Demokratie zu vereinbaren war und sich auch auf die erbaulichste Weise nicht verdecken ließ.

Die meisten vor diesem Griechenkult errichteten Regierungsbauten wie das Capitol von Massachusetts, Independence Hall in Philadelphia oder die Regierungsgebäude des kolonialen Williamsburg waren im schlichten Federal style gehalten, von dem sich die Architekten der öffentlichen Bauten mit dem aufkommenden Neoklassizismus im Süden mehr und mehr entfernten. Auf der Höhe dieser klassischen Besessenheit baute die Regierung der Vereinigten Staaten ein neues Capitol. Der Sitzungssaal des Senats nahm die Form eines kleinen, mit klassischen Ornamenten überladenen griechischen Amphitheaters an, während sich das Repräsentantenhaus mit einer großen Uhr krönte, eingelassen in eine Skulptur der Klio, der Muse der Geschichtsschreibung, die in einem mit Flügeln versehenen Wagen fährt und die unter ihr stattfindenden historischen Ereignisse aufzeichnet.

Obwohl sich der Griechenkult des Südens ausbreitete, konnten sich die Neuengländer nie richtig dafür erwärmen. Sie fühlten sich mehr zu mystischen Philosophien wie dem Transzendentalismus hingezogen, die häufig mit bestimmten Vorstellungen von Freiheit und der Forderung nach Abschaffung der Sklaverei einhergingen. Ihrer Auffassung nach verdarb die Sklaverei an den Fundamenten der Demokratie das ganze System.

Auch im Süden herrschte der Griechenkult nicht als einzige geistige und soziale Mode. In krassem Gegensatz zu dieser Schwelgerei der Reichen hing die schwarze und die arme weiße Bevölkerung einem strengen alttestamentlichen Fundamentalismus an, bei dem Moses, der Befreier der Sklaven, eine wichtige Rolle spielte, beziehungsweise einer neutestamentlichen Heilslehre, die auf einen sehr persönlichen Erlöser und Beschützer ausgerichtet war.

Im Westen ging der Lernprozeß in Sachen Demokratie inzwischen weiter ohne Rücksicht auf klassische Vorbilder, denn die

Menschen an der Grenze machten ihre eigenen Erfahrungen mit sich und mit den Indianern, die auch nach der Gründung der Vereinigten Staaten noch eine bedeutende Rolle bei der Entwicklung von Demokratie spielten, weil sie in ständiger Beziehung mit den Amerikanern an der Grenze standen.

Die Grenzbewohner erfanden Demokratie ständig neu und kanalisierten sie in das östliche Establishment der Vereinigten Staaten. Sie rebellierten immer wieder gegen die eingefahrenen und konservativen Werte der behäbigeren Ostküstenelite. Während sich die Grenze allmählich nach Westen vorschob, schickten die Siedlungen am Rand Rebellen wie Henry Clay, Andrew Jackson, David Crockett und Abraham Lincoln in den Osten zurück, um in die dortigen politischen Institutionen etwas mehr demokratischen Geist zu bringen. Einige dieser Männer wie Sam Houston lebten immer wieder für längere Zeit bei Indianern. Houston verbrachte so viel Zeit bei den Cherokee, daß sie ihn 1829 in ihr Volk aufnahmen. Auch während seiner Amtszeit als Präsident der Republik Texas in den Jahren 1836 bis 1838 und 1841 bis 1844 verleugnete er nicht den Einfluß, den die Cherokee auf ihn hatten. Er arbeitete sein Leben lang eng mit vielen verschiedenen Indianervölkern zusammen und bewies großes Engagement im Kampf um Freiheit und Unabhängigkeit.

Alexis de Tocqueville, der die Errungenschaften der Indianer verunglimpfte, schrieb, die Siedler an der Grenze »vermischen die Denkweisen und Gebräuche des Lebens in der Wildnis mit der Kultur ihrer Väter«. Er fand das Verhalten der Siedler verwerflich, denn »bei ihnen sind die Leidenschaften heftiger, die religiöse Sittlichkeit hat geringere Macht...« (Tocqueville, Bd. I, S. 187). Aber man kann diese Eigenschaften auch als Tugenden eines demokratischen Volkes interpretieren.

Im Amerika der letzten zweihundert Jahre hatten die meisten demokratischen und auf politische und soziale Gleichheit gerichteten Reformen ihren Ursprung an der Grenze und nicht in den Städten des Ostens. Die Grenzstaaten gaben die Forderungen nach Besitz und Religionszugehörigkeit für Wähler auf. Sie erweiterten das Wahlrecht auf Frauen, und Montana wählte 1916 Jeanette Rankin als erste Frau in den Kongreß, vier Jahre bevor die

Frauen durch den neunzehnten Zusatzartikel zur Verfassung allgemein wahlberechtigt wurden. Die westlichen Staaten führten die öffentliche Wahl der Senatoren ein anstelle ihrer Auswahl durch die Legislative; sie waren auch die ersten, die Vorwahlen abhielten und unpopuläre Beamte abwählten. Sogar noch heute haben die Weststaaten mehr Wahlbeamte (zum Beispiel Richter) als die Oststaaten, wo solche Beamte gewöhnlich vom Gouverneur oder von der Legislative ernannt werden. Diese ausgeprägte Vorliebe für das Wahlverfahren und gleiches Stimmrecht für alle wurde wiederholt von denjenigen bestärkt, die mit den Indianern an der Grenze am intensivsten und längsten in Verbindung standen.

Zur letzten Erweiterung der föderativen Grundsätze, wie sie in der Irokesen-Liga und später bei der Bildung der Vereinigten Staaten angewendet wurden, kam es 1918 bei der Gründung des Völkerbunds. Die Gestalter dieses neuen Bundes wählten ebenfalls das Bündnissystem der Irokesen, das jedem Mitglied eine gleichberechtigte Stimme zugestand, ungeachtet der Größe des Landes, das es vertrat. Nach demselben Prinzip entstand eine Generation später die Vollversammlung der Vereinten Nationen. Durch einen Zufall, der nicht einer gewissen Ironie entbehrt, wählten die Gründer New York als Sitz dieser internationalen Organisation – ein Territorium, das einst zur Irokesen-Liga gehörte. In gewisser Hinsicht waren die Vereinten Nationen eine internationale Version jenes Indianer-Bundes.

Das offizielle Washington hat die Rolle der Indianer bei der Schaffung der Vereinigten Staaten und ihrer politischen, so einzigartig amerikanisch erscheinenden Institutionen nie anerkannt. Aber ein Denkmal, das unbeabsichtigt entstand, gibt es doch. Eine ältere Frau aus Israel wies mich an einem Frühlingstag darauf hin, als ich den Rasen des Capitols in Washington, wo ich für Senator John Glenn arbeitete, überquerte. Sie hielt mich an und fragte mich, wer denn die Indianerin auf der Kuppel des Capitols sei. Ich blickte sozusagen mit ihren Augen zu der Gestalt hinauf und sah plötzlich ebenfalls eine Indianerin, obwohl ich wußte, daß es keine war.

Als die amerikanische Regierung Mitte des 19. Jahrhunderts daranging, das Capitol auszubauen, schlugen die Architekten vor, die Kuppel mit einem Freiheitssymbol zu krönen. Sie entschieden sich für eine knapp sechseinhalb Meter hohe Bronzestatue einer Römerin, die auf dem höchsten Punkt der Kuppel stehen sollte. Der Bildhauer Thomas Crawford versah die Figur mit einer phrygischen Kappe, die bei den Römern das Zeichen der freigelassenen Sklaven war. Jefferson Davis, der zukünftige Präsident der Konföderierten Staaten und damalige Heeresminister der Vereinigten Staaten, lehnte dieses in seinen Augen gegen den Süden und gegen die Sklaverei gerichtete Symbol vehement ab. Er bestand darauf, daß die Statue eine andere Kopfbedeckung bekam, die weniger antagonistisch auf Politiker aus den Südstaaten wirkte. Crawford setzte ihr daraufhin einen Helm mit Federkrone auf, der jedoch das gesamte Erscheinungsbild veränderte, so daß die klassische Griechin oder Römerin wie eine Indianerin aussah.

Sie steht noch heute auf der Kuppel des neoklassizistischen Capitols und blickt auf die amerikanische Hauptstadt herab. Das Washington Memorial reicht bis zu ihr hinauf, aber kein anderes Gebäude durfte höher gebaut werden. Obwohl niemand beabsichtigt hatte, sie als Indianerin darzustellen, thront sie dort oben, als hätte Washington tatsächlich ein Denkmal errichtet, um die Indianer zu ehren, die zum Bau einer föderativen, auf Demokratie beruhenden Union beigetragen haben.

9
Rote Stöcke und Revolution

An einem warmen Januarnachmittag fuhr ich in einem Landrover mit einigen meiner Studenten auf einer praktisch unpassierbaren Straße durch den Petén, die nordöstliche Provinz von Guatemala. Die Nacht zuvor hatten wir in Carmen Viejo del Benque in Belize verbracht, in sehr geräumigen Hütten am Ufer des Mopán unmittelbar unter den befestigten Maya-Ruinen von Xunantunich. Wir erkundeten die Ruinen, besuchten aber auch die heutigen Dörfer Kekchi und Mopán Maya. Nun befanden wir uns auf dem Weg zu einer einzigartigen Stadt namens Flores.

Flores liegt auf einer Insel inmitten des Sees Petén-Itzá. Die rund zweitausend Einwohner fahren in Booten zum Festland oder sie gehen zu Fuß über einen schmalen, ungefähr eine Meile langen Damm. Manchmal kommen ausländische Besucher nach Flores, weil es nur eine Fahrstunde von Tikal entfernt ist, jener klassischen Maya-Stätte aus der Zeit zwischen 300 und 900 n. Chr., die mitten im Dschungel liegt, wo Klammeraffen, Papageien, Jaguare, Pfauentruthühner und eine giftige Lanzenschlange, die von den Einheimischen *barba amarilla,* »gelber Bart«, genannt wird, zu Hause sind.

Der Petén-Itzá-See hat für uns noch eine andere Bedeutung, denn an seinem Ufer stand Tayasal, die letzte indianische Stadt, die von den Europäern erobert wurde. Flüchtlinge aus Chichén Itzá, der Maya-Stadt in Yucatán, gründeten Tayasal, nachdem Tikal schon lange verlassen war. Weit abgelegen und geschützt durch den dichten Dschungel des Petén konnte sich Tayasal bis 1697 gegen die Spanier behaupten. Martín de Ursua eroberte die Maya-Stadt schließlich mit seinem Heer und gründete an ihrer Stelle 1700 die neue Stadt Flores.

Wir hatten uns vorgenommen, Flores unbedingt noch vor Einbruch der Dunkelheit zu erreichen, um weder mit den Guerillas noch mit den Truppen der Antiguerillas Ärger zu bekommen. Gleich hinter der Grenze von Guatemala waren wir an einem

Camp der Armee vorbeigekommen, wo handgemalte Schilder auf abschreckende Weise darauf hinwiesen, daß hier die beste Armee Mittelamerikas lag und allen Guerillas der Tod drohte. Um die Botschaft auch für Analphabeten verständlich zu machen, waren auf den Schildern grimmige Soldaten dargestellt, die auf die Guerillas losgingen. Wegen der gespannten Situation wollte man uns zunächst nicht mit einem Landrover einreisen lassen, weil ihn sich die Guerillas schnappen könnten, aber nach längeren Verhandlungen drückten die Grenzer ein Auge zu. Als ich einige Wochen später nach Belize zurückkam, wurde ich deswegen von Soldaten festgenommen, aber in dieser ersten Nacht in Guatemala war meine einzige Sorge, unsere Gruppe noch vor Einbruch der Dunkelheit sicher nach Flores zu bringen.

Wir waren noch etliche Stunden von unserem Ziel entfernt, als wir uns einem Indianerdorf näherten. Ich roch die Abendfeuer und den Tierdung, noch bevor der Rover in das Dorf einbog, das wie die meisten Dörfer, die wir an diesem Tag gesehen hatten, übersät war von bunten Klecksen in den offiziellen Farben des Truppenverbands, der in dem Distrikt stationiert war. Das Zeichen klebte an jedem Schild, jedem Haus, jedem Leitungsmast. Während ich den Wagen vorsichtig durch die ausgefahrene Straße lenkte und gähnenden Schlaglöchern, kleinen Kindern und Schweinen auswich, befanden wir uns plötzlich auf dem Dorfplatz, der nichts anderes war als ein großes, von hart getrockneter Erde bedecktes Feld, umgeben von ein paar einzeln stehenden einstöckigen Häusern. Am Rand der Plaza mußte ich jäh auf die Bremse treten, um nicht in eine Armeesperre hineinzufahren. Soldaten kamen auf uns zugerannt und bedeuteten uns mit Gewehren, an die Seite zu fahren und hinter drei anderen Fahrzeugen anzuhalten. Im Gegensatz zu den anderen Sperren, die wir passiert hatten, schienen diese Soldaten hier nicht gewillt, uns durchzulassen. Wir saßen still im Wagen und warteten.

Als wir uns nach einer Weile die Beine vertreten wollten und ausstiegen, scheuchten uns zwei junge Soldaten mit ihren automatischen Gewehren in den Wagen zurück. Obwohl man uns nicht weiterfahren ließ, schienen wir für die Soldaten nur von nebensächlicher Bedeutung. Außer ein paar, die auf Posten standen, liefen die meisten im Dorf umher, um die männlichen Einwohner auf die Plaza zu holen.

Sobald die Männer des Dorfes versammelt waren, wurden sie von den bewaffneten Soldaten umstellt. Die Indianer mußten sich in Reihen aufstellen und Haltung annehmen, und während mehrere Soldaten finster blickend zwischen den Reihen hin und her gingen, hielt ihnen der kommandierende Offizier eine Rede. Wir hörten seine zornigen Rufe und sahen ihn wild mit den Armen fuchteln, waren aber zu weit entfernt, um zu verstehen, was er sagte. Nach fast einer halben Stunde befahl der Kommandant den Indianern, sich mit dem Gesicht zueinander in zwei Reihen aufzustellen und mehrere militärische Übungen auszuführen, unter anderem auch, mit dem Gewehr direkt aufeinander zu zielen und so zu tun, als würden sie abdrücken.

Nachdem die Indianer diese Übung zufriedenstellend absolviert hatten, führte sie der Kommandant zu der lächerlichen Karawane von drei aufgehaltenen Fahrzeugen. Beaufsichtigt von ständig Befehle brüllenden Soldaten holten sie uns aus den Autos und begannen, ein Fahrzeug nach dem anderen zu durchsuchen. Sie durchsuchten unsere Matchbeutel und Rucksäcke und unseren sämtlichen mitgeführten Proviant. Sie zogen und drückten an jeder Schaltvorrichtung und jedem Hebel, wobei es ihnen gelang, den Allradmechanismus des Landrovers zu ruinieren. Nachdem sie beschlossen, daß der Wagen nichts enthielt, was für sie von Interesse sein könnte, trennten sie uns und durchsuchten jeden von uns einzeln ähnlich langsam und gründlich.

Nach der Durchsuchung wurden wir in mörderischem Tempo verhört:

Wer sind Sie?

Was tun Sie in diesem Guerillagebiet?

Warum sind Sie so weit abseits der Hauptverkehrsstraße?

Wohin wollen Sie?

Woher kommen Sie?

Haben Sie Waffen bei sich?

Als die Soldaten schließlich fanden, daß wir keine Bedrohung darstellten, schnauzten sie uns an, weil wir noch so spät unterwegs waren, und warnten uns, daß wir bei der nächsten Straßensperre vielleicht weniger Glück haben könnten als bei ihnen.

Es war fast dunkel, als wir endlich weiterfahren durften. Bevor wir in jener Nacht Flores erreichten, wurden wir noch dreimal von Armee-Einheiten angehalten und jedesmal aggressiver befragt, weil wir, je später es wurde, zunehmend Verdacht erregten. Auf diese Weise wurden wir unverhofft Zeugen des *Fusiles-y-Frijoles-* oder »Gewehre-und-Bohnen«-Feldzugs der Armee von Guatemala, mit dem die Indianer befriedet, sofern dies zweckmäßig war, oder andernfalls getötet werden sollten.

An jenem Abend waren wir Zeugen eines friedlichen Versuchs der Armee geworden, die Indianer zum Widerstand gegen die Guerillas aufzufordern, ihnen Angst vor der Armee einzuflößen und ihnen zu zeigen, wie sie ihr Dorf vor den Rebellen schützen könnten.

Ironischerweise waren wir in den Petén gekommen, um die Stätte zu besichtigen, wo die Indianer vor rund dreihundert Jahren die letzte Stadt, die sie noch gehalten hatten, aufgeben mußten; doch ständige indianische Geplänkel hielten uns unterwegs auf. Im vergangenen Jahrzehnt wurden einige hunderttausend Indianer, Männer, Frauen und Kinder, bei solchen Geplänkeln, Überfällen, Vergeltungsschlägen und reinen Gewaltakten gegen Indianer getötet. Fast alle von ihnen gehörten den ungefähr zwei Millionen Maya an, die in diesem Gebiet leben. Die Indianer leisten gewöhnlich auf ziemlich passive Weise Widerstand; aber sie setzen den Kampf fort und wenden Gewalt an, wenn alles andere nicht mehr hilft.

Die Geschichte Amerikas handelt vom ständigen Widerstand und immer neuen bewaffneten Erhebungen gegen altweltliche Formen von Tyrannei. Gleichgültig wie oft die Indianer dabei verloren und wie viele Stämme für immer vernichtet wurden – es waren immer wieder andere Indianer da, die den Kampf fortsetzten. Die unaufhörlichen Indianerkriege während des letzten halben Jahrtausends haben zahlreiche ideologische und taktische

Formen angenommen, aber es ging immer um die lebenswichtigen Dinge: Land, Nahrung und Menschenrechte.

Die heutigen Indianerprobleme der Regierungen in Guatemala, Peru und Nicaragua sind oberflächlich gesehen ganz andere als die der US-Regierung. Doch es ist noch gar nicht so lange her, daß sich die Indianer der Vereinigten Staaten in einer Reihe von Kriegen, sehr ähnlich denen, die jetzt im 20. Jahrhundert, von entlegenen indianischen Gruppen in Lateinamerika geführt werden, gegen die USA erhoben.

Im 19. Jahrhundert begannen die Indianer häufig Widerstandsfeldzüge, mit denen sie sich gegen viele der weißen Einflüsse einschließlich des Christentums zur Wehr setzten, auch wenn es so aussah, als würden sie nur die neuen Siedler bekämpfen. Eine der wichtigsten dieser Bewegungen entstand unter den Creek oder Muskogee im Südosten der Vereinigten Staaten. Sie lebten in ungefähr einhundert autonomen Städten, sogenannten *talwa,* hatten sich aber zu einem losen Bund zusammengeschlossen. Wie die Irokesen hatten sie matrilineare Klans, und ihre politische Organisation gründete sich auf gewählte Räte. Vielleicht aufgrund ihrer Nähe zu Mexiko hatten sie in ihrem Territorium große Hügelpyramiden, Kunstformen ähnlich denen der Maya und Azteken, und ähnliche Ballspiele.

Wie andere »zivilisierte« Indianervölker hatten auch die Creek während ihres Kontakts mit den Europäern, der für sie mit dem Besuch von Hernando de Soto im Jahr 1540 begann, vieles von den Europäern übernommen. Sie bauten zwar noch ihre einheimischen Feldfrüchte an und trugen Wildlederkleidung, aber sie verwendeten dann auch Baumwolle, die von den Creek-Frauen auf Spinnrädern gesponnen wurde. Sie bauten Weizen an für weißes Brot, und sie ließen in ihren Dörfern Schulen und christliche Kirchen zu. Im Jahr 1720 heiratete eine Frau aus dem Wind-Klan einen französischen Offizier, und damit begann die Entwicklung einer einheimischen Mestizenaristokratie, die ihre Kinder zur Erziehung nach Frankreich und England schickte.

Die Führer der Creek verfolgten in den ersten dreihundert Jahren eine systematische Neutralitätspolitik sowohl gegenüber den Spaniern, die im Süden des Creek-Bundes Florida besetzt hielten, als auch gegenüber den Franzosen, die im Westen in Louisiana saßen, und gegenüber den Briten, die sie im Osten bereits aus South Carolina und Georgia verdrängt hatten. Die Creek-Völker unterhielten einen regen Handel mit Jamaica und den Bahamas sowie mit den Spaniern in Pensacola, den Franzosen in New Orleans und den Briten in Savannah und Charleston.

Viele Angehörige der aristokratischen Klans, die Englisch, Französisch und Spanisch sprachen und häufig auch Griechisch und Latein gelernt hatten, behaupteten, sie beherrschten kaum noch ihre einheimische Muskogee-Sprache. Der Creek-Führer Alexander McGillivray, der französischer, schottischer und creek-indianischer Abstammung war, verständigte sich mit seinem Volk nur über einen Dolmetscher, als wäre er seiner Indianer-Sprache nicht mächtig. Unter McGillivray, der zwischen 1776 und 1796 versuchte, das indianische Heer zu modernisieren, bot die Creek-Föderation ihren höchsten militärischen Posten, den *tustenegee,* einem französischen Offizier namens LeClerk Milfort an. Milfort heiratete daraufhin die Schwester von McGillivray, um sich einen festen Platz in der Creek-Gesellschaft zu sichern. Die indianische Elite wohnte in Häusern, die genauso aussahen wie die Häuser der weißen Plantagenbesitzer, und einige hielten Sklaven. Weil sie häufig wesentlich gebildeter waren als die Mehrheit der nahezu analphabetischen weißen Kolonisten, entstanden zwischen diesen beiden Gruppen große Ressentiments.

McGillivray setzte sich unermüdlich dafür ein, die Weißen zurückzuhalten und alle Stämme der Creek und der übrigen Indianer im südlichen Waldland zu einer Föderation zu vereinen. Um dies zu erreichen, spielte er die Spanier, Briten und Amerikaner gegeneinander aus, ziemlich genauso wie das ein Land der dritten Welt mit den USA und der Sowjetunion gemacht haben könnte. Die Briten machten ihn 1778 zum Colonel; 1784 unterzeichneten dann die Spanier einen Vertrag mit ihm, der ihm ein monatliches Gehalt und ein Monopol auf den spanischen Handel zusicherte, und George Washington ernannte ihn 1790 im Vertrag von New York zum Brigadegeneral und zahlte ihm heimlich eine Jahresrente von 1 200 Dollar. Die Spanier erhöhten ihre

Zahlung 1792 auf 3500 Dollar und machten ihn zum Generalsuperintendenten der Creek und Seminolen. Sie erkannten ihn außerdem in einem Vertrag als Kaiser der Creek an, und die Briten akzeptierten diesen Titel später ebenfalls. McGillivray versuchte, für sein Volk eine Art Souveränitätsgarantie zu bekommen, doch die Creek mußten sich mit einem Protektorat zufriedengeben, das schon damals als weißes Territorium vorgesehen war und dann schließlich ein Staat der Vereinigten Staaten wurde (Spicer, S. 24).

Der Stammesbund der Creek zerfiel 1793 nach der Revolution und dem Tod von Alexander McGillivray, dem letzten Führer des Bundes. LeClerk Milfort kehrte 1802 nach Paris zurück, um am Hof Napoleons für die Creek Propaganda zu machen, doch Hilfe kam von dort nicht. Die Kinder von Alexander McGillivray weigerten sich, von Europa nach Amerika zurückzugehen, und ein neuer Führer fand sich nicht.

Als 1812 ein neuer Krieg zwischen England und den Vereinigten Staaten ausbrach, verkündeten zwei Neffen von McGillivray, jetzt sei die Zeit gekommen, ihr Volk von den Siedlern zu befreien. Der älteste legte seinen europäischen Namen ab und nahm einen Muskogee-Namen an, auf englisch Red Eagle, denn Rot war die Kriegsfarbe der Creek. Anscheinend hatte Red Eagle einiges von der Ideologie des Shawnee-Propheten Tecumseh übernommen, als er eine Bewegung ins Leben rief mit dem Ziel, die Creek von den schlechten europäischen Einflüssen zu reinigen. Die Anhänger von Red Eagle gaben sich den Namen Red Sticks (auf französisch hießen sie Baton Rouge), weil sie ihre zeremoniellen Kriegskeulen rot bemalten; damit wurden sie die Vorläufer der roten revolutionären Bewegungen, die später im 19. Jahrhundert in Europa entstanden. Sie hofften, zu ihrer indianischen Sprache, ihrer Religion, Kultur und den traditionellen Lebensweisen zurückzukehren.

Die indianischen Reformer erstrebten eine Rückkehr zu den religiösen Zeremonien ihres Volkes und zur Verehrung des Großen Geistes als höchste Macht in ihrem Universum. Sie betonten die rituelle Bedeutung des Tabakrauchens und des traditionellen Schwarzen Tranks, einem Gebräu aus der Stechpalme *Ilex cassine*.

Alkohol dagegen lehnten sie strikt ab, weil er etwas war, das die Siedler eingeführt hatten und anpriesen. Die Red Sticks mißbilligten den Gebrauch europäischer Feuerwaffen für die Jagd, weil sie meistens für die kommerzielle Jagd nach Pelzen und Häuten verwendet wurden und dabei eine Nahrungsquelle der Eingeborenen vernichtete. Sie argumentierten schlicht, aber ökologisch klug, daß Pfeil und Bogen genügten, um die Menschen zu ernähren, ohne Raubbau an den Wäldern zu treiben und das Wild auszurotten.

Der Verzicht auf Gewehre sollte die Indianer auch von einer wirtschaftlichen Abhängigkeit befreien, denn ihre Schulden bei den Händlern für Waffen und Munition zwangen sie, die Jagd auf immer größere Gebiete auszudehnen auf der Suche nach Wild, mit dem sie ihre Schulden bezahlten. Einige der besonders strengen Red Sticks drängten ihre Stammesbrüder, statt Rindfleisch und europäischer Hühner wieder Wild und die einheimischen Truthühner zu essen, um ihr Waldland davor zu bewahren, daß es gerodet und offenes Weideland wurde.

Die Bewegung sah in der europäischen Kultur den Feind, aber sie war keine rassistische Bewegung gegen die Weißen. Red Eagle und die meisten seiner Brüder hatten selbst weißes Blut in den Adern, weil ihre Mutter, Sehoy, mehrere weiße Ehemänner hatte. Viele Creek waren aufgrund zahlreicher Mischehen mit Händlern und entlaufenen Sklaven indianisch-schottischer oder indianisch-afrikanischer Herkunft. Die Creek bestanden jedoch darauf, daß jedes von einer Creek-Mutter geborene Kind, gleichgültig, ob es französisches, afrikanisches oder schottisches Blut mitbrachte, ein Creek war. Ihre Wiedererweckungsbewegung wollte die indianische Kultur von fremden Einflüssen reinigen und an der althergebrachten Lebensweise festhalten, aber sie hatte nichts mit Abstammung, Rasse oder Genen zu tun. Die Creek erlaubten Weißen und Schwarzen, sich mit ihnen zusammenzutun, wenn sie dies wollten. Einer der bedeutendsten Kriegshäuptlinge und Dolmetscher für die Creek-Föderation war ein Westafrikaner, ein entflohener Sklave, der bei den Creek unter dem Namen Souanakke Tustenukke und bei den Weißen als Prophet Abraham bekannt wurde.

Diese Mischung aus Indianern und Schwarzen ängstigte die weißen Siedler, besonders seit den grausamen und erfolgreichen Sklavenaufständen in Haiti und den anschließenden Massakern unter den dortigen Weißen. Die Weißen und ihre indianischen Verbündeten begannen, die Creek zu überfallen und zu schikanieren, wo sie nur konnten. Sie brachten ihre Familien und Sklaven in Sicherheit und planten von Fort Mims aus – am Lake Tonsas im heutigen Alabama – einen Feldzug gegen die Creek. Am 30. August 1813 griffen einige Red Sticks das schlecht bewachte Fort an und töteten 170 Soldaten und ihren weißen Kommandanten Major Bailey sowie seinen Stellvertreter halbindianischer Abstammung, Captain Dixon Bailey. Die Red Sticks kämpften fast ausschließlich mit den traditionellen indianischen Waffen Pfeil und Bogen und Tomahawk. Als sie das Fort mit Brandpfeilen anzündeten, starben rund einhundert Zivilpersonen, unter denen sich einige Weiße befanden; die meisten waren Indianer und Mischlinge, die Sklaven besaßen und deshalb die Red-Stick-Revolution nicht unterstützten. Zur Abschreckung all jener, die vielleicht versuchten, in das Territorium der Creek einzudringen, skalpierten die Red-Stick-Soldaten die Toten und brannten das Fort nieder. Sie töteten die Sklaven, die gegen sie gekämpft hatten, verschonten aber alle, die nicht am Kampf teilgenommen hatten. Das traurige Ereignis wurde als eines der schlimmsten Massaker in der Geschichte Nordamerikas dargestellt und entfachte die Wut der gesamten Nation. Die Vereinigten Staaten schienen nicht geneigt, solche Vorfälle an ihren Grenzen zu tolerieren, zumal sie bereits in einen anderen Krieg mit England und Kanada verwickelt waren. Als Antwort stellte Andrew Jackson in Tennessee eine Armee auf, um gegen den Creek-Bund vorzugehen. Die Creek schlossen daraufhin eilends ein Bündnis mit den Spaniern, um über Pensacola im spanischen Florida Waffen und Munition zu beziehen.

Trotz der Waffen aus Spanien und der Unterstützung durch die Franzosen verloren die Creek diesen Krieg, und Andrew Jackson verwüstete ihr Land im Winter 1813/14 und tötete unterschiedslos Indianer, Schwarze und Mischlinge. Die Red Sticks schlug er endgültig am 27. März 1814 bei dem Massaker von Tohopeka oder Horseshoe Bend am Talaposa River in Alabama. Um die toten Indianer zu zählen, schnitten ihnen die Weißen die Nasen ab und häuften sie zu einem Berg von 557 Nasen. Dann häuteten sie die Leichen, um die Indianerhäute zu gerben und Souvenirs wie Zügel daraus zu machen. Als die Weißen mit den Creek fertig waren, erlaubten sie ihren indianischen Verbündeten, die Toten zu skalpieren (Halbert und Ball, S. 276).

Der daraufhin am 9. August 1814 geschlossene Vertrag von Fort Jackson öffnete das gesamte Gebiet des Creek-Bundes für die Besiedelung und nahm den dort lebenden Stämmen den größten Teil ihres Territoriums zur Begleichung der Kriegskosten. Im selben Jahr erkannten die Engländer die Creek offiziell als Nation und nicht nur als einen Stamm an und gelobten feierlich, ihre Rechte zu schützen. Die Vereinigten Staaten unterzeichneten den Vertrag von Gent, der den Krieg von 1812 mit den Briten beendete, und in Artikel 9 des Vertrages hieß es, daß alles Land, das den mit den Engländern verbündeten Indianern gehörte, an die indianischen Besitzer zurückzugeben sei – eine Verfügung, die die Vereinigten Staaten jedoch hartnäckig ignorierten.

Andrew Jackson überwand seinen Haß gegen die Creek nie. Als er Präsident wurde, überredete er den Kongreß, das Gesetz zur Umsiedlung der Indianer (Indian Removal Act) zu verabschieden, und mit dem Vertrag von Cusseta, den die Indianer unter Haftbedingungen unterzeichneten, vertrieb er die Creek aus ihrem Land östlich des Mississippi. Nun sollten sie in ein Indianerterritorium geschickt werden, wo sie einen weiteren Pufferstaat bilden konnten, der die USA von den mexikanischen Territorien trennte. Die amerikanische Armee drang mit ihren Cherokee-Verbündeten in das Gebiet des Creek-Bundes ein und trieb die letzten Creek gewaltsam in Straflager. Die Siedler holten sich viele dieser Indianer als Sklavenarbeiter auf ihre neuen Baumwollplantagen. Die übriggebliebenen Creek-Männer wurden von den Soldaten wie Sträflinge aneinandergekettet, und die Frauen und Kinder folgten ihnen auf dem Weg, der bald auf der ganzen Welt als »Weg der Tränen«, bekannt werden sollte und den im folgenden Jahrzehnt noch viele andere Indianervölker gehen mußten.

Einige Creek flüchteten auf die Bahamas unter den Schutz des Union Jack oder suchten Zuflucht im spanischen Kuba. Der Stamm der Seminolen – ihr Name stammt von dem spanischen Wort *cimarrones* und bedeutet Wilde – und die ehemaligen Sklaven, die bei ihnen eingeheiratet hatten, zogen in die Sümpfe von Florida und führten von dort aus unter Osceola, einem der Leutnants von Red Eagle, den Kampf fort, der seinem Wesen nach sowohl ein Sklavenaufstand als auch ein Widerstandskrieg gegen Eindringlinge war. Die Seminolen und die Sklaven, die sich ihnen angeschlossen hatten, leisteten der Armee lange und verzweifelt Widerstand, bis es den Weißen gelang, Osceola zu fangen. Er starb 1838 im Gefängnis von Charleston in South Carolina.

Während des ganzen 19. Jahrhunderts erhoben sich immer wieder andere indianische Gruppen, um die Bestrebungen der Red Sticks nach einer eigenständigen indianischen Kultur fortzusetzen und eine panindianische Einheitsdoktrin zu predigen. In verschiedenen Stämmen tauchten Propheten mit einem neuen Ritual, einem heiligen Gegenstand oder einem neuen Zauber auf, der die Indianer von ihrer zunehmenden Unterdrückung befreien und vor der doppelten Bedrohung des Ethnozids und Genozids bewahren sollte. Im Westen der Vereinigten Staaten breitete sich die Bewegung des Geistertanzes wie ein Präriefeuer aus und fand 1890 in dem Massaker am Wounded Knee ihren Höhepunkt, wo die Sioux trotz ihrer Geistertanzhemden vernichtend geschlagen und dreihundert – Männer, Frauen und Kinder – grundlos ermordet wurden.

Kurze Zeit nach dem Red-Sticks-Aufstand der Creek erhoben sich die Yaqui und verlangten, daß der neue unabhängige Staat Mexiko den Indianern einige ihrer Rechte wiedergab, nachdem auch sie für die mexikanische Unabhängigkeit gegen die Spanier gekämpft hatten. Von 1826 bis zu seiner Hinrichtung im Jahr 1833 kämpfte der Yaqui-Führer Juan de la Cruz Banderas mit seinem Volk gegen Mexiko. In einem Feldzug, der die goldene Ära der indianischen Gesellschaft zurückbringen sollte, behauptete Banderas, die indianische Jungfrau von Guadelupe habe ihm befohlen, das Reich Moctezumas wiederherzustellen. Wie schon 1739, als sich die Yaqui an den Vizekönig gewandt hatten, versuchten sie jetzt auch, ihre traditionellen Rechte wiederzubekommen: freie Wahlen und Selbstverwaltung einschließlich des Rechts, die Bürgermeister ihrer Gemeinden und die Führer ihres kleinen Volkes selbst zu wählen (Hu-DeHart, S. 37). Dieser Krieg dauerte – mit Unterbrechungen – bis 1908, als die Mexikaner beschlossen, die Yaqui zu deportieren und sie auf den Sisalplantagen von Yucatan praktisch als Sklaven arbeiten zu lassen. Die Regierung der Vereinigten Staaten leistete dabei aktive Unterstützung, indem sie alle Yaqui, die im Territorium von Arizona Zuflucht suchten, nach Mexiko zurückbringen ließ.

In Yucatan brauchte man damals Arbeitskräfte, weil sich das Land gerade von den langen Kriegen gegen die Maya erholte. Hier waren die indianischen Bauern, die einer schon 1847 entstandenen wiedererweckten Maya-Religion mit christlichen Zügen anhingen, dem »sprechenden Kreuz« gefolgt in der Hoffnung, sich von der weißen Vorherrschaft zu befreien. Sie führten einen jahrelangen Kampf und zogen sich vor der hartnäckigen Verfolgung durch die mexikanische Armee in die entlegensten Teile von Mexiko und Belize zurück. Sie verloren schließlich, aber sie bereiteten den Weg für eine größere Erhebung im 20. Jahrhundert, die zur mexikanischen Revolution wurde.

Diese Widerstandsbewegung der Indianer bewertet heute kaum jemand als politische Bewegung. Man tut sie als »Aufstände« ab, als ob die Indianer zu primitiv wären für höheres gesellschaftliches Bewußtsein oder politische Ideologien. Sogar Befürworter der indianischen Bewegungen neigen dazu, darin nur eine letzte Verzweiflungstat von Menschen zu sehen, die nach Freiheit streben, aber die politische Wirklichkeit nicht erkennen. Oft hatten diese Indianer hochentwickelte Ideologien, aber sie drückten sie nicht mit dem politischen Vokabular der Europäer aus, sondern in religiösen Kategorien und in der Bildersprache der Natur. Es ist für uns heute manchmal schwierig, unter dem Großen Geist mehr zu verstehen als die naive Formulierung eines rückständigen Volkes; aber solche Bezeichnungen stellten politische, ökologische und religiöse Grundvorstellungen dar, die in unserer modernen Welt wenig Platz zu haben scheinen. Diese

Kriege der Indianer waren wesentlich mehr als das schwärmerische Aufbegehren einer zum Untergang verurteilten Rasse; sie waren die Vorzeichen der Befreiungsbewegungen, die im 20. Jahrhundert um die Welt gingen, als sich andere kolonisierte Völker in Afrika und Asien erfolgreicher gegen die imperialistischen Mächte erhoben. Die immer wieder gescheiterten indianischen Bewegungen im 19. Jahrhundert bereiteten den Weg für die Erfolge anderer Völker im 20. Jahrhundert.

Im 19. Jahrhundert beschäftigten sich viele Autoren mit den politischen Einrichtungen der eingeborenen Amerikaner. Nachdem die Europäer die Vorstellungen des 18. Jahrhunderts vom edlen Wilden aufgegeben hatten, begannen sie, das Zusammenleben der Indianer genauer und objektiver zu untersuchen. LeClerc Milfort schrieb über die Indianer im Südosten Nordamerikas ein Buch, das er 1802 in Paris unter dem Titel *Gen. Milfort's Creek Indians* veröffentlichte. Diese Beschreibung ging weit über die üblichen Abenteuergeschichten von Leuten hinaus, die als Gefangene bei Indianern gelebt hatten, und erklärte einige der politischen und kulturellen Institutionen der Indianer. Es folgten wissenschaftliche Arbeiten wie die von Thomas Jefferson und insbesondere Lewis Henry Morgan, von dem 1851 *League of the Iroquois* erschien.

Karl Marx war fasziniert von den politischen Aktivitäten und dem wirtschaftlichen Leben der Indianer. Nach der Lektüre von L. H. Morgan schätzte er ihre sorgfältig durchdachten politischen Institutionen noch höher ein. Als Karl Marx 1883 starb, arbeitete er an einer umfangreichen Studie über die Indianer, für die er in den Jahren 1880/81 Material gesammelt hatte, das mehrere Notizbücher füllte. Friedrich Engels, Mitarbeiter und Mitherausgeber von Marx' *Das Kapital,* schrieb anhand dieses Materials *Der Ursprung der Familie, des Privateigenthums und des Staats,* das 1884 mit dem Untertitel *Im Anschluß an Lewis H. Morgan's Forschungen* veröffentlicht wurde.

Das Buch ist ein Loblied auf Morgans Arbeit und die Indianer. Im Vorwort zur ersten Auflage schrieb Engels, er habe »in den Geschlechtsverbänden nordamerikanischer Indianer den Schlüssel gefunden, der uns die wichtigsten, bisher unlösbaren Rätsel der ältesten griechischen, römischen und deutschen Geschichte erschließt« (Engels, S. IX). Unter Verwendung von Marx' Notizen, die sich dieser anhand des Buches von Morgan, der Berichte von Missionaren und der Arbeiten anderer Autoren, die sich mit den Irokesen beschäftigten, gemacht hatte, beschreibt Engels bis ins kleinste Detail die Organisation der Irokesen-Liga, der Stämme und Klans sowie die verschiedenen Ämter und Sachems. Er kommt zu dem Schluß, daß, neben den klassischen Zivilisationen von Peru und Mexiko, der Irokesen-Bund die fortgeschrittenste gesellschaftliche Organisation lieferte, zu der es die Indianer gebracht haben, und führt ihre Organisation auf zehn Grundbestimmungen zurück, auf die er sehr genau eingeht. Engels spricht von »einer wunderbaren Verfassung ... ohne Soldaten, Gendarmen und Polizei, ohne Adel, Könige, Statthalter, Präfekten oder Richter, ohne Gefängnisse, ohne Prozesse geht alles seinen geregelten Gang« (Engels, S. 90).

Die Sippenstaaten der Indianer wurden im marxistischen Denken exemplarisch für primitiven Kommunismus. So wie sie lebten, ohne den »Staat« oder Privatbesitz, kannten die Indianer weder Ausbeutung noch gesellschaftlichen Rang. Engels schrieb, es könne bei den Irokesen »Arme oder Bedürftige nicht geben – die kommunistische Haushaltung und die Gens kennen ihre Verpflichtung gegen Alte, Kranke und und im Kriege Gelähmte«. Sie wurden in der marxistischen Theorie das Ideal, zu dem der industrielle Kommunismus zurückkehren würde, sobald die Arbeiter Privateigentum, Klassen und Staat zerschlagen hätten. Die endgültige kommunistische Gesellschaft würde eine industrialisierte Version des Gesellschaftssystems der Irokesen sein, und »alle sind gleich und frei – auch die Weiber« (Engels, S. 90).

Dieses Bild einer utopischen Zukunft inspirierte Generationen von Revolutionären und Reformern, aber es verlor rasch die Verbindung mit den Irokesen oder einer anderen indianischen Gruppe. Marx und Engels übertrugen das Bild, das sie von den Irokesen gewonnen hatten, auf europäische Verhältnisse und paßten es ihren materialistischen Theorien an. Nachfolgende politische Theoretiker und Aktivisten zimmerten sich aus diesen

Ideen ihre eigenen afrikanischen oder asiatischen Ideologien, aber die Indianer kamen in all diesen Theorien nicht mehr vor, und spätere Generationen verdrängten sie wieder einmal in die unteren Regionen des allgemeinen Bewußtseins.

Bis zum 20. Jahrhundert schienen die Indianer in ganz Amerika endgültig besiegt zu sein. Im Jahr 1862 schlug die Armee der Vereinigten Staaten in Minnesota die Dakota, und einen Tag nach Weihnachten desselben Jahres erhängte die Armee dort in Mankota achtunddreißig Dakota; es war die größte öffentliche Massenhinrichtung in der Geschichte der Vereinigten Staaten. Die Kavallerie schlug die letzten Erhebungen in den Vereinigten Staaten mühelos nieder, und trotz der Niederlage von General George Custer 1876 in der Schlacht am Little Big Horn schien der Sieg der Weißen in den Vereinigten Staaten gesichert. Die Maya-Rebellion in Yucatan war offensichtlich fehlgeschlagen, und die Indianer in Südamerika schienen sich mit der Tatsache abgefunden zu haben, daß die Befreiung von den Spaniern an ihrer untergeordneten Stellung in der Hierarchie ihrer neuen Länder nichts änderte, auch wenn sich diese als demokratische Republiken bezeichneten.

Im Jahr 1911 waren die Vereinigten Staaten von der endgültigen Niederlage der indianischen Völker so überzeugt, daß sie einen Indianer namens Ishi im Museum der Universität von Kalifornien als den letzten Steinzeitindianer von Amerika ausstellten. Er stammte aus einer kleinen Gruppe der Yahi, die systematisch bis zum Aussterben gejagt worden waren, und wurde als der einzige Überlebende schließlich gefangengenommen. Die letzten fünf Jahre seines Lebens verbrachte er im Museum.

In diesem Zusammenhang reagierte die Welt erschüttert, als es im selben Jahr 1911 zum größten Indianeraufstand kam, den es je gegeben hatte, und die Indianer nach einem, wenn auch mit Unterbrechungen, über vierhundert Jahre währenden Kampf ihren ersten großen Sieg über die Weißen erringen konnten. Dieser Sieg kam in einer der hintersten Provinzen Amerikas zustande, im Süden von Mexiko, wo sich die Indianer unter der Führung des Mestizen Emiliano Zapata (1877?–1919) erhoben. Sie zerschlugen in einem sich über ein Jahrzehnt hinziehenden blutigen Krieg die Macht der Haziendas und vertrieben die städtische weiße Elite, die über Banken, Zeitungen, Geschäfte, Kirchen und das Land gebot. In dem langwierigen Kampf starben eine Million Mexikaner.

Zapata führte eine Bewegung an, die im Gegensatz zu so vielen früheren Aufständen der Indianer keine religiöse Bewegung war. Die Anhänger Zapatas kämpften offenkundig für politische und wirtschaftliche Ziele, für »Land und Freiheit«, wie ihr schlichtes Motto lautete. Zapata erklärte seine Ziele am 25. November 1911 mit dem Plan von Ayala, in dem es hieß. »Wir kämpfen für Grundsätze und nicht für Menschen« (Riding, S. 61). Seine Gruppe kämpfte nicht nur, um den alten Diktator zugunsten eines neuen zu verdrängen oder einen *caudillo* durch einen anderen zu ersetzen, auch nicht nur gegen die Rasse oder die Kultur der Weißen. Die Indianer wollten das grausame Unterdrückungssystem der Diktatoren und der weißen Oligarchie zerstören, die die Indianer auf den großen Haziendas und Viehfarmen zu Peonen versklavten. Um ihre Verbundenheit mit den traditionellen Werten zu betonen, trugen die Indianersoldaten Zapatas die losen weißen Baumwollhosen und breiten Sombreros, die von den indianischen Bauern seit Jahrhunderten getragen wurden, an Stelle der Khakiuniformen und Helme der europäischen Soldaten. Während sich die Indianerarmee mit ihren wenigen und einfachen Waffen durch den Süden kämpfte, beschlagnahmte sie die großen Landgüter und teilte das Land unter den Bauern auf. Die Anhänger Zapatas gründeten Banken für die Bauern und Schulen und bevollmächtigten einheimische Räte (Galeano, S. 138). Ihr Kampf war eine echte Revolution, die tatsächlich die gesamten Grundlagen für Privatbesitz umverteilte und versuchte eine völlig neue Gesellschaftsordnung zu schaffen. In dieser Hinsicht war sie wesentlich radikaler als die Französische und die amerikanische Revolution.

Das Vorbild der Indianer unter Zapata regte andere Indianergruppen im Norden an, sich zu erheben, aber dort waren die meisten Stämme in einer Reihe von Kriegen im 19. Jahrhundert ausgerottet worden. Die Übriggebliebenen waren in der Mestizengesellschaft aufgegangen und hatten sich eher zu rivalisierenden Gruppen und Privatarmeen organisiert als zu traditionellen Klan- und Stammeseinheiten. Führer einer solchen Gruppe war ein Mestize namens Doroteo Arango (1877–1923), der aber den aufregenderen Decknamen Pancho Villa vorzog. Er führte im Norden Mexikos einen sehr ähnlichen Krieg wie Zapata im Süden. Der Wendepunkt für Villas Feldzug kam 1914 bei der Schlacht um Zacatecas auf dem Gelände von La Bufa, der ersten mexikanischen Silbermine, wo die qualvollen Jahrhunderte der Zwangsarbeit für die Indianer begonnen hatten.

Diese indianische Revolution war einzigartig amerikanisch. Die politischen Aktivisten von Europa machten die Revolution zur ausschließlichen Domäne der Arbeiter in den Städten beziehungsweise des Proletariats. In Europa hatte seit 1848 eine Arbeiterbewegung nach der anderen versucht, Regierungen entweder durch bewaffneten Kampf zu stürzen oder abzuwählen, aber sie waren alle gescheitert. Kommunisten und Sozialisten schienen die Vorhut der Zukunft zu sein, aber sie hatten große Probleme, diese Zukunft zu realisieren.

Zapata dagegen wußte, daß sich die Arbeiterklassen der Großstädte längst mit dem städtischen Leben identifiziert hatten; sie boten wenig Hoffnung für eine echte Revolution. Für Zapata lag das revolutionäre Potential bei den ländlichen Indianern, den *campesinos* oder Bauern. Er bemühte sich erst gar nicht, die Arbeiter zu organisieren, sondern blieb bei seinen Bauern. Als seine Streitkräfte Mexico City einnahmen, ließ er die Stadt nicht plündern und hielt sie auch nicht lange besetzt, sondern kehrte mit seinen Männern in die Heimat zurück, wo er in Tlaltizapán, einem kleinen Ort bei Yautepec, sein Hauptquartier hatte. Um seine Leute im Kampf um Gerechtigkeit für alle zu einen, betonte Zapata ihre kulturellen und ethnischen Gemeinsamkeiten und weniger die besonderen Forderungen einer politischen Ideologie.

Die übrige Welt wußte nicht so recht, was sie von dieser Revolution in Mexiko halten sollte. Es war die erste der großen Revolutionen des 20. Jahrhunderts, aber weil die »zivilisierte« Welt mit dem Ersten Weltkrieg beschäftigt war, konnte sie für diesen abgelegenen Winkel der Erde nur wenig Interesse aufbringen. Die nachfolgende russische Revolution, die urban, marxistisch, auf die Arbeiterklasse ausgerichtet und den Europäern näher war, schien irgendwie verständlicher, und viele taten die mexikanische Revolution damals als eine unnormale Verschrobenheit in einem barbarischen Land ab.

Zapata wollte nie ein öffentliches Amt für sich; die Ämter überließ er den Städtern. Das Präsidentenamt der Nation fiel an Venustiano Carranza, während Zapata auf seiner Ranch ein ruhiges Leben führte. Aber er beobachtete die Regierung genau, und als er den Eindruck hatte, Carranza würde die neue Landverteilung und die bereits von den Indianern durchgeführten Reformen nicht legalisieren, erhob er sich erneut und prangerte den Präsidenten auf sehr undiplomatische Weise an. Er beschuldigte ihn, die Revolution verraten zu haben und nur für »Reichtum, Ehren, Geschäfte, Bankette, luxuriöse Feste, Saufgelage und Orgien« gekämpft zu haben (Harris, S. 281). Carranza konnte eine solche Beleidigung natürlich nicht auf seiner Macho-Ehre sitzen lassen, aber er wußte auch, daß er Zapatas Indianerarmee in einer Schlacht nicht besiegen konnte. Deshalb stellte er Zapata eine Falle, und am 10. April 1919 wurde Zapata von Carranzas militärischen Partnern ermordet, nachdem sie ihn zu einem Geheimtreffen mit einem Mann gelockt hatten, der vorgab, ein Verbündeter zu sein.

Die Indianer hatten den Krieg gewonnen, aber nach der Ermordung Zapatas begannen sie den Frieden an eine neue Elite von Mestizen und Weißen zu verlieren, die gebildet genug war, um ein Land zu regieren. Die neuen Führer machten die Revolution gesellschaftsfähig; der Indianer wurde zum glorreichen Symbol des neuen Mexiko erhoben und Cortés zum buckligen Dämon deklassiert. Sie verteilten das Land neu und verstaatlichten später die Ölindustrie. Aber die indianische Revolution schuf ein Land, das danach nicht von ihren, sondern von anderen Kräften regiert wurde.

Doch die Auswirkungen dieser indianischen Revolution gingen nicht ganz verloren. Als Joseph Stalin seinen Mitstreiter Leo Trotzki verbannte, zog sich Trotzki 1929 nach Mexiko in die Heimat der ersten Revolution zurück. In den folgenden Jahrzehnten orientierten sich auch andere Revolutionäre aus den unterentwickelten Ländern an der Zapata-Revolution und seinem Bauernkrieg.

Zapata und der erfolgreiche Sturz der alten etablierten Ordnung in Mexiko durch die indianische Revolution inspirierten andere Indianergruppen überall in Amerika. Zum nächsten bemerkenswerten Erfolg kam es aber erst eine Generation später im fernen Bolivien. Bereits im Mai 1945 bildeten die Eingeborenen Boliviens eine indianische Versammlung. Sie lehnten den Namen »Indianer« oder »Indio« als beleidigend und entwürdigend ab und verlangten, in Zukunft »Bauern« oder *campesinos* genannt zu werden. Die Regierung entsprach ihren Forderungen, den indianischen Gemeinden die alten Landrechte zurückzugeben, und gestattete zum ersten Mal, daß sich die Indianer in den Bergwerken wie zum Beispiel in Potosí gewerkschaftlich organisierten (Arnade, S, 188). Sie erkannten sogar die indianischen Ehen, die außerhalb der katholischen Kirche geschlossen wurden, als rechtsverbindlich an.

Trotz der Zugeständnisse und der ernsthaften Unterstützung der bolivianischen Regierung für die Reformen weigerten sich die oligarchischen Familien, ihr Land herzugeben. Statt dessen lynchten sie 1946 den Präsidenten und seine Berater, und es begann erneut eine Ära der Unterdrückung. Die herrschende Schicht versuchte, die Errungenschaften der indianischen Bauern und Bergarbeiter zunichte zu machen und sie wieder in die feudale Knechtschaft zu zwingen. Obwohl die Indianer, die ungefähr zwei Drittel der Gesamtbevölkerung ausmachten, noch nicht wählen durften, brachte die nächste Wahl einen bescheidenen Sieg über die Oligarchen. Die kleine Mittelschicht der Mestizen-Kaufleute und Lehrer hatte gegen die Oligarchie gestimmt. Aber statt irgendwelche Macht abzugeben, putschten die Reichen und Mächtigen des Landes mit Hilfe der Armee und regierten durch eine Junta. Nachdem die Indianer keine friedliche Alternative finden konnten und gnadenlos verfolgt wurden, entfachten sie in den entlegenen Teilen des indianischen Kernlands, vor allem in den Agrarregionen, eine Revolution im Zapata-Stil. Die Quechua von Cochabamba erhoben sich gegen das Haziendasystem, das sie praktisch zu Sklaven machte. Andere Gruppen überall im Land schlossen sich der Revolution spontan an, einschließlich der indianischen Bergarbeiter von Potosí. Sie vernichteten reiche Familien und eigneten sich deren Land an. Mit Macheten und Messern bewaffnet legten sie den Verkehr lahm, schlossen Zeitungsredaktionen, räucherten ausbeuterische Kaufleute aus und griffen alle Angehörigen der Oberschicht oder auch Soldaten an, die sich ihnen entgegenstellten.

Wie den Anhängern Zapatas fehlten den Indianern auch hier so elementare Kenntnisse wie Lesen und Schreiben, die es ihnen ermöglicht hätten, selbst eine Regierung zu bilden und das Land zu verwalten. So blieb ihnen nichts anderes übrig, als sich auf die Mittelklasse und die in den Städten lebenden Weißen, Mestizen und *cholos,* wie sie die hispanisierten Indianer verächtlich nannten, zu verlassen. Die Regierungsführung fiel an Victor Paz Estenssoro, den die Oligarchen ins Exil geschickt hatten. Seine Partei der revolutionären nationalen Bewegung (MNR) war ein Bündnis von Linksradikalen mit fremdenfeindlichem Einschlag, die Antiimperialismus, Antikommunismus und Antifaschismus predigte, aber selbst keine eigene klare Ideologie lieferte. Diese eigenartige Kombination aus Trotzkisten und extremen Nationalisten legalisierte die Inbesitznahme des Landes und der Bergwerke durch die Indianer. Die MNR bildete eine neue Regierung in La Paz, und ihre ersten Maßnahmen bestanden in der Verkündung des allgemeinen Wahlrechts für Erwachsene, der Entmachtung der Armee und der Schließung der Militärakademie. Sie verteilte das Land neu, verstaatlichte die Bergwerke und andere große Gesellschaften, legte fest, wieviel Land eine Person besitzen durfte, beendete sämtliche Formen der *pongueaje,* der indianischen Versklavung, führte die Allmende wieder ein, und schuf verschiedene Arten von Bergwerks- und Produktionskooperativen, die den Arbeitern gehörten und von ihnen betrieben wurden. Das Schicksal der indianischen Revolution in Bolivien glich in gewisser Weise dem der indianischen Revolution in Mexiko. Die Indianer hatten die alte Ordnung zerstört, aber es fehlten ihnen die nötige Bildung und die Hilfsmittel, um das Land zu übernehmen und zu regieren. Die Revolution schlug praktisch in jeder Hinsicht fehl – politisch und wirtschaftlich. Obwohl Paz Estenssoro der bedeutendste Politiker jener Epoche war und 1985 als Präsident wiedergewählt wurde, erlebte das Land seit der

Revolution eine Reihe von Rechts- und Linksregierungen, vier Staatsstreiche sowie über ein Dutzend Putschversuche und mißlungene Umstürze. Die Oligarchen sind zwar vernichtet, aber die wirtschaftliche Situation des Landes hat sich verschlechtert; es hat die höchste Inflationsrate auf der Welt und den niedrigsten Lebensstandard in Südamerika. Immer wieder übernahmen Soldaten die Macht, aber meistens gelang es ihnen nicht einmal, die Städte für kurze Zeit zu kontrollieren, bevor sie zurückgedrängt wurden. Die Regierung setzte sich vorübergehend sogar aus einer Gruppe von Rauschgifthändlern und Militärs zusammen, aber selbst sie bekamen das Land nicht in den Griff und mußten gedemütigt die Regierung abgeben.

Obwohl die indianische Revolution in Bolivien offensichtlich scheiterte, könnte man einwenden, daß, im Gegensatz zu den mexikanischen Indianern, die die Macht an die städtische Elite abgaben, die Indianer Boliviens sich weiterhin jeder aufkommenden politischen, wirtschaftlichen oder militärischen Beherrschung widersetzten. Sobald die Regierung etwas unternimmt, wodurch das Volk benachteiligt würde, finden Demonstrationen statt. Bauern, die zu arm sind, um einen Dollar für eine Busfahrkarte auszugeben, gehen hundert und hundertfünfzig Kilometer zu Fuß, um zu protestieren. Bergarbeiter bombardieren Regierungsgebäude mit Dynamit, das sie an ihrer Arbeitsstelle gestohlen haben. Will die Armee eine Ortschaft besetzen, hocken sich die Frauen mit ihren Kleinkindern auf dem Rücken vor die Panzer. Solche Vorfälle erzeugen häufig Gewalt; dann schießen Soldaten auf Bergleute, und Bauern töten Politiker. Trotzdem hat es hier weniger Tote gegeben als in Argentinien, Peru, Guatemala, Nicaragua, Kolumbien, El Salvador oder Haiti. Bolivien hat keine Tyrannen hingenommen wie in Paraguay, keine lange Militärherrschaft wie in Chile und Brasilien. Die Indianer Boliviens leben in schrecklicher Armut, aber sie haben die Fesseln zerrissen, die sie viereinhalb Jahrhunderte lang zu Sklaven machten. Freiheit in Armut und Unsicherheit war ihnen lieber als Armut, aber sichere Sklaverei. In dieser Hinsicht kommt ihrer Revolution die Ehre zu, die erste indianische Revolution zu sein, die gelungen ist.

Auch in Kuba borgte sich die revolutionäre Bewegung Fidel Castros einiges von der Bauern-Strategie Zapatas und Maos, aber im großen und ganzen verlief die Revolution dort im Stil der Sowjets. Sie verließ sich auf urbane Intellektuelle wie Castro selbst einer war und auf Helfer wie Ernesto »Che« Guevara aus Argentinien. Danach fiel es Kuba als einer der unbedeutendsten indianischen Nationen Amerikas schwer, an die revolutionären Bewegungen der Indianer in Ländern wie Guatemala oder Bolivien Anschluß zu finden.

Nach dem Erfolg der Castro-Revolution in Kuba arbeitete Guevara einige Zeit im neuen Kabinett mit, ging dann aber 1965 nach Bolivien, das ihm für eine weitere Revolution, diesmal eine nach kubanischem Muster, reif zu sein schien. Che Guevara hoffte, die große Kraft der Indianer neu zu entfachen und mit ihrer Hilfe einen Aufstand zu führen, der sich über die Anden und ganz Lateinamerika verbreiten würde. Doch die Indianer ignorierten Che größtenteils, weil sie ihn nicht verstanden. Er sprach Spanisch und sie Quechua.

Che stammte aus einer reichen spanisch-irischen Familie, hatte eine Universitätsausbildung und kam aus der großen Stadt Havanna, um die Indianer in ihrer rückständigen bäuerlichen Welt aufzuklären. Für sie war er nur ein weiterer weißer Ausländer, der ihnen vorzuschreiben versuchte, was sie glauben und was sie tun sollten. Nach zwei Jahren hatte er noch keinen einzigen Bauern für seine Revolution gewonnen, und die notorisch schwache und wenig tüchtige bolivianische Armee spürte ihn 1967 auf und tötete ihn in Yuro Ravine, weil er angeblich für die CIA arbeitete.

Mehr Erfolg hatten die Kubaner bei den Weißen und Mestizen der sandinistischen Bewegung in Nicaragua, wo die indianische Bevölkerung nur einen geringen Anteil bildet. Die Indianer dort weigerten sich mitzumachen, weil sie in der Bewegung eine Bedrohung ihrer indianischen Identität sahen. Statt sich der Revolution anzuschließen, griffen viele von ihnen zu den Waffen und kämpften in ihrer eigenen Guerillabewegung für die indianische Autonomie innerhalb des Staates von Nicaragua.

Tiefen Eindruck machte die Revolution Zapatas auf einen jungen Peruaner namens Víctor Raúl Haya de la Torre, der 1923 nach Mexiko ins Exil ging. Obwohl er kein Indianer war, faszinierte ihn die revolutionäre Bewegung der Indianer Mexikos, und er lebte als Lehrer sogar einige Zeit bei einer Gruppe mexikanischer Indianer. Im Jahr 1924 gründete er die Alianza Popular Revolucionaria Americana (APRA), die eine einheitliche revolutionäre Bewegung der Indianer und Arbeiter auf dem gesamten amerikanischen Kontinent werden sollte. Trotz seiner Bemühungen, die APRA zu einer panamerikanischen Bewegung zu machen, und seiner Reisen durch mehrere lateinamerikanische Länder, wo er in seinen Reden die Vereinigten Staaten angriff und den Kampf von Sandino in Nicaragua verteidigte, fand die Bewegung nur ein geringes Echo. Nach Peru zurückgekehrt, formte Haya die APRA zu einem bedeutenden antiimperialistischen und gegen die Vereinigten Staaten gerichteten Organ der Linken um. Er hielt die Indianer für ein bewundernswürdiges, aber im Grunde passives Volk, das er befreien wollte, wenn er seine antiimperialistische Revolution verwirklicht hatte. Seine Bewegung behielt einige indianische Verzierungen bei, war aber im wesentlichen von europäischem Gedankengut beseelt. Im Jahr 1985 wurde Alan Garci Pérez der erste aus der APRA kommende Präsidentschaftskandidat von Peru, aber zu diesem Zeitpunkt hatte die Partei bereits den größten Teil ihrer indianischen Elemente verloren und war nur eine weitere sozialistische Partei geworden.

Welche Rolle jedoch der peruanische Indianer bei der Revolution spielte, wird sehr deutlich erkennbar in der Arbeit des dunklen, zum Teil indianischen José Carlos Mariátegui, der aus dem ländlichen Peru stammte. Die Kommunisten verdammten ihn, weil er in seiner Theorie mehr von der Bedeutung der Indianer sprach als von den ökonomischen Klassen. Die internationale kommunistische Bewegung unter der Ägide Moskaus predigte die reine Lehre des Klassenkampfs und wollte ethnische oder kulturelle Unterschiede als bloße Kunstprodukte des tyrannischen Klassensystems so klein wie möglich halten. Mariátegui schwebte eine Kombination vor zwischen den europäischen Idealen des industriellen Sozialismus und dem ländlichen Sozialismus, wie ihn die Inka jahrhundertelang praktiziert hatten. Der kränkliche, verkrüppelte Mariátegui (Werlich, S. 178–187) starb am 16. April 1930 im Alter von fünfunddreißig Jahren, aber er hinterließ ein bedeutendes geistiges Erbe, wenn auch keine großen Taten. Aufgrund seiner umfangreichen Arbeiten zum Thema Revolution zählen ihn viele politische Gruppen, einschließlich der APRA, zu den geistigen Gründern ihrer Bewegung; keine hat ihn sich jedoch so begeistert zu eigen gemacht wie die Gruppe »Sendero Luminoso«.

Diese Gruppe, von Abimael Guzmán, einem Mestizen und Intellektuellen, der Quechua sprach, im Jahr 1970 als politische Partei gegründet, nannte sich »Sendero Luminoso« oder »Leuchtender Pfad« nach den Worten Mariáteguis: »Hay que avanzar por el sendero luminoso del socializmo«, mit denen er das Volk ermahnte, auf »dem leuchtenden Pfad des Sozialismus« voranzugehen. Die Gruppe nahm ihren Ausgang als legale politische Partei im Hochlanddistrikt von Ayacucho, einer der ärmsten und indianischsten Gegenden von Peru. Bis zum Jahr 1978 kamen Guzmán und seine Studenten jedoch zu dem Schluß, daß es ihnen nie gelingen würde, über die Wahlurne ein indianisches Peru herbeizuführen. Sie verlegten ihre Versorgungsbasen in Gebirgsdörfer und erklärten der Regierung 1980 einen terroristischen Guerillakrieg.

Der »Sendero Luminoso« nützte die alte Quechua-Legende, nach der irgendwo in den Bergen noch einer der großen Inkafürsten lebt, der, wenn die Zeit gekommen ist, auf einem weißen Pferd daherreiten, die Spanier töten und die indianische Herrschaft in Peru wiederherstellen würde. Die überwiegend indianische Armee verband diesen Inka-Mystizismus mit maoistischer Theorie und Praxis und führte eine Bauernrevolution à la Zapata gegen die das Land beherrschenden Eliten in den Städten. Guzmán behauptete, seine Arbeit stelle das vierte Stadium des revolutionären Denkens dar, das sich von Marx, Lenin und Mao bis zu Guzmán weiterentwickelte. Auf diese Weise kombiniere seine revolutionäre Doktrin das Beste an europäischer, asiatischer und eingeborener amerikanischer Philosophie.

Eine andere revolutionäre Gruppe in den städtischen Gebieten von Peru nannte sich Tupac Amaru nach dem letzten Inka-Rebellen, der ein kleines Gebiet in Vilcabamba beherrschte, aber 1572 von den Spaniern gefangen und hingerichtet wurde. Denselben Namen benützte der indianische Vorarbeiter José Gabriel Condorcanqui, der das Ende der Sklavenarbeit in den Bergwerken von Potosí verkündete. Er führte 1780 einen Aufstand der Indianer vom heutigen Kolumbien bis hinunter ins Landesinnere von Bolivien. Tupac Amaru II. wollte genauso wie die nordamerikanischen Kolonisten, die um die gleiche Zeit für ihre Unabhängigkeit gegen die Engländer kämpften, Unabhängigkeit von den Spaniern und das Ende der Herrschaft der spanischsprechenden Elite in den Anden.

In einem öffentlichen Aufruf beschuldigte er die Spanier, sich die Souveränität seines Volkes dreihundert Jahre lang widerrechtlich angeeignet und »die Einheimischen dieses Königreichs wie Tiere behandelt« zu haben (Picon-Salas, S. 135–136). Seine Rebellion scheiterte ebenfalls, und auch er wurde zwei Jahre später hingerichtet. »Zivilisiert« wie die europäischen Herren waren, verstreuten sie die Körperteile von Tupac Amaru II. und seinen Gefolgsleuten auf den Straßen; die abgehackten Hände und Köpfe wurden in der Stadt öffentlich ausgestellt.

Die Tupac-Amaru-Bewegung der 1980er Jahre bezog zwar ihren Namen und ihre Impulse von den Indianern, aber ihre Mitglieder und Taktiken unterschieden sich von den traditionellen Indianer-Bewegungen. Mit der Behauptung, sie würde von Kuba und den Sandinisten Nicaraguas unterstützt, führte die Tupac-Amaru-Gruppe eine Kampagne im herkömmlichen Sowjetstil mit städtischen Intellektuellen und Arbeitern und kaum in Zusammenarbeit mit den Bauern. Trotzdem bewahrten sich die Bauern die Erinnerung an die beiden Revolutionäre namens Tupac Amaru als Symbole ihres eigenen Kampfes gegen die Weißen in den Städten. Überall in Peru konnte man den Namen Tupac Amaru an Hauswände oder anderswo hingekritzelt finden als Mahnung an die Weißen, daß in der indianischen Seele des andinen Amerika ein ungeheures Potential für revolutionäre Gerechtigkeit gärte.

Einige indianische Revolutionäre haben Maos Theorien in ihre Bewegungen aufgenommen. Aber auch die modernen Regierungen von Ländern wie Peru und Guatemala haben von Mao gelernt, vor allem, wie sie mit ihren Indianern umzugehen hatten. Bewußt oder unbewußt folgten die indianischen Rebellen Maos Spruch, daß der Revolutionär sich unter den Bauern bewegen sollte wie ein Fisch im Meer. Die Regierungen von Guatemala und Peru fanden nun, wenn sie diese Fische nicht fangen konnten, müßten sie eben das Meer austrocknen, und sie begannen, die Indianer zu vertreiben. Sie töteten viele tausend Indianer, brannten Dörfer nieder, vernichteten Ernten, hielten den Transport von Erntegütern und Waren auf in der Hoffnung, die restlichen Indianer einzuschüchtern, damit sie das Land verließen und in die regierungseigenen Lager am Rand der Städte zogen, wo sie leichter beobachtet und kontrolliert werden konnten. Was ich in Guatemala auf der Fahrt nach Flores erlebt hatte, gehörte zu diesem Versuch der guatemaltekischen Elite, das Meer der Bauern auszutrocknen.

Obwohl die letzte Indianerstadt Tayasal an den Ufern des Petén-Itza-Sees 1697 von den Europäern erobert und Ishi 1911 als der letzte freilebende Indianer Nordamerikas im Museum ausgestellt wurde, hörte der Kampf um die Rechte der Indianer nie auf. Im Verlauf dieses Kampfes gaben die Indianer der Welt Generation um Generation revolutionäre Impulse. Die Irokesen dienten als Modell für primitiven Kommunismus, und die Europäer sahen die Inka als Vorbild einer sozialistisch geführten Wirtschaft ohne Privatbesitz, Geld oder Märkte. Aber die Indianer boten mehr als Denkanstöße für Europäer. Sie lieferten auch Handlungsmodelle. Viele der ersten Versuche scheiterten, aber mit der Bewegung von Zapata hatte die Welt ihre erste echte Bauernrevolution.

Fünfhundert Jahre nach der Ankunft von Christoph Kolumbus in der Neuen Welt sind die Indianer überall in Amerika die Ärmsten der Armen und die Gruppe mit der geringsten Macht. Für künftige Generationen wird jedoch das 20. Jahrhundert vielleicht einmal den Wendepunkt darstellen im Kampf um indianische Autonomie und indianische Herrschaft auf dem amerikani-

schen Kontinent. Nach vierhundert Jahren fast ständiger Niederlagen verzeichneten die Indianer ihre ersten, wenn auch nicht
überwältigenden Siege. In den Vereinigten Staaten, wo sie jahrhundertelang auf dem Schlachtfeld verloren und von den Gerichten und Regierungen negiert wurden, begannen die Indianer, sich
vor Gericht durchzusetzen, und sie fanden eine gesetzliche
Grundlage, auf die sie sich zum Schutz einiger ihrer Rechte beru-
fen konnten. In Ländern wie Mexiko und Bolivien gewannen sie
auf dem Schlachtfeld, auch wenn ihnen die Kraft fehlte, diesen
Sieg für eine bleibende Verbesserung ihrer Lage zu nützen. Wer
weiß, was die nächsten fünfhundert Jahre für die Rechte der
Indianer bringen werden?

10

Der indianische Heiler

Die Sonne versengte alles, worauf ihre Strahlen an jenem Januarnachmittag fielen. Ich war zur trockensten Zeit des Jahres in Mali und wollte nach Kani Kombole. Die größte Hitze des Tages verbrachte ich in Teli, einem Dorf der Dogon, auf einer mit Schilfmatten belegten Holzpritsche unter einem Strohdach. Ich hatte eine ordentliche Portion Huhn mit Reis, Erdnüssen und Chilis gegessen, etliche Kalebassen kühlen klaren Wassers getrunken und höflich an der Kalebasse mit *kojo,* dem sprudelnden Hirsebier genippt, das mir der Stammeshäuptling anbot. Während ich schlief, hielten die Frauen und Kinder rücksichtsvoll Abstand, aber sie ließen mich nicht aus den Augen. Die Männer hatten sich schon lange zuvor in ihre *tonuga* zurückgezogen, eine an den Seiten offene Hütte mit einem dicken, gegen die starke Sonneneinstrahlung schützenden Dach aus Hirsestroh.

Obwohl Teli nur einhundertzehn Kilometer von der nächsten Stadt entfernt liegt, ist es von der Welt abgeschnitten, weil es keine Straßen gibt. Der Weg zum nächsten Markt in Bandiagara, dem Zentrum der Dogon, führt über eine trockene Ebene nach Kani Kombole, dann einen dreihundert Meter hohen Steilabbruch hinauf zum Dorf Djuigibombo und von hier aus fast dreißig Kilometer weiter über einen Trampelpfad. In Bandiagara gibt es einiges zu kaufen, was die in Teli lebenden Dogon schätzen, und das transportieren sie dann über diese lange Strecke zu Fuß in ihr Dorf. Die Dorfbewohner ernten ihre eigene Hirse, Paprikaschoten, Erdnüsse und Zwiebeln und halten sich Ziegen, Tauben und Hühner. Auf dem Markt kaufen sie Reis, Tabak und die buntbedruckten, aus China importierten Baumwollstoffe. Der Dorfhäuptling besaß ein Transistorradio, mit dem er ein paar durcheinanderredende Stimmen aus Bamako hereinbekam.

Als ich aufwachte, bemerkte ich die Frauen und Kinder, die mich aus respektvoller Entfernung beobachteten und warteten. Sie sahen scheu, aber so beharrlich zu mir her, daß sie etwas von

mir wollen mußten; ich wußte nur nicht, was. Nachdem ich
Schuhe und Jacke angezogen hatte, erhob ich mich von meinem
Lager, und erst jetzt kam eine Frau, die ein kleines Kind auf der
Hüfte trug, auf mich zu. Das rechte Auge des Kindes war dick
geschwollen und von Absonderungen verkrustet, und das Kind
starrte teilnahmslos ins Leere; es schien weder die Mutter noch die
Fliegen noch mich zu bemerken. Die Mutter wies auf das ent-
stellte Gesicht des Kindes und sagte in singendem Tonfall: »Chloroquin, Chloroquin, Chloroquin.« Sie wollte die Tabletten, mit
denen Malaria bekämpft wurde und von denen viele Eingeborene
dieser Gegend glaubten, sie würden bei allen Krankheiten helfen.
Meine Chloroquintabletten befanden sich jedoch mit meinem
restlichen Gepäck in einem anderen Dorf, zu dem ich bald zurückkehren wollte, und außerdem hätte ich sie einem Baby nicht
gegeben. Ich nahm zwei Aspirintabletten aus meiner Tasche und
gab sie der Frau. Sie bedankte sich überschwenglich, dann steckte
sie die Pillen in den Mund und schluckte sie, während das Baby
regungslos durch die Fliegen starrte.

Ich ließ die Frau stehen und ging durch das Dorf zu den Männern in der *tonuga*, ohne zu wissen, warum die Frau die Tabletten
selbst geschluckt hatte.

In Teli wie in so vielen anderen Gegenden der Erde sind die
Menschen fast ausschließlich auf ihre eigenen Heilmethoden angewiesen, die weitgehend auf Ritualen und Religion beruhen. Sie
ergänzen ihre einheimischen Kräuter und Pflanzen mit einigen
importierten Arzneimitteln wie Aspirin oder Chloroquin, wenn
sie sie bekommen können und genügend übrige Hirse haben, um
sie sich leisten zu können. Daß mich die Frau in einem entlegenen
Dorf wie Teli ausgerechnet um Chloroquin bat, wunderte mich,
weil die meisten Afrikaner von Natur aus gegen Malaria immun
sind und das Medikament eigentlich nur als Fiebermittel bekannt
ist.

In vielen rückständigen Gegenden der Welt sterben wahrscheinlich mehr Menschen an Malaria als an jeder anderen Krankheit. Während des größten Teils der Menschheitsgeschichte gab
es für diese Krankheit der Alten Welt kein wirksames Heil- oder
Vorbeugungsmittel. Seit es medizinische Aufzeichnungen gibt,

scheint Malaria in allen Gegenden Afrikas, Europas und Asiens aufzutreten, in denen es viele Stechmücken gibt, aber nicht in Amerika. Als die Europäer die Krankheit auf ihren Handelsschiffen nach Amerika brachten, fanden die Indianer schnell heraus, daß eines ihrer herkömmlichen Heilmittel, die peruanische Rinde, die Symptome der Krankheit linderte. Diese Rinde enthält wie das synthetisch hergestellte Chloroquin ein fiebersenkendes Alkaloid.

Mit der Einführung von Chinin beginnt die moderne Pharmakologie. Vor dieser Zeit kannten die Ärzte der Alten Welt verschiedene Heiltränke, einige chirurgische Verfahren und Blutegel, mit denen sie Krankheiten behandelten oder ihre Symptome eindämmten. Aber sie hatten keine Heilmittel gegen Pocken, Lepra, Tuberkulose, Pest, Malaria oder eine der anderen schrecklichen Krankheiten, von denen die Alte Welt heimgesucht wurde und die in immer wieder auftretenden Epidemien Hunderttausende töteten. Die Ärzte behaupteten, Ursache für Malaria, auch Wechselfieber oder Schüttelfieber genannt, sei die schlechte Luft von Sümpfen und feuchten Niederungen. Alexander der Große starb vermutlich an Malaria und ebenso Oliver Cromwell. Nach wissenschaftlicher Schätzung starben vor der Verbreitung des Chinins weltweit jährlich an die zwei Millionen Menschen an Malaria und zehn Millionen wurden infiziert (Taylor, S. 75). Aber an Malaria leiden auch heute noch in vielen tropischen Gebieten wie Westafrika Millionen von Menschen, die zu arm sind, um sich die Wunderdroge Chinin kaufen zu können.

Die quechuasprechenden Inka der Anden kannten die medizinischen Eigenschaften vieler Pflanzen, die nicht nur in den Anden, sondern auch im Amazonasdschungel vorkamen. Eine dieser Pflanzen war ein Baum, der in Höhen zwischen tausend und dreitausend Metern über dem Meeresspiegel gedieh und dessen sehr bitter schmeckende Rinde viele Krankheiten wie Krämpfe, Schüttelfrost und Herzrhythmusstörungen heilte. Das Quechua-Wort *quina* bedeutet »Rinde«, aber diese besondere Rinde, die so wundervolle Kräfte besaß, verdiente den Namen *quina-quina*, »Rinde der Rinden«, und daher stammt der Name »Chinin« (Taylor, S. 78).

Die Europäer verwendeten diesen Ausdruck erst seit 1820, als die Pariser Wissenschaftler Joseph Pelletier und Joseph Caventou den Wirkstoff aus der Rinde isolierten und ihn nach dem ursprünglichen Quechua-Wort benannten. Bis dahin war die Rinde als *Cinchona* oder *Cinchonin* bekannt, eine Verballhornung des Namens der Gräfin von Chinchona, Francisca Henrique de Ribera, die einen Vizekönig von Peru heiratete und im frühen 17. Jahrhundert an seiner Seite in Lima lebte, wo die Indianer ihre Malaria angeblich mit einer Wunderrinde heilten. Als dann die Zeit kam, in der die Pflanze einen wissenschaftlichen Namen erhalten sollte, benannte sie Carolus Linnaeus *cinchona* nach der Gräfin, die sie »entdeckt« hatte.

In einigen Gegenden der Welt gebraucht man noch heute lieber das französische *Chinchonin* als die von dem Quechua-Wort stammende Bezeichnung *Chinin*.

Die Chinarinde scheint um 1630 in Europa eingeführt gewesen zu sein und wurde bereits 1643 in einer belgischen medizinischen Abhandlung, *Discours et Avis sur les Flus de Ventre Doloreux,* von Herman van der Heyden erwähnt. Das neue Medikament ermöglichte die extensive Besiedelung Amerikas durch die Europäer. Aus den Berichten des Gouverneurs von Virginia, Berkley, aus dem Jahr 1671 geht hervor, daß vor der Einführung des Chinins in Virginia jeder fünfte Kolonist innerhalb des ersten Jahres an Malaria starb (Hallowell, S. 328). Die Veränderung war dramatisch und einfach.

Erst im 20. Jahrhundert enthüllte der britische Arzt Sir Ronald Ross die zugrundeliegenden ursächlichen Zusammenhänge dieser Krankheit. Er entdeckte im Körper von *Anopheles*-Mücken Sporenformen der Gattung Plasmodium, die die Mücken aufnehmen, wenn sie das Blut eines Malariapatienten trinken und durch einen Stich auf einen anderen Menschen übertragen. Der französische Arzt Charles Laveran hatte bereits herausgefunden, daß Plasmodium der Krankheitserreger ist, aber erst die Arbeit von Ross hat gezeigt, was niemand vorher wußte, daß die Stechmücken die Überträger auf den Menschen waren. Ross erhielt für diese Entdeckung 1902 den Nobelpreis für Medizin, dreihundert Jahre nachdem unbekannte Quechua-Indianer der Welt das Heilmittel für die Krankheit geliefert hatten und nicht die geringste Anerkennung für ihr Geschenk erhielten.

Bis die Chemiker im 19. Jahrhundert den Wirkstoff aus der Chinarinde isolieren und dann im Labor herstellen konnten, blieb das Mittel den sehr Reichen vorbehalten oder denen, die von Kolonialregierungen oder Kolonialgesellschaften unterstützt wurden. Sobald es ohne weiteres verfügbar war, erkannten die Ärzte, daß Chinin Malaria nicht nur heilte, sondern auch vorbeugend wirkte. Die in den jüngsten Jahrzehnten synthetisch hergestellten Formen von Chinin wie Chloroquin und Primaquin dienen sowohl zur Behandlung als auch zur Vorbeugung gegen Malaria.

Die Kolonialbeamten des 19. Jahrhunderts, die in den Tropen eingesetzt waren, nahmen regelmäßig kleine Dosen von Chinin zu sich, um sich gegen Malaria zu schützen. Wegen des außerordentlich bitteren Geschmacks mischten sie das Chinin mit Zukkerwasser. Dieses täglich eingenommene Getränk wurde zum Tonic Water, mit dem man noch heute selbst dort Getränke mixt, wo es längst keine Malaria mehr gibt.

Daß Tonic Water noch heute in einigen Teilen der Welt ein Arzneimittel ist, entdeckte ich, nachdem ich von Teli kommend das knapp fünfhundert Kilometer weiter nördlich gelegene Timbuktu in der Sahara erreichte. Timbuktu ist heute nur noch eine kleine unbedeutende Stadt am Rande der Welt. König Mansa Musas legendäre Goldene Stadt, die einst die Handelsrouten der Sahara mit denen Schwarzafrikas verband, ist zu einer Lehmziegelstadt von höchstens zwanzigtausend Einwohnern geschrumpft. Viele der fensterlosen Familienanwesen stehen leer, und jeden Tag schiebt sich etwas mehr Sand aus der Wüste in die Straßen, auf denen einst reges Leben herrschte. Das Straßenniveau ist durch den Sand bereits sechzig Zentimeter höher als früher, so daß die Menschen ein paar Stufen hinuntergehen müssen, wenn sie ihre Häuser durch die mit Ornamenten verzierten Eingänge oder eine der drei alten Moscheen betreten wollen.

In vieler Hinsicht ist Timbuktu heute mehr von der Welt abgeschieden als in der Vergangenheit. Früher erhob sich die Stadt stolz als die nördlichste Stadt am mächtigen Niger, aber im

Lauf der Jahrhunderte kehrte sogar der Fluß der sterbenden Stadt den Rücken und zog sich von der Sahara zurück. Ich kam über Mopti, die vierhundert Kilometer südlich gelegene Nachbarstadt, nach Timbuktu. Die Fahrt auf dem Fluß bis zu dem Dorf Niafunke dauerte fünf Tage und fünf Nächte, dann ging es zwei Tage lang über einen nur von den Knochen und mumifizierten Häuten von Kamelen und Eseln gekennzeichneten Wüstenpfad. Die nächste Stadt im Osten von Timbuktu ist das ebenfalls vierhundert Kilometer entfernte Gao. Ich fuhr dorthin auf einem alten offenen Lastwagen mit dem Namen »Der grüne Elefant«, der Gao nach einer zweitägigen Fahrt über eine Straße erreichte, die zwar gekennzeichnet, aber im Grunde nicht mehr war als ein paar Furchen im Wüstensand. Während der Regenzeit in Guinea und im unteren Mali schwillt der Niger so stark an, daß diese bescheidene Straße die meiste Zeit des Jahres überschwemmt und dadurch der gesamte Verkehr zwischen den beiden Städten unterbrochen ist.

Das Leben in Timbuktu dreht sich mehr um den Markt als um Moschee oder Koranschule. Noch immer bringen Karawanen aus Taudeni, dem siebenhundert Kilometer nördlich von Timbuktu und mitten in der Sahara gelegenen Salzbergwerk, die ein Meter fünfzig langen und einen halben Meter breiten Salzblöcke in die Stadt. Zum Teil sind es noch kleine Kamelkarawanen, aber das meiste des dort abgebauten Salzes – eine jährliche Menge von 3,5 Millionen Kilogramm – wird auf klapprigen Lastern transportiert, deren Kolonnen die rund zwanzigtausend Kamele, die früher das Salz nach Timbuktu brachten, ersetzt haben.

Am westlichen Stadtrand von Timbuktu, gleich neben dem Friedhof, haben Einwohner um einen kleinen, aber tiefen Brunnen ordentlich terrassierte Gärten angelegt und zum Schutz gegen Menschen und Tiere mit einem Zaun aus verdorrtem Dornengebüsch umgeben. Hier bewässern sie von Hand Reihen von Salat, Tomaten, Chilis, Zwiebeln, Okra, Mais, Bohnen und Melonen, die sie später auf dem Markt verkaufen. Tuareg bringen aus anderen Oasen Ziegen und Datteln, Fischer liefern geräucherten Fisch vom Niger, und aus dem Süden kommen Reis, Weizen, Hirse und sonnengetrocknete Erdnüsse. Nur wenige Güter wer-

den von weither importiert. Tee kommt in Holzkisten aus Hongkong, Pulverkaffee in Dosen von der Elfenbeinküste. Die Frauen
auf dem Markt verkaufen Kalebassen mit Rinderfett, gehacktes
und getrocknetes Okra, frisch gebackenes Pitabrot, kleine Säcke
mit Holzkohle und verschiedene frische Gemüse; die Männer
Salz, Datteln, geschlachtete Ziegen und Schafe, Sandalen und
buntbestickte Gewänder, die sie in ihren Buden am Rand des
Marktes nähen. Halbwüchsige Straßenverkäufer bieten zu Pyramiden gestapelte tiefgefrorene Teigkugeln an, und junge Mädchen balancieren große Tabletts auf dem Kopf mit in Chilipfeffer
gewälzten Erdnußbutterröllchen.

Timbuktu ist nach wie vor einer der wenigen Orte auf der
Welt, wo man unmöglich Cola-Getränke, Kaugummi oder
Schokoladenriegel kaufen kann, mit denen im allgemeinen der
erste Ansturm des zeitgenössischen westlichen Einflusses beginnt, und so war ich bei diesem so auffällig nichtvorhandenen
modernen *way of life* doch sehr überrascht, daß es inmitten all
dieser traditionellen Kultur in den Geschäften der Araber Sodafla-
schen mit einem klaren Getränk zu kaufen gab, das sich Indian
Tonic nannte und dessen Markenzeichen einen Prärie-Indianer in
vollem Kriegsschmuck zeigte. Weder das Bild noch das Getränk
schienen nach Timbuktu, einem der traditionellsten Orte der
Welt, zu passen. Wie sich herausstellte, bestand das Getränk im
wesentlichen aus chininhaltigem Wasser und wurde nicht als
Erfrischungsgetränk, sondern als Stärkungs- und Heilmittel für
praktisch jede Krankheit verkauft.

Das Indian Tonic von Timbuktu hat als Relikt einer Vielzahl
inzwischen meist vergessener Stärkungsmittel überlebt, die im
19. und frühen 20. Jahrhundert zur Heilung jeder bekannten oder
eingebildeten Krankheit verkauft wurden. Bei der Werbung für
ein Arzneimittel bediente man sich im vorigen Jahrhundert häufig eines indianischen Heilers und behauptete, das Produkt
stamme von einem indianischen Medizinmann. Diese Medizin-
männer mischten ihre Heiltränke häufig mit Zutaten wie destil-
liertem Alkohol, Opium, Kolanüssen, Zucker oder Koffein, die
nicht indianischen Ursprungs waren, aber den Arzneien zusätzlich eine anregende Wirkung verliehen.

Die allmähliche Entwicklung des Chinin von einem wichtigen Heilmittel zum Softdrink war ein Vorgang, der sich bei vielen der aus indianischen Drogen hergestellten rezeptfreien Arzneimittel wiederholte. So entstand zum Beispiel aus den von den Indianern verwendeten Tees aus Sassafras und Sarsaparille unter Zugabe von Zucker, einigen anderen Gewürzen und kohlensäurehaltigem Wasser eines der »Indian root beers«, die als Heilmittel für zahlreiche Leiden verkauft wurden. Wie das chininhaltige Tonic wurde dieses Wurzelbier bald zu einem Getränk, das in erster Linie zur Erfrischung und nicht zu medizinischen Zwecken getrunken wurde.

Einem weiteren amerikanischen Verwandten jenes Baumes, der das Chinin lieferte, verdanken wir, daß die Amöbenruhr geheilt werden kann. Diese tödliche Darminfektion wird durch die Aufnahme bestimmter Amöben hervorgerufen und führt zu hohem Fieber und blutigem Durchfall. Noch heute ist sie weltweit eine der häufigsten Todesursachen bei Kleinkindern, und sie kann auch, wenn sie nicht behandelt wird, bei Erwachsenen zum Tod führen. Die Amazonas-Indianer heilten diese Krankheit mit einer Medizin, die sie aus den Wurzeln zweier drei- bis vierjähriger Pflanzen, *Cephalaelis ipecacuanha* und *C. acuminaia,* herstellten. Sie nannten diese Medizin *ipecac.* Eine ihrer Eigenschaften bestand darin, daß sie den Patienten erbrechen ließ. Die Indianer benützten dieses Brechmittel, um unerwünschte Stoffe wie Gifte auszutreiben, sowie zur rituellen Reinigung des Körpers. In den Ambulanzen wird heute noch überall auf der Welt *ipec* verwendet, wenn Kinder oder Erwachsene zu viel von einer toxischen Substanz zu sich genommen haben und sie diese schleunigst ausscheiden müssen.

Am wichtigsten waren die Brechwurzgewächse jedoch für die Heilung der viel häufiger auftretenden Amöbenruhr. Die Ipekak tötete die schädlichen Amöben ab, und der Patient erholte sich wieder. Sie wurde 1688 in Frankreich eingeführt durch einen holländischen Arzt namens Schweitzer, der seinen Namen in Jean Adrien Helvetius umänderte, was auf lateinisch »der Schweizer« bedeutet und wesentlich professioneller klang. Seine Arznei wurde in Frankreich große Mode, nachdem sie angeblich den

Durchfall des Dauphin, des Sohns von Ludwig XIV., kuriert hatte. Aus dem Quacksalber Helvetius war plötzlich ein angesehener Pharmazeut geworden, und er zeugte eine recht erfolgreiche Familie, aus der mit seinem Enkel Claude Adrien ein berühmter Philosoph der Aufklärung und Verfasser des »Discurs über den Geist des Menschen« hervorging – ein grundlegendes Werk über den Sensualismus. Der Wohlstand und die Bildung dieser Familie stammten jedoch unmittelbar aus der Einführung des amazonischen Heilmittels Brechwurz in die Alte Welt.

Die Entdeckung von Heilmitteln für eine ganze Reihe von Krankheiten durch die Indianer ist nicht nur dem glücklichen Umstand zu verdanken, daß Amerika von Natur aus mit mehr Heilpflanzen gesegnet war als andere Kontinente. Chinin und Brechwurz stammen zufällig von Pflanzen, die nur in Amerika wuchsen, aber die Heilung von Skorbut beweist, daß die allgemeinen medizinischen und pharmakologischen Kenntnisse der Indianer denen der übrigen Welt weit überlegen waren. In der Alten Welt gab es Pflanzen genug, mit denen man Skorbut hätte heilen können, aber die westliche Wissenschaft hatte sie nicht beachtet, bis ihnen die Indianer bewiesen, wie nützlich sie waren.

Daß es für Skorbut ein Heilmittel gab, erfuhren die Europäer zum ersten Mal nach einem dramatischen Ereignis, das sich während der zweiten der insgesamt drei Reisen zutrug, die der französische Seefahrer Jacques Cartier (1491–1557) im Auftrag des französischen Königs Franz I. nach dem heutigen Kanada unternahm. Im November 1535, nach einem Besuch der Huronenstadt Hochelaga – an derselben Stelle entstand später Montreal – froren Cartiers Schiffe, die *Grande Hermyne,* die *Petite Hermyne* und die *Emerillon,* im Eis des St.-Lorenz-Stroms ein. Cartier befahl seinen Leuten, am Ufer ein kleines Fort zu errichten, um dort den nächsten Frühling abzuwarten. Er erstand Vorräte bei den dortigen Indianern, verbot ihnen jedoch bald den Zutritt zum Fort, weil sie Anzeichen von Skorbut aufwiesen und er nicht wollte, daß sich seine Männer ansteckten. Die Indianer wußten bereits damals, daß Skorbut nicht ansteckend war. Während sich die

Wintermonate hinzogen, erkrankten auch Cartiers Leute an Skorbut. Sie wurden lustlos und schwach, ihre Gaumen wurden schwammig und begannen zu bluten, auf ihrer Haut bildeten sich häßliche Flecken, sie verströmten einen erbärmlichen Gestank. Im Februar wiesen von den 110 Männern nur noch zehn keine Anzeichen von Skorbut auf, und ein Mann nach dem anderen starb, so daß Cartier alsbald fünfundzwanzig Mann verloren hatte.

Cartier bemühte sich, die Krankheit vor den Indianern zu verheimlichen, aus Angst, sie könnten seine geschwächten Männer überfallen. Allmählich fiel ihm jedoch auf, daß die an Skorbut erkrankten Indianer nicht starben, sondern wieder völlig gesund wurden. Als er sich vorsichtig erkundigte, ob sie ein Heilmittel gegen Skorbut besaßen, zeigten ihm die Indianer, wie sie aus der Rinde und den Nadeln eines immergrünen Baumes, den die Huronen *annedda* nannten und der vermutlich eine Hemlocktanne war, ein Tonikum zubereiteten. Dieses abscheulich schmeckende Gebräu enthielt eine starke Dosis Vitamin C, das einzige Heilmittel gegen Skorbut, und jeder Skorbutkranke, der dieses Tonikum einnahm, war innerhalb von acht Tagen gesund. Cartier verzeichnete pflichtbewußt in seinem Logbuch, daß seine sämtlichen Arzneien aus Europa oder Afrika nicht erreichten, was die Medizin der Huronen in einer einzigen Woche bewirkte. Seine Dankbarkeit äußerte sich in der Entführung des Indianerhäuptlings Donnaconna und der anderen Indianer in der Hoffnung, sie könnten ihn zu Bergen von Gold führen (Bakeless, S. 115–116).

Die Entdeckung des Heilmittels gegen Skorbut blieb damals von der Welt unbeachtet, dafür rankte sich um den *annedda*-Baum die phantastische Legende, er könne Syphilis heilen. Manchmal besorgten sich Seeleute bei den Neuengland-Indianern einen ganzen Vorrat an getrockneten Preiselbeeren und verwendeten sie zur Vorbeugung von Skorbut, aber die Seeleute starben trotzdem weitere zweihundert Jahre lang an dieser Mangelkrankheit. Erst als James Lind (1716–1794), ein schottischer Marineoffizier, von dem Vorfall mit Cartier las, nahm die europäische Medizin offiziell zur Kenntnis, daß die Indianer ein Mittel gegen die Krankheit gefunden hatten. Aufgrund von Linds Forschungsarbeit ordnete die britische Admiralität 1795 an, daß alle Navy-Schiffe einen ausreichenden Vorrat an Zitronensaft mitführen mußten zur Vorbeugung gegen Skorbut. Lind ging als der Mann in die Geschichte ein, der die Ursache und die Heilung von Skorbut *entdeckt* hatte. Seine Arbeit führte schließlich zur Entdeckung der Vitamine und einem besseren Verständnis der menschlichen Ernährung (Driver, S. 399).

Die Inka kannten anscheinend auch wirksame Vorbeugungsmittel gegen Kropfprobleme. Sie ernteten jährlich tonnenweise Kelp, *Macrocystis,* aus dem Stillen Ozean. Der getrocknete Tang wurde quer durch die Anden transportiert und als Nahrungsmittelzusatz verwendet. Sein hoher Jodgehalt bewahrte die Bevölkerung vor den meisten Formen der Schilddrüsenerweiterung. Heute ernten große Handelsschiffe überall entlang der Pazifikküste, von Kalifornien bis Peru, die Unterwasserwälder des Riementangs, der für verschiedene Nahrungs- und Arzneimittel sowie zur Herstellung von Toilettenartikeln verwendet wird.

Schon nach den ersten Kontakten zwischen Alter und Neuer Welt erkannten die europäischen Ärzte, daß die Indianer den Schlüssel zu der am weitesten entwickelten Arzneimittelkunde der Welt besaßen. Die Medizin der damaligen Zeit war fast überall auf der Welt kaum über Zauberei und Alchimie hinausgekommen. In Europa sprachen die Ärzte vom Ausgleich der Körperflüssigkeiten, wenn sie ihren Patienten lebende Blutegel ansetzten, damit diese ihnen das »schlechte Blut« absaugten. Muslimische Ärzte brannten ihre Patienten mit heißer Holzkohle, und die Ärzte im Orient verschrieben umständlich herzustellende Arzneien aus Drachenknochen und allerhand Gewürzen.

Die Indianer dagegen hatten ein komplexes Sortiment an Arzneimitteln, die beim Patienten physiologisch und nicht nur psychologisch wirkten. Dieses Füllhorn neuer pharmazeutischer Wirkstoffe wurde zur Grundlage der modernen Medizin und Pharmakologie.

Die Indianer von Nordkalifornien und Oregon gaben der modernen Medizin das am häufigsten verwendete Abführmittel, das sie aus der Rinde des Busches *Rhamnus purshiana* gewannen. Die Alte Welt verfügte zwar schon über mehrere solcher Mittel, aber

das der Indianer wirkte besonders mild, was in der Werbung noch
heute hervorgehoben wird. Es führt innerhalb von acht Stunden
zu einer vollständigen Entleerung des Darms und dies nahezu
ohne Beschwerden für den Patienten. Als die Spanier nach Kalifornien kamen und diese Rinde fanden, nannten sie sie wegen
ihrer einzigartigen Eigenschaften *cascara sagrada,* »heilige Rinde«.
Wegen ihres sehr bitteren Geschmacks mußte sie zum Einneh-
men mit Zucker oder manchmal auch mit Schokolade vermischt
werden. Obwohl es nicht gelungen ist, das Mittel synthetisch
herzustellen und jedes Jahr große Mengen an Rinde verarbeitet
werden müssen, ist es das weltweit am häufigsten verwendete
Abführmittel, seit es 1878 durch die amerikanische pharmazeu-
tische Industrie eingeführt wurde.

Als Francisco de Orellana durch das heutige Ecuador den Napo
flußabwärts fuhr und den Amazonas entdeckte, wurden er und
seine schwerbewaffneten Soldaten unterwegs häufig von Indianern angegriffen. Die einfachen, aus Holz gefertigten Waffen der
Indianer schienen für die mit geschmiedeten Waffen und eisernen
Rüstungen versehenen Europäer kaum eine Bedrohung darzustellen. Doch das Selbstvertrauen der Spanier wurde schwer erschüttert, als einer von Orellanas Männern von einem winzigen
indianischen Pfeil, der kaum die Haut durchstoßen hatte, getötet
wurde. Dieser unbekannte Soldat fiel als das erste europäische
Opfer eines Pfeils, dessen Spitze in ein Gift getaucht war, das als
Curare berühmt wurde.

Erst 1807 entdeckte Alexander von Humboldt, daß Curare aus
einer Gruppe von Pflanzen gewonnen wurde, die im Amazonasdschungel vorkommen. Einen der wichtigsten Stoffe lieferten
die holzigen Ranken des *Chondodendron,* aus denen die Indianer
einen Gummi kochten, mit dem sie ihre Pfeile und Wurfspeere
bestrichen.

Doch nach der Entdeckung der Herkunftspflanzen dauerte es
noch lange, bis die medizinische Forschung herausfand, wie das
Gift wirkt. Anders als die Gifte der Alten Welt, die beim Opfer
heftige Krämpfe und fast epilepsieähnliche Anfälle verursachten,
führte Curare zu einem ruhigen, sanften und schnellen Tod. Die
Forschung ergab schließlich, daß das Opfer an Atemlähmung

starb. Später enträtselte man auch den komplizierten Vorgang, mit dem Curare die Nervenleitung zu den Muskeln blockiert, was zu Lähmung und zum Tod führt, wenn die zur Atmung nötigen Muskeln nicht mehr arbeiten.

Anfangs konnte sich niemand einen praktischen Nutzen für ein so starkes Gift vorstellen außer für illegale oder unmoralische Zwecke, aber die Ärzte fanden bald heraus, daß geringe Dosen von Curare muskelentspannend wirken. Dank dieser Eigenschaft konnten zum ersten Mal die gefährlichen Verkrampfungen der Hals- und Kiefermuskeln bei Tetanus oder Wundstarrkrampf behandelt werden. Curare löste die Krämpfe, indem es die Muskeln entspannte. Bald darauf wurde es Patienten vor einer Unterleibsoperation verabreicht, um die starken Muskeln, die eine Operation erschweren konnten, zu lockern. Die Ärzte fanden außerdem, daß Curare einen Patienten genügend entspannte, um ihm einen Tubus in die Luftröhre einzuführen, der die Atmung während der Operation erleichterte. Im Lauf der Zeit wurde Curare zu einer Vielzahl verschiedener Muskelrelaxanzien verarbeitet, die verschiedene medizinische Zwecke erfüllen. In den 1980er Jahren führten niederländische Ärzte das Curare als Tötungsmittel für unheilbar Kranke ein (Ferrieri, S. 51).

Die Indianer im Nordosten der Vereinigten Staaten behandelten Darmwürmer mit dem Vermifugum *Spigelia marilandica,* einer Pflanze mit roten und gelben Blüten, auch »Wurmgras« genannt. Von den Bäumen der Gattung *Cornus,* den nordamerikanischen *dogwoods,* gewannen sie ein fiebersenkendes Mittel. Außerdem standen ihnen außer Ipekak noch eine ganze Reihe anderer Brechmittel wie Blutwurz – *Sanguinaria canadensis* – und Lobelie zur Verfügung. Aus der wilden Geranie *Heuchera americana* gewannen sie ein Alaunwurzel genanntes Adstringens und aus *Eupatorium perfoliatum* ein Anregungsmittel (Driver, S. 557–558).

Aus der Rinde von Pappeln oder Weiden machten die Indianer Nordamerikas einen Auszug, der von Kopfschmerzen und anderen kleineren Schmerzen befreite. Erst Jahrhunderte später bei der Entdeckung des Steinkohlenteerderivats Aspirin stellte man fest, daß der in dem Auszug enthaltene Wirkstoff Salizin der Acetylsalicylsäure, aus der unser heutiges Aspirin besteht, sehr ähnlich war. Ein so einfaches Medikament ist nach wie vor ein gutes Beispiel für die zahlreichen Geschenke, die unsere westliche medizinische Forschung von den Indianern erhalten und nicht erkannt hat und die dann unter großem Kostenaufwand und mühseliger Forschungsarbeit eigens erfunden werden mußten.

Die indianischen Heiler entwickelten viele Arzneien besonders zur Behandlung von Frauenleiden. Sie verwendeten eine Schmarotzerpflanze, die auf den Wurzeln von Eichen wuchs – *Caulophyllum thalictroides* – als krampflösendes Mittel, das dazu beitrug, die Menstruation herbeizuführen. Aus der bitteren Wurzel von Dreiblatt, *Trillium erectum,* gewannen sie ein schmerzlinderndes Mittel speziell für Gebärende; die Pioniere nannten die Pflanze dann »birthroot«.

Die Indianer entwickelten eine Vielzahl an Salben und dickflüssigen Mixturen aus Harzen und ätherischen Ölen – von den Pionieren gewöhnlich »Balsam« genannt –, die die Heilung von Fleischwunden förderten. In den westlichen Vereinigten Staaten gaben die Indianer den Pionieren eine Balsamwurzel, die von Pflanzen der Gattung *Balsamorhiza* stammt, insbesondere von *B. sagittata,* die gelbe Blüten und eine aromatische Wurzel hat. Tolubalsam, das aromatische Harz des tropischen Baumes *Myroxylon toluiferum,* fand weit verbreitet Anwendung bei Toilettenartikeln und Arzneimitteln. Der nordamerikanische Baum Takamahak oder Balsampappel, *Populus balsamifera,* brachte süß duftende, mit Harz überzogene Knospen hervor, aus denen die Indianer ebenfalls Salben herstellten. Aus den sehr kleinen Nadeln und Zapfen der Balsamkiefer, *Abies balsamea,* die im Nordosten Nordamerikas wächst, wurde Kanadabalsam hergestellt. Eines der bekanntesten Mittel dieser Art war der Perubalsam aus dem Harz des Baumes *Myroxylon pereirae,* dessen Aroma bei der Herstellung von Parfüms und einigen Toilettenartikeln hochgeschätzt ist.

Aus der Rinde und den Blättern des Strauches *Hamamelis virginiana* machten die Indianer ein Adstringens, das lindernd auf müde und stark beanspruchte Muskeln wirkte. Die Indianer wußten, daß man aus getrockneten Arnikablüten eine Tinktur herstellen konnte, die, äußerlich aufgetragen, bei Verstauchungen und Prellungen Schmerz und Schwellung zurückgehen ließ. Die Indianer gaben den Kolonisten das Wintergrünöl, das ähnlich angewendet wurde, aber inzwischen besser als Geschmacksstoff für Bonbons und Arzneien bekannt ist.

Eine Salbe, die heute auf der Welt am meisten verwendet wird, heißt Petrolatum oder Vaseline. Es ist ein wissenschaftlicher Name, der aus dem Griechischen abgeleitet ist, und die Tatsache verschleiert, daß es sich um eine indianische Erfindung handelt. Mit der Herstellung dieser nahezu farblosen, gallertartigen Substanz aus ölbildenden Kohlenwasserstoffen und Methan entdeckten die Indianer eine der ersten praktischen Anwendungsarten für Erdöl. Die Indianer benützten diese Salbe für Mensch und Tier als Wundschutz, zur Förderung des Heilungsprozesses von Wunden und zur Erhaltung der Hautfeuchtigkeit. Und sie schmierten die beweglichen Teile ihrer Werkzeuge damit.

Vaseline ist ein weiteres indianisches Produkt, das es in Timbuktu und im gesamten Saharagebiet zu kaufen gibt. Seit alters her verwenden die Nomaden der Sahara Rindertalg, um sich Haut und Haare zum Schutz gegen die erbarmungslos brennende Sonne, den trockenen Wind und den beißenden Sand einzufetten. Heute nehmen viele statt Rinderfett Vaseline, die sich als das geeignetere Mittel erwiesen hat, denn sie schützt die Haut genauso wie Rinderfett, lockt jedoch keine Insekten an, weil sie aus anorganischen Stoffen und nicht aus tierischen Fetten besteht. Wie das chininhaltige Tonic ist auch die Vaseline ein Produkt, das in der Sahara so dringend benötigt wird, daß es die Tuareg-Händler über Tausende von Kilometern bis in jeden Winkel der Sahara transportieren.

Die indianischen Ärzte verstanden nicht nur mit ihren ausgeklügelten Arzneien umzugehen, sondern verfügten auch über andere medizinische Künste, von denen einige in der Alten Welt noch unbekannt waren. Zu den ungewöhnlichsten zählte die Schädelbohrung, die von Ärzten in verschiedenen indianischen Zivilisationen, insbesondere in den Anden, durchgeführt wurde. Der Chirurg bohrte ein Loch in den Schädel, gewöhnlich in das rechte Scheitelbein, und nahm dadurch den Druck weg, der durch eine

Erschütterung, zum Beispiel durch Schläge auf den Kopf während eines Kampfes, entstanden war. Die Archäologen haben Schädel gefunden, die bewiesen, daß manche Patienten bis zu fünf Trepanationen überlebten (Wissler, S. 11–12).

Die Azteken entwickelten ein medizinisches System mit verschiedenen Spezialisten für die Diagnose, die Behandlung und die Zubereitung von Medizin. *Tlamatepaticitl* wendeten Heilmittel äußerlich an und verschrieben Arzneien ungefähr so wie unsere Internisten, während *texoxotlaticitl* als Chirurgen tätig waren. Auf einer unteren Ebene, was Ansehen und Bedeutung betraf, standen die *temixiuitiani,* die Geburtshelfer und Hebammen, sowie die *tezoctezoani,* die zur Ader ließen. *Papiani* waren die kräuterkundigen Arzneimittelhersteller und *panamacani* die Händler, die die Arzneien vertrieben (Guzmán, S. 13). Dieses medizinische System der Azteken glich in vieler Hinsicht dem damaligen in Europa, und in mancher Hinsicht war es besser. Bis heute gibt es kein Stahlskalpell, das schärfer schneidet als die Obsidianinstrumente der Azteken-Chirurgen. Nur mit dem Laserstrahl läßt sich ein feinerer Schnitt mit geringerer Blutung und geringerer Hautritzung durchführen als mit einem der feinen Obsidianskalpelle, die es den Azteken-Ärzten ermöglichten, Schnitte mit einem Minimum an Blutverlust durchzuführen; und die verheilte Wunde hinterließ weniger Narben.

Die indianischen Ärzte nähten Gesichtsverletzungen mit Knochennadeln und Menschenhaar. Sie schienten Knochen mit steifen Verbänden aus Flaumfedern, Schleimharz und Gummi. Sie machten Einläufe mit Gummischläuchen und erfanden die Ballonspritze, die sowohl bei verschiedenen medizinischen Behandlungen Anwendung fand als auch bei so einfachen Verrichtungen wie dem Säubern der Ohren. In Amazonien, der Heimat des Kautschuks, stellten sie ihre Spritzen aus Gummi her, im Norden aus Tierblasen. Die europäischen Ärzte übernahmen sowohl den Gummischlauch als auch die Ballonspritze und benutzen sie noch heute.

Indianische Heiler öffneten Geschwüre und entfernten Tumore. Sie amputierten Gliedmaßen, verordneten künstliche Beine, zogen Zähne und kastrierten Menschen und Tiere. Sie kannten die Aderpresse und das Ausbrennen oder Ausätzen von Wunden. Die *papiani* stellten Brechmittel, Abführmittel, Fiebermittel und Hautsalben her sowie unter den Achseln aufzutragende Deodorants, Zahnpasta und Atemerfrischer.

Von allen Gesellschaften der Welt des 16. Jahrhunderts verfügten möglicherweise die Azteken über die gründlichsten Kenntnisse der menschlichen Anatomie. Zum Teil ergab sich dies aus ihren merkwürdigen und verschiedenartigen Menschenopfern. Sie verstanden die Rolle von Herz und Blutkreislauf lange bevor der Engländer William Harvey (1578–1657) den »doppelten« Blutkreislauf entdeckte. Die nahuatlsprechenden Ärzte entwickelten ein umfangreiches Vokabular, das praktisch alle Organe identifizierte, die von der Anatomie heute als solche erkannt sind.

Eine medizinische Praxis, die von den Azteken ausgiebig angewendet, von den Spaniern jedoch verabscheut wurde, war Baden. Dazu gehörte das tägliche Waschen in einem Fluß, See, Bach oder Teich sowie besondere medizinische Bäder. Die Azteken bauten *temazcalli,* Dampfräume ähnlich den Raumheizungen der alten Römer. Diese bienenkorbförmigen Stein- oder Ziegelbauten wurden erhitzt, und der Patient ruhte darin, während verschiedene Kräutermischungen verbrannt oder direkt in den Dampf gegeben wurden. Manchmal gehörte zur Behandlung auch eine Körpermassage mit verschiedenartigen Blättern und Salben. Jedes Dorf hatte ein oder mehrere *temazcalli,* und sie wurden dazu benützt, so gut wie alles zu behandeln: Fieber, Furunkel, durch Insektenstiche hervorgerufene Allergien, Schlangenbisse, erschöpfte und überanstrengte Muskeln und erholungsbedürftige Frauen nach einer Geburt.

Dieser Brauch erstreckte sich in abgewandelter Form praktisch über den gesamten amerikanischen Kontinent. Als Francisco Pizarro in das Land der Inka kam, hielt sich der Kaiser Atahualpa in den Bergen auf, wo er die Thermalbäder um Cajamarca besuchte und sich von einem langen Feldzug gegen seinen Halbbruder Huascar erholte. Heiße Quellen galten überall in den Anden als heilig und wurden zur Förderung der Gesundheit genützt.

Die Spanier reagierten bestürzt auf das häufige Baden der Indianer; sie meinten, es würde den Körper schwächen und möglicherweise zu schrecklichen Krankheiten führen. Die Kolonialbeamten versuchten wiederholt, solche für die Indianer schädlichen Praktiken zu verbieten, und so verschwanden die *temazcalli* aus Amerika und hielten sich nur noch in den abgelegenen Gegenden.

So gut wie alle Indianer in Nordamerika benutzten Dampfbäder ähnlich den *temazcalli* der Azteken. Die Eingeborenen Kaliforniens und die Delawaren, Gruppen, die weit voneinander entfernt lebten, errichteten halb unterirdische Erdbauten, die man durch einen Tunnel betrat. In Alaska bauten sich die Eingeborenen ähnliche, mit Baumstämmen gedeckte Bäder, während die Creek die ihren mit Häuten und Matten deckten. Viele der Eingeborenen in den südöstlichen Vereinigten Staaten schliefen während der Wintermonate die ganze Nacht in den Schwitzhütten und sprangen am nächsten Morgen ins kalte Flußwasser. Die Prärie-Indianer machten sich ein provisorisches Gerüst aus Zweigen und Blättern, das sie mit Decken abdichteten (Driver, S. 132). Noch heute ist das Dampfbad für die Indianer überall in den Vereinigten Staaten und in Kanada ein Teil ihrer religiösen Zeremonien und Powwows; es dient ihnen zur körperlichen und geistigen Hygiene.

Das bei den Indianern weitverbreitete Dampfbad sowie ihr häufiges Baden im Wasser entspricht den Praktiken der alten mediterranen Kulturen, doch es stand in krassem Gegensatz zu denen der Europäer, die in die Neue Welt kamen. Das Baden trug wahrscheinlich dazu bei, daß sich Krankheiten unter den Indianern bis zur Ankunft der Europäer kaum ausbreiteten und daß sie im allgemeinen vor Epidemien verschont geblieben waren. Die Zerstörung der Schwitzhütten durch die Europäer und ihre Verurteilung des häufigen Badens trug höchstwahrscheinlich zu der raschen Ausbreitung von Alt-Welt-Epidemien unter den Eingeborenen Amerikas bei.

Von den gleichen Indianern, die der Welt das Chinin gaben, kam auch das Koka, das die indianischen Bauern ungefähr in derselben

Gegend am Fuß der Anden anbauten. In der traditionellen Anwendung diente es unter anderem als rituelles Reinigungsmittel, das der Heiler auf den Körper des Patienten auftrug. Häufiger werden die Blätter des Kokastrauchs gekaut oder als Tee zubereitet, der den Körper beruhigt und Schmerzen sowie Durst, Hunger, Verlangen und Müdigkeit lindert. Obwohl Koka keine Krankheit heilte wie das Chinin, schien es Geist und Seele zu erfrischen wie das Chinin den schmerzenden Körper erfrischte.

Koka kam um 1565 nach Europa, als Nicolas Monardes aus Sevilla die ersten wissenschaftlichen Beschreibungen und Zeichnungen von der Pflanze machte. Doch erst Ende der 1850er Jahre gelang es einem deutschen Chemiker, den in den Kokablättern enthaltenen Wirkstoff zu isolieren, der als Kokain bekannt wurde. Seine Bedeutung in der Medizin erlangte es in den 1880er Jahren als Betäubungsmittel bei Augenoperationen und später bei schmerzhaften Zahnbehandlungen und anderen Operationen. Schließlich synthetisierten die Chemiker aus Kokain das Prokain, das unter der Handelsbezeichnung Novocain noch heute eines der wichtigsten Betäubungsmittel ist. Obwohl Kokain nichts heilte, führte es in der Medizin zur Anwendung der Lokalanästhesie und ersetzte die häufigere Äthernarkose.

Während das Kokain von den Medizinern auf seine Verwendbarkeit in der Chirurgie untersucht wurde, erfand der junge italienische Chemiker Angelo Mariani seinen Coca-Wein, ein Gebräu, das ihm eine besondere Auszeichnung des Papstes eintrug. Dieser Wein wurde in Europa die ganz große Mode, nicht nur wegen seiner medizinischen Eigenschaften, sondern auch wegen seiner erfrischenden und entspannenden Wirkung. Zu Marianis Kunden gehörten außer Papst Leo XIII. und Königin Victoria auch Berühmtheiten wie William McKinley, Thomas Edison und Sarah Bernhardt.

Zur gleichen Zeit erfand in den Vereinigten Staaten der Pharmazeut und Bürgerkriegsveteran John Styth Pemberton aus Atlanta eine Reihe von Arzneien, für die er sowohl einheimische als auch einige ausländische Zutaten verwendete. Es waren Mixturen mit Namen wie Flower Cough Syrup, Triplex Liver Pills und French Wine Coca, die als »Ideales Nervenstärkungs- und Anre-

gungsmittel« angepriesen wurden und eine offensichtliche Nach-
ahmung von Marianis Coca-Wein waren. Als Pemberton fest-
stellte, daß die Menschen die anregende Eigenschaft des Getränks
schätzten und daß sie Alkohol, wenn es ihnen darauf ankam,
überall kaufen konnten, ließ er den Wein weg und fügte etwas
Koffein und die Geschmacksstoffe der afrikanischen Kolanuß
hinzu. Das Ergebnis war Coca-Cola, das 1886 als Essenz für ein
alkoholfreies Getränk auf den Markt kam. Bald wurde dieser
Sirup vorzugsweise mit sprudelndem kohlensäurehaltigem Wasser gemischt, und damit war das moderne Getränk geboren, das
den Weltmarkt eroberte.

Die Verbindung zwischen Kokain und Coca-Cola war so eng,
daß sie auch, nachdem die späteren Hersteller das Kokain weglie-
ßen, erhalten blieb. Coca-Cola hieß bald nur noch Coke, und
Coke war auch der Deckname für Kokain. Im amerikanischen
Süden, wo Coca-Cola während der ersten Jahrzehnte dieses Jahrhunderts ungemein beliebt war, nannten es die Menschen häufig
»dope« oder »a shot in the arm«. Noch heute benützen Gehörge-
schädigte dieselbe Wortbedeutung als Slangzeichen für eine Cola.
Sie machen eine Geste, als würden sie sich eine Spritze in den
Unterarm geben.

Viele der Wurzeln und Rinden, die zur Herstellung indianischer Arzneien verwendet wurden, hatten einen bitteren oder
scharfen Geschmack. Deshalb bezeichnete man in Amerika viele
dieser Pflanzen als »peppers«, und die daraus hergestellten Getränke trugen Handelsbezeichnungen wie Dr. Pepper, was sowohl auf den würzigen Geschmack als auch auf den medizinischen Ursprung des Getränks hinwies. Dabei stammte die
emotional oder physiologisch anregende Wirkung ursprünglich
nicht von den falsch benannten »peppers«, die darin enthalten
waren, sondern von Alkohol, Opium, Koffein, Koka und Kokain.

Im allgemeinen Sprachgebrauch verband man das Wort »pepper« jedoch immer enger mit Attributen wie aufregend, sehr
aktiv und *high*. Junge Leute sprachen bald nur noch von »pep«,
um den Zustand zu bezeichnen, in den diese Getränke versetzten.
Auf diese Weise kam die englische Sprache zu einem neuen Wort,
das nicht nur in Amerika zum Schlagwort wurde und einem

weiteren Cola-Getränk, dem Pepsi, zu seinem Namen verhalf.
Die Softdrink-Industrie in Amerika entwickelte sich unmittelbar
aus dem Handel, den reisende Arzneimittelverkäufer und Hausie-
rer mit verschiedenen indianischen Stärkungsmitteln betrieben.
Weil man im 19. Jahrhundert Indianer mit medizinischem Wissen
assoziierte, versuchten die Verkäufer, jede Medizin so eng wie
möglich mit Indianern in Verbindung zu bringen. In Zeitungsan-
zeigen warben sie für ihre indianischen Stärkungsmittel und indianischen Arzneien. Oft hatten diese reisenden Medizinverkäu-
fer einen leibhaftigen Indianer bei sich als Beweis, daß ihr Mittel
von echter Indianermedizin stammte. Zu den berühmtesten Me-
dizinvertreibern dieser Art gehörten die Kiowa Indian Medicine
and Vaudeville Company und die Kickapoo Indian Medicine
Company, die 1911 nach über dreißigjährigem Bestehen für
250 000 Dollar verkauft wurde. Aus Dokumenten geht hervor,
daß in mindestens 150 Medizinshows einer oder mehrere Kicka-
poo-Indianer auftraten; im Vergleich dazu gab es 180 Repertoire-
bühnen, die 1911 überall im Land Broadwaystücke aufführten
(Green und Laurie, S. 69).

Im 19. Jahrhundert brachten medizinische Verlage eine Reihe
von Büchern über indianische Medizin heraus. Die *United States
Pharmacopeia,* die zum ersten Mal 1820 erschien, führte über
zweihundert Arzneimittel auf, die von den Indianern stammten;
ungefähr fünfundzwanzig davon sind südamerikanischen Ursprungs (Driver, S. 557).

Während sich das amerikanische Gesundheitswesen mit Universitäten, Krankenhäusern und Ärztevereinigungen etablierte,
geriet der indianische Heiler zunehmend ins Abseits. Die Medizinshows entwickelten sich immer mehr zu Varietévorstel-
lungen, indem sie Humor, gewagte Tricks und ein wenig Sex
einsetzten, um den sinkenden Absatz ihrer indianischen Geheim-
mittel zu fördern, die oft mehr Alkohol, Opium oder Kokain
enthielten als indianische Arznei. Auf diese Weise wurde die
indianische Medizin zunehmend mit Schwindel und Quacksalbe-
rei verbunden.

Gleichzeitig verhalfen die Medizinshows dem Indianer zu
einem neuen Image als kühner und wilder Kämpfer. Besonders in

der 1883 gestarteten Show von William »Buffalo Bill« Cody (1846–1917) wurden die Indianer nicht als Heilkundige vorgestellt, sondern als geschickte Reiter und wilde Krieger, die zur Unterhaltung der amerikanischen und europäischen Massen Kunststücke vorführten. Die Wildwest-Shows fielen mit dem Aufkommen der Filmindustrie zusammen, und William F. Cody trat als Star in einem Film auf, der die Tätigkeit und das Schicksal seiner umherreisenden Truppe zeigte. Mit diesem Film war ein völlig neues Unterhaltungsgenre, geboren: der Cowboy- und Indianerfilm. Der Prärie-Indianer in voller Kriegsbemalung wurde weltweit zum Symbol des Indianers. Der Indianer als Krieger ersetzte den Indianer als Heiler.

Inzwischen hatten sich die indianischen Heilmethoden und Arzneien über die ganze Welt verbreitet und waren in die Kulturen eines jeden Kontinents integriert. Sie wurden so selbstverständlich, daß kaum noch jemand daran dachte, daß sie nicht immer zur Hand gewesen waren und daß es nicht Ärzte, Pharmazeuten und Chemiker der Alten Welt waren, die sie entdeckt oder erfunden hatten.

Den Indianer als Heiler gibt es nur noch an einigen wenigen Orten wie zum Beispiel Timbuktu, wohin die berühmten indianischen Heilmittel gelangten, wo es aber Wildwest-Shows und Cowboyfilmen nie gelang, das Image des Indianers vom Heiler zum Krieger umzuwandeln.

Die wachsende Zahl archäologischer und medizinischer Beweise führte allmählich zu dem Schluß, daß außer den vielen Heilmitteln auch eine gefürchtete Krankheit aus Amerika kam – die Syphilis. Bis vor 1493 hatte die Alte Welt Syphilis nicht gekannt, und zeitgenössische Beobachter behaupteten, Kolumbus habe sie aus Hispaniola mitgebracht. Die Behauptung erhielt zusätzliches Gewicht durch eine 1539 in Sevilla veröffentlichte Abhandlung von Ruiz Díaz de Isla, in der von der tückischen Krankheit aus Hispaniola die Rede ist. Doch jedes Land, in dem die Krankheit auftauchte, benannte sie nach dem Land, aus dem sie kam. Bei den Italienern und Engländern hieß sie die französische Krankheit, bei den Polen die deutsche, bei den Russen die polnische und so fort, bis sich Anfang des 16. Jahrhunderts der Name »Syphilis« durchgesetzt hatte.

Zum ersten urkundlich belegten Ausbruch der Krankheit kam es in Italien in den Jahren 1494 oder 1495 während einer französischen Invasion unter der Führung König Karls VIII. von Frankreich, der sich zum König von Neapel machen wollte. Im Jahr 1497 veröffentlichte Gaspar Torrella seine Abhandlung mit Ratschlägen gegen Pudendagram oder die Gallische Krankheit und lieferte damit einen der ersten medizinischen Berichte über die Krankheit, die so plötzlich und so heimtückisch zuschlug. Bis 1495 hatte sie Deutschland erreicht und im Jahr darauf England. Portugiesische Seeleute brachten sie 1498 in den Mittleren Osten und nach Indien, und in Rußland und Osteuropa tauchte sie 1499 auf. Im Jahr 1505, nur ein Dutzend Jahre, nachdem Kolumbus von Amerika nach Spanien zurückgekehrt war, gab es sie auch in China, auf der entferntesten Seite des eurasischen Kontinents.

Die Krankheit trat in den ersten Jahren wesentlich ansteckender und mit einem rascheren Krankheitsverlauf auf. Sie führte schnell und häufig zum Tod und traf die Alte Welt mit ähnlicher Wucht wie das Acquired Immune Deficiency Syndrome, Aids, im 20. Jahrhundert. Man kannte kein Heilmittel dagegen; sie verbreitete sich leicht, befiel junge, aktive Menschen und verlief in den meisten Fällen tödlich. Die Bewohner der Alten Welt suchten wieder einmal Hilfe bei den Heilmitteln Amerikas und glaubten auch, mit dem Holz des Baumes der Gattung *Guaiacum* eines gefunden zu haben. Das ölige Guajakol wirkte schleimlösend, und entsprechend des damaligen medizinischen Verständnisses in Europa sollte ein Patient die schädliche Infektion mit dem vielen Speichel, den sein Körper nach der Einnahme von Guajakol produzierte, ausscheiden.

Ärzte behaupteten, viele Menschen mit dieser Methode geheilt zu haben; leider infizierte der Patient dabei viele andere. In der Zwischenzeit machten Handelshäuser wie die Fugger ein Vermögen mit dem Import des Guajakholzes aus Amerika und dem Verkauf der verschiedenen daraus gewonnenen Medikamente. Gleichzeitig behaupteten britische Kaufleute, Sassafras, aus dem ein beliebter und teuer verkaufter Tee hergestellt wurde, sei das

Heilmittel gegen Syphilis. Doch ob die Syphilis nun aus Amerika kam oder nicht und ungeachtet ihrer frühen Geschichte bleibt die Tatsache, daß die Indianer für diese Krankheit kein Heilmittel hatten.

Trotz der hochentwickelten amerikanischen Medizin zu der Zeit, als die Europäer nach Amerika kamen, unterlagen die Heiler dem Ansturm der Krankheiten aus der Alten Welt. Nie zuvor in der Geschichte der Menschheit drangen so viele neue und anstekkende Krankheiten gleichzeitig auf ein und dasselbe Volk ein. Pocken, Beulenpest, Tuberkulose, Malaria, Gelbfieber, Grippe und all die anderen tödlichen Krankheiten der Alten Welt waren bis zur Ankunft von Kolumbus in Amerika gänzlich unbekannt. Nun rafften alle diese Krankheiten die Indianer dahin, die keinerlei Immunität gegen sie gebildet hatten. Die Indianer waren auch nicht gegen die sogenannten Kinderkrankheiten wie Masern, Mumps und Keuchhusten immun – Krankheiten, an denen Europäer und Afrikaner nur leicht erkrankten –, so daß ganze Dörfer ausstarben, wo die Menschen noch nie mit solchen Keimen in Berührung gekommen waren.

In einigen Fällen konnten die indianischen Ärzte ihre alten Arzneien erfolgreich anwenden, so das Chinin, das sich als ein Mittel gegen Malaria erwies; aber den meisten Krankheiten der Alten Welt waren die Indianer schutzlos ausgeliefert. Sogar das Heilmittel Chinin wurde rasch viel zu kostbar, so daß die Europäer den Indianern nicht mehr erlaubten, es anzuwenden. Die Weißen nahmen es allein für sich in Beschlag, um die Malaria in Europa zu bekämpfen, und ließen die Indianer an der Krankheit sterben, die bald eine neue Heimat in den amerikanischen Tropen fand. Die Indianer starben zu Millionen. Innerhalb des ersten Jahrhunderts nach der Ankunft der Europäer in Amerika starben ungefähr 90 Prozent der indianischen Bevölkerung. In beiden Amerikas wurde die Bevölkerung immer wieder durch ständig neu auftretende Epidemien dezimiert.

Während dieses qualvollen und langsamen Völkermords stellten die indianischen Ärzte fest, daß die meisten ihrer Heilmittel nicht halfen, und mußten immer öfter auf die dürftigen Hilfsmittel zurückgreifen, die ihnen geblieben waren: Gebete und Zauber. Sie sangen, tanzten, murmelten und suchten nach einer magischen Heilung für Krankheiten, die ihnen nie zuvor begegnet waren.

Die großen Errungenschaften der indianischen Medizin sind vergessen. In ein paar entlegenen Flecken in Nordamerika existiert noch ein kleines Andenken an die großen Fähigkeiten der indianischen Heiler in Form einiger merkwürdiger und scheinbar unerklärlicher Ortsnamen wie Medicine Lake, Montana; Medicine Bow Forest, Wyoming, und Medicine Hat, Alberta.

Die Drogen-Connection

Der alte Indianer, der mir während der Fahrt durch die Anden auf dem offenen Laster gegenübersaß, griff in seine Tasche und zog einen kleinen Plastikbeutel hervor. Sorgsam nahm er einige der zerknitterten Kokablätter heraus, dazu ein Quentchen einer dunkelbraunen Paste und hielt mir beides entgegen. Nach echter Quechua-Art formte ich mit meinen Händen eine Schale, um seine Gabe anzunehmen, und neigte zum Dank stumm den Kopf. Die Quechua haben kein Wort für das europäische »danke«, weil ihre Kultur sie lehrt, daß Teilen lebensnotwendig ist und Dankbarkeit sich nur in Taten und nicht in Worten ausdrückt. Der alte Mann nahm sich dann selbst eine Portion, und wir begannen beide, die staubig schmeckenden Blätter zu kauen. Die Koka gab mir ein angenehm frisches Gefühl im Mund, als würde ich Pfefferminz kauen oder käme gerade mit frisch gereinigtem Gebiß vom Zahnarzt. Nachdem ich ein wenig länger gekaut hatte, wurden Zunge und Wangen leicht taub.

Die Wirkung der Blätter ist weniger stark als die einer Tasse Kaffee, eines Glases Eistee oder selbst einer Cola. Sie nehmen nur der Kälte die Schärfe und stumpfen etwas ab gegen die Strapaze dieser endlos langen Fahrt die bolivianischen Berge hinauf und hinunter. Auf den hohen Pässen mildert die Koka das Unbehagen, das der Körper bei verringertem Luftdruck und zu wenig Sauerstoff in der Lunge empfindet. Sie ist eine der wenigen Drogen, die Höhenkrankheit, eine der häufigsten Krankheiten in den Anden, verhindert. Und als es hinunterging in die tropischen Täler, erleichterte sie uns den plötzlichen Höhenwechsel und machte die Hitze erträglicher.

Seit Jahrhunderten bauen die Eingeborenen des Tieflands Koka an und verkaufen die Blätter an die Bewohner des Hochlands. Die leicht narkotischen Kokablätter mildern nicht nur die Unannehmlichkeiten des Lebens, sondern liefern in der üblich genossenen Form auch Kalzium und die Vitamine A, C und D – wichtige

Nährstoffe für ein Volk, dem es ohne diese Ergänzung wahrscheinlich an Kalzium fehlen würde, weil die Gebiete, in denen sie leben, im allgemeinen zu hoch liegen, um dort Kühe zu halten oder viel kalziumhaltiges Gemüse zu ziehen. Die Koka stärkt ihre Knochen und Zähne und hemmt aus einem noch ungeklärten Grund die Entstehung von Karies und anderen Zahnerkrankungen.

Als unser Laster eine kleine Polizeibaracke am Rand des Amazonasdschungels in der berüchtigten Drogenregion Chapare erreichte, winkten uns die Militärpolizisten an den Straßenrand und begannen auf ihre übliche gemächliche Art, Fahrzeug und Menschen zu durchsuchen. Mich als Ausländer brachten sie zur weiteren Befragung in die Baracke. Dort sah ich drei aneinandergefesselte halbwüchsige Jungen. Sie hatten an den Händen große offene Geschwüre und es fehlten ganze Fleischstücke wie bei Leprakranken. Die Polizisten hatten den Jungen die Hände vor dem Körper zusammengebunden, aber selbst ohne Fesseln hätten sie kaum entkommen können, denn auch ihre Füße waren mit Geschwüren bedeckt. Sie konnten nur mit Mühe stehen, geschweige denn laufen. Als sie weggebracht werden sollten, mußte jeder Junge einzeln von zwei Männern an den Armen hochgehoben und halb getragen oder gezogen werden. Die Polizei hatte diese jungen Burschen, die als *pisacocas* in den Kokainküchen des Chapare arbeiteten, eben gefangengenommen. Bei den ersten Arbeitsgängen zur Gewinnung von Kokapaste werden die Kokablätter mit Kerosin, Schwefelsäure und Azeton vermischt, und die *pisacocas* tun dies mit bloßen Händen und Füßen. Bei diesem mühsamen Verfahren greifen die Chemikalien rasch das Gewebe an. Doch selbst in diesem Zustand, mit offenen, blutenden Wunden, arbeiten die Jungen weiter. Sie vergessen ihre Schmerzen, weil sie ständig Zigaretten rauchen, die mit Kokain versetzt sind. Für die Polizei oder die Armee, die in den Kokainküchen Razzien durchführt, sind sie leichte Beute.

In dieser südwestlichen Ecke des Amazonasbeckens treffen die Anden auf den tropischen Dschungel in einer Umgebung ähnlich der um das Dorf von Genaro Herrera am Ucayali in Peru, das über eineinhalbtausend Kilometer weiter im Nordwesten liegt.

Aus dieser Gegend stammte der Kokastrauch. Vor einem halben Jahrtausend bezog die Inka-Aristokratie von hier regelmäßig einen bestimmten Vorrat an Kokablättern für ihre religiösen Zeremonien. Archäologische Funde zeigen, daß die Indianer in dieser Gegend schon vor Jahrtausenden Koka benützten. Der erste Kokaboom entstand jedoch durch das Silber, das die Europäer so dringend benötigten, und durch die Eröffnung der Minen am Cerro Rico in Potosí.

Die Minen im hoch gelegenen Bolivien, besonders die um Potosí, stellen an die darin arbeitenden Menschen Anforderungen, die über das Maß des Erträglichen hinausgehen. Sie liegen so hoch und der Sauerstoffgehalt im Labyrinth der Stollen und engen Gänge sinkt so weit ab, daß die Arbeit selbst die Indianer überfordert, die an harte Arbeit in großen Höhen gewöhnt sind. Die Konquistadoren stellten jedoch fest, daß die Bergleute wesentlich länger und besser arbeiteten, wenn sie Kokablätter kauten. Sie kamen dann nicht nur mit weniger Sauerstoff aus, sondern konnten auch länger arbeiten, ohne Nahrung zu sich zu nehmen. Wenn sie Koka kauten, brauchten sie keine Pausen einzulegen. Um den Bedarf an Koka zu decken, erweiterten die Spanier die Kokapflanzungen im feuchtwarmen Tiefland und transportierten die Blätter tonnenweise nach Potosí, das zum weltgrößten Abnehmer von Koka geworden war.

Obwohl heute keine Zwangsarbeiter in den Minen arbeiten, hielten Bergleute wie Rodrigo Cespedes an dem Brauch fest, weil ihnen das Koka hilft, die unmenschlichen Arbeitsbedingungen zu ertragen, die sich in einem halben Jahrtausend nur wenig geändert haben. Bedauerlicherweise – aus der Sicht der Bergleute – ist der Preis für Kokablätter im letzten Jahrhundert dramatisch gestiegen, so daß sie heute einen wesentlich größeren Prozentsatz ihres Lohns für die Blätter ausgeben müssen, die ihnen helfen zu atmen und zu arbeiten.

Der Kokapreis stieg, als europäische Wissenschaftler Mitte des 19. Jahrhunderts lernten, aus den Kokablättern Kokain zu gewinnen. Europäer und Amerikaner kauften Kokablätter zur Herstellung von Kokain, das sie als Medizin sowie als Zusatzstoff für Wein und Cola-Getränke verwendeten. Als die Vereinigten Staaten mit der Pure Food and Drug Act von 1906 und der Harrison Narcotics Act von 1914 den Gebrauch von Kokain gesetzlich verboten, war bereits ein Markt mit nicht besonders vielen, aber treuen Abnehmern entstanden. Die Droge wurde langsam, aber stetig immer häufiger gebraucht, bis sie in den 1970er und 1980er Jahren in den Vereinigten Staaten und in Europa zur bevorzugten Droge sowohl der Wohlhabenden wie der Armen in den urbanen Gesellschaften wurde. Diese Mode breitete sich bald bis nach Rio de Janeiro, Mexico City, Bogotá und den anderen lateinamerikanischen Großstädten aus.

Die Indianer Südamerikas fanden an der Droge Kokain nie besonderen Geschmack, aber unter dem Druck der Europäer, die in den vergangenen fünfhundert Jahren versuchten, den Andenvölkern europäische Kultur, europäische Gesetze und europäische Religion aufzuzwingen, scharten sich die Indianer um das Kokablatt wie um einen Nukleus kultureller Identität. Es bietet ihnen physiologischen Schutz vor den Anforderungen der Welt der Weißen, aber auch psychologische Hilfe. Die Indianer vergraben oder verbrennen Kokablätter als Opfergaben, wenn sie ein neues Feld anlegen, ein Haus bauen oder für etwas danken wollen. Sie opfern der Jungfrau Maria, die so indianisiert wurde, daß sie für Außenseiter als solche nicht mehr erkennbar ist, Kokablätter mit *chicha,* dem vergorenen Maisbier. Als eines der am höchsten geschätzten Dinge dieser Erde ist Koka die häufigste Gabe, die den Göttern geopfert wird. Die einzige noch höher geschätzte Opfergabe sind Kokablätter mit einem Lamafötus, der, weil er nie in die korrupte und sündige Welt hineingeboren wurde, als die reinste Gabe gilt, die ein Indianer den Göttern darbringen kann.

Der Geist der Koka, die Cocamama, und die Erdmutter Pachamama spielen bedeutende Rollen im Pantheon der indianischen Götter, Halbgötter und Geister. Cocamama besitzt die Fähigkeit, durch einen eingeborenen Seher, der die Kokablätter lesen kann, die Zukunft vorauszusagen, und Cocamama verleiht den *curanderos,* den indianischen Heilern, die Kraft, einen kranken Körper von nahezu allen Leiden zu befreien, indem er ihn mit den trockenen Blättern wäscht.

Als Symbol des Widerstands gegen die Weißen und die europäische Kultur spielt Koka in den Anden eine ähnliche Rolle wie Peyote bei den Indianern im Norden von Mexiko und in den südwestlichen Vereinigten Staaten. Im Gegensatz zu Peyote sowie zu Ebena aus der Gegend des Orinoco und ähnlichen Drogen des amerikanischen Kontinents ruft Koka keinen ekstatischen Zustand hervor. Es bewirkt nicht, daß die Seele den Körper verläßt, versetzt nicht in Trance, führt weder zu Visionen, Tanzwut noch zu irgendwelchen anderen dramatischen Auswirkungen. Koka spielt eher eine leise und ruhige Rolle in der Quechua-Gesellschaft ähnlich wie der Tee in der britischen Gesellschaft oder die rituellen Bäder bei den Skandinaviern, Japanern und in der traditionellen jüdischen Gesellschaft. Der Gebrauch von Koka wurde zu einem Gemeinschaftsakt, um »uns« von »ihnen« zu unterscheiden.

Heute können sich die Indianer nur einen kleinen Vorrat an Kokablättern leisten, weil der größte Teil direkt zu den Kokainherstellern geht. Dies gilt besonders für das Chaparegebiet, wo die Blätter für den Geschmack des erfahrenen Kokabauers viel zu groß und zu bitter werden, aber gerade aus diesen Blättern läßt sich besonders viel Kokain gewinnen, was natürlich den Herstellern mehr einbringt. Und die Nachfrage nach den Chapare-Blättern aus Bolivien stieg, nachdem das Kokain in Mode gekommen war und die in Kalifornien, Kolumbien und Indonesien angebauten Kokasträucher sich für die Gewinnung von erstklassigem Kokain als zu schwach erwiesen.

Während der 1980er Jahre übertraf die Ausfuhr von Kokapaste und Kokain die bislang wichtigsten Exportgüter Boliviens Zinn und Zink, die ihrerseits längst den kolonialen Silberexport übertroffen hatten. Ende der 1980er Jahre betrug der aus dem Kokain stammende Anteil am bolivianischen Bruttosozialprodukt bereits 40 Prozent. Die Enkel der Indianer, die mit ihren Füßen die Erz-Quecksilber-Mischung zu *pasta* traten, aus der das Silber gewonnen wurde, stampften jetzt die Kerosin-Koka-*pasta*. In manchen Dörfern rings um Potosí verließen die Bergarbeiter Heim und Familie und zogen in das lukrative Chaparegebiet, wo sie pro Tag bis zu drei Dollar verdienen konnten – wesentlich mehr als Rodrigo am Cerro Rico verdient.

In den 1980er Jahren übte Roberto Suárez eine lose, aber umfassende Kontrolle über den Kokainhandel aus, in einem Gebiet im östlichen Bolivien, das größer als Frankreich ist. Roberto Suárez war der Neffe von Nicolas Suárez, der um die Jahrhundertwende den Kautschukhandel im selben Teil von Bolivien beherrschte (Kendall, S. 281). Suárez handelte vermutlich auch mit raffiniertem Kokain, doch das Hauptgeschäft machte er mit der *pasta,* die er nach Kolumbien verkaufte, wo sie verarbeitet und als Droge in die Vereinigten Staaten geschmuggelt wurde. Die Kokainindustriellen wurden gelegentlich von US-Drogenfahndern belästigt und müssen in jüngster Zeit auch die eine oder andere von der amerikanischen Regierung bezahlte Invasion der bolivianischen Elite-Panzereinheit abwehren. Aber die *Leoparden* verlieren immer und ziehen gedemütigt ab. Sobald es den Anschein hat, als wollte die bolivianische Regierung dem Kokainhandel ernstliche Schwierigkeiten bereiten, war es bis jetzt immer so, daß Suárez und seine Komplizen die Regierung stürzten und durch eigene Leute ersetzten wie bei dem Coup, durch den Garcia Meza Tejada am 17. Juli 1980 Präsident des Landes wurde.

Als wir in das Drogengebiet kamen, wurde unser Wagen erneut angehalten, aber diesmal nicht von Polizisten oder Soldaten, sondern von zornigen Indianern und Indianerinnen, die mitten auf der Straße saßen oder standen. Junge Männer mit Pistolen und Macheten sprangen an den Seiten des Lasters hoch, während uns die Umstehenden Beleidigungen zuriefen. Der alte Mann, der mir gegenübersaß, starrte schweigend vor sich hin, kaute seine Koka und ignorierte die Menge; ich versuchte, seinem Beispiel zu folgen. Einige der jungen Männer kletterten über die Seitenwände auf den Laster und begannen, alles zu durchsuchen. Einer beschuldigte die Indianer, die mit uns auf dem Laster fuhren, sie würden als *pisacocas* arbeiten, und nannte uns alle verächtlich *narcotraficantes,* Drogenschmuggler.

Die Indianer veranstalteten diesen improvisierten Streik, um den Drogenverkehr zu stören. In der Woche zuvor hatte der Hochwasser führende Fluß ihr Dorf überschwemmt und ihre eben erst bestellten Mais- und Kartoffelfelder vernichtet. Nachdem die Regierung von La Paz zu weit entfernt war, um entweder zu helfen oder ein geeignetes Ziel für den Protest der Indianer abzugeben, richtete sich ihre Empörung gegen das einzige andere in ihrer Umgebung, den Drogenverkehr, der auf den ungeteerten Straßen durch ihre Dörfer rollte. Sie verlangten finanzielle Hilfe oder sie würden den Drogenhandel unterbinden. Der feine Unterschied zwischen den Weißen, die die Regierung bildeten, und denen, die den Drogenhandel betrieben, spielte für sie keine Rolle. Sie durchsuchten unseren Lastwagen nach Chemikalien, die zur Herstellung von Kokain dienen könnten, fanden jedoch nichts, außer ein paar alten Autobatterien, über denen sich anscheinend jemand erbrochen hatte.

Erst als wir unser Ziel erreichten, wurde mir klar, daß wir tatsächlich Schwefelsäure mitgeführt hatten – versteckt in den leeren Autobatterien. Jemand hatte *chicha* darauf erbrochen und damit eine genauere Untersuchung verhindert. Der Fahrer des Lastwagens benutzte dieselben Batterien, um auf der Rückfahrt in die Stadt Kokainpaste aus dem Gebiet herauszuschmuggeln.

Einige Wochen später in Cochabamba hörte ich, daß die Indianer ihren Streik beendeten, weil sie nichts mehr zu essen hatten. Nachdem sie von der Regierung keine Hilfe bekommen hatten und die Drogenschmuggler nicht dingfest gemacht werden konnten, suchten die meisten dieser umgesiedelten Bauern auf den Kokafeldern und in den Kokainküchen Arbeit als *pisacocas*.

Kokain ist nur die neueste einer Vielzahl in Amerika heimischer Drogen und bewußtseinsverändernder Substanzen, die als Modewelle die Welt überschwemmten. Die Hochkonjunktur, die der Kokaanbau im Chaparegebiet erlebt und die Bauern aus den Bergen in die Niederungen lockt, wo sie gebraucht werden, um den Wald zu roden und neue Anbauflächen für die ständig steigende Nachfrage zu schaffen, ist bei genauerem Hinsehen eine Wiederholung des Vorgangs, durch den es zur Gründung der Vereinigten Staaten kam. Die erste Kolonie in den heutigen Vereinigten Staaten wurde von geschäftstüchtigen Kolonisten, Sträflingen und vertragsbrüchigen Angestellten errichtet, die nach Virginia kamen, um Tabak für den Verkauf an die Europäer anzubauen, die die Tabakblätter fein zerrieben durch die Nase schnupften. Tabak war die erste der Drogen aus der Neuen Welt, die auf breiter Ebene in der Alten Welt Aufnahme fanden, und die Begeisterung der Europäer für diese Droge spielte eine bedeutende Rolle für die Erschließung und Kolonisierung Nordamerikas.

Die bürgerliche Mythologie der Vereinigten Staaten übersieht geflissentlich die Rolle Amerikas als weltweiter Drogenlieferant. Die Gründung der Siedlung Jamestown im Jahr 1607 in Virginia wird nur kurz erwähnt im Vergleich zu der späteren Siedlung bei Plymouth im Jahr 1620 durch die Pilgerväter, die dachten, sie wären viel weiter im Süden gelandet. Die für den Verkauf bestimmte Feldfrucht Tabak spielte für die Vereinigten Staaten eine so wichtige Rolle, daß die Gründerväter die griechischen Säulen des ursprünglichen Capitols in Washington, D. C., mit Tabakblättern verzierten. Einige davon sind heute noch unter der kleinen Kuppel zwischen dem alten Sitzungssaal des Senats und der großen Kuppel des Gebäudes zu sehen, aber die meisten verschwanden bei den späteren Bemühungen, das Capitol griechisch aussehen zu lassen und indianische Einflüsse unkenntlich zu machen.

Die Regierungen im 17. Jahrhundert kämpften gegen den Genuß von Tabak mit ähnlicher Entschiedenheit wie die Vereinigten Staaten im 20. Jahrhundert gegen die Kokainschmuggler. Sogar die Engländer verboten unter der Herrschaft von James I. den Tabakgenuß, bis sie merkten, wieviel Geld sie damit verdienen konnten. Während der nächsten fünfzig Jahre gab es offizielle Verbote für Tabak im Osmanischen Reich, im Mogulreich, in Schweden, Dänemark, Rußland, China, den Königreichen von Neapel und Sizilien, im Kirchenstaat und im Erzbistum Köln. Trotz der Verbote erfreute sich der Tabak in immer mehr Ländern zunehmender Beliebtheit und die Menschen fanden immer raffiniertere Methoden, ihn zu genießen.

Die weltweiten Tabakverbote verhinderten nicht, daß Maryland und Virginia bis 1723 dreißigtausend Stückfässer Tabak, das sind zweihundert Schiffsladungen, pro Jahr exportierten (Braudel, Bd. I, S. 280). In den folgenden Jahrzehnten erlebte der Tabakhandel einen ungeheuren Aufschwung, als sich auch die Carolina-Staaten, Georgia, Delaware, und sogar Teile von Neuengland daran beteiligten. Obwohl die Kolonisten mit ihrem Drogenhandel ein Vermögen verdienten und sich mitten im Urwald riesige Sklavenbesitzungen bauen konnten, verübelten sie der britischen Regierung und den Kaufleuten, daß sie sich einen Anteil an den Gewinnen nahmen. Außerdem paßte es den amerikanischen Kolonisten nicht, daß sich die britischen Kaufleute zunehmend für die Konkurrenzware Tee interessierten, den sie aus Indien und Ceylon in alle Welt verschifften. Die Kolonisten erklärten schließlich ihre Unabhängigkeit und erreichten nach ihrem Sieg die vollständige Kontrolle über den zunehmend lukrativen amerikanischen Drogenhandel.

Wie das Kokain ließ sich Tabak auf vielerlei Art genießen. Die Indianer aus den Wäldern Nordamerikas rauchten den getrockneten Tabak in Pfeifen. Die Indianer in Mexiko und im Südwesten der Vereinigten Staaten rauchten ihn in Maishülsen gerollt als Zigaretten. Die Indianer der nördlichen Pazifikküste kauten den Tabak mit Kalk, ähnlich wie die Indianer der Anden ihre Kokablätter kauen. Einige wie die Azteken aßen die Blätter pur. Die Creek mischten Tabak mit den Blättern von *Ilex cassine,* einer Stechpalmenart, und anderen Zutaten zu ihrem Schwarzen Trank, den sie für ihre Rituale verwendeten.

Im Europa des 18. Jahrhunderts schnupften ihn die Herren in Pulverform, weil sie glaubten, der kürzeste Weg zum Gehirn würde durch die Nase führen. Darauf folgten an die zweihundert Jahre Pfeifenrauchen, wobei das Nikotin kräftig inhaliert wurde und durch die Lunge direkt in den Kreislauf gelangte – eine Technik, die ebenso wirksam ist wie das Schnupfen. Die Droge Tabak hatte bei den Europäern keinen kulturell angestammten Platz wie bei den Indianern, und so wurde der Tabakgenuß beliebig. Die Leute rauchten, kauten, spuckten und schnupften Tabak auf den Straßen, am Eßtisch, im Bett und in den Klassenzimmern.

Tabak fand weltweit eine noch gründlichere Verbreitung als Kaffee, Tee, Betel, Kolanuß, Kokain oder irgendeine andere Droge, ausgenommen vielleicht Schokolade. Anscheinend lernte bis heute jede Kultur irgendeine Form von Tabakgenuß kennen, und nur sehr wenige Kulturen haben ihn abgelehnt. Sogar in

Tibet, wo ich den geringsten Einfluß indianischer Lebensmittel und anderer amerikanischer Agrarprodukte fand, weil die Tibeter hartnäckig an ihrer Kost aus Gerste, Yakbutter, Tee, Fleisch, Salz und Zucker festhalten, war der Tabakgenuß weit verbreitet.

Auf dem 5500 m hohen tibetischen Paß Karo La stieß ich auf zwei ungefähr vierzehnjährige Hirtenjungen, die verzweifelter um Tabak bettelten als die Mönche im Kloster um ein Bild des Dalai Lama. Die beiden Jungen saßen am Fuß eines Steinmals, das mit bunten, im Wind knatternden Gebetsfahnen geschmückt war. Im Hintergrund funkelte im Widerschein der Sonne ein Gletscher, der sich von gigantischen Gipfeln zum Yamdrok Yamatso, einem See so blau wie das Karibische Meer, herunterschob. Ich hatte keinen Tabak, aber mein chinesischer Führer warf den Jungen zwei Zigaretten zu. Trotz der großen Höhe und des um ein Drittel geringeren Sauerstoffgehalts der Luft als auf Meereshöhe rauchten sie eine der Zigaretten mit großem Genuß, die zweite sparten sie sich vermutlich für später auf.

Der Engländer George Bogle war 1774 auf denselben alten Pfaden wie ich von Indien nach Tibet gereist, um die tibetischen Märkte für die britische Ostindiengesellschaft zu öffnen, was ihm nicht gelungen war. Er verbrachte einige Zeit beim Pachem Lama in Shigatse und machte wenig beeindruckte Bauern mit der amerikanischen Kartoffel bekannt, aber er erreichte nie den Hof des Dalai Lama in Lhasa. Bogle kam nach Tibet zu einer Zeit, als das britische Handelsnetz ganz Nordamerika und feste Handelsniederlassungen rings um den Globus umfaßte, aber es war auch am Vorabend einer großen Veränderung im britischen Handel, herbeigeführt durch die amerikanische Unabhängigkeitserklärung und die Einnahmeverluste aus dem Tabakgeschäft.

Als die britischen Kaufleute nach 1776 die Kontrolle über den amerikanischen Tabakmarkt verloren, suchten sie nach einer anderen Nutzpflanze, die sie verkaufen konnten. In ihren neu erworbenen Kolonien Indien und Burma fanden sie, was sie suchten: den Schlafmohn. Opium hatte für die britischen Kaufleute den zusätzlichen Vorteil, daß es wie Tabak in Pfeifen geraucht werden konnte. Die neuen Kunden brauchten weder eine neue Ausrüstung noch mußten sie den Gebrauch von Opium erst erlernen. Ein weiterer Vorteil war, daß es schneller und gründlicher abhängig machte als Tabak. So war es den Briten möglich, für ihr Opium bei Millionen von Chinesen einen Markt zu erobern, obwohl die chinesische Regierung den Gebrauch von Opium verboten hatte.

Der britische Opiumhandel führte schließlich zu zwei Kriegen, die für die Chinesen mit bitteren Niederlagen endeten, den Briten jedoch die Hafenkolonie Hongkong einbrachten. Seit der Entdeckung Amerikas war Silber aus Mexiko und den Anden nach China geflossen als Zahlungsmittel für chinesische Luxusgüter. China hatte so vieles zu bieten, wollte dem Westen jedoch nichts anderes abnehmen als das amerikanische Silber und Gold, das sich bei ihnen seit der Erschließung Amerikas in großen Mengen angesammelt hatte. Mit dem Opiumhandel hatten die Briten endlich den Schlüssel zu dieser riesigen Schatzkammer gefunden. Als sich in China Bauern wie Aristokraten von ihren Silbermünzen, ihren Gold- und Silberbarren und ihrem Schmuck trennten, um ihre Opiumsucht zu befriedigen, machten die Briten ein Vermögen und brachten außerdem noch chinesische Seiden und Porzellan in den Westen. Seit Francis Drake und die anderen englischen Piraten die spanischen Karavellen ausgeraubt hatten, war nicht mehr so viel Silber aus Potosí in britische Hände geflossen.

Während sich die Briten in Asien mit dem Verkauf von Opium bereicherten und die neugegründeten Vereinigten Staaten an die ganze Welt Tabak verkauften, brachten die Spanier eine scheinbar wesentlich harmlosere Droge aus Amerika auf den Markt. Sie wurde weltweit als Schokolade bekannt, dem in der Kakaobohne enthaltenen anregenden Wirkstoff. Trotz der Ähnlichkeit der Namen ist der Kokastrauch, aus dessen Blättern das Kokain gewonnen wird, eine andere Pflanze als der Kakaobaum oder der Kakaostrauch, die beide die grüngoldenen gurkenförmigen Früchte mit den Kakaobohnen hervorbringen. Weder der Kokastrauch noch der Kakaobaum sind auf irgendeine Weise mit der tropischen Kokospalme verwandt, auf der die großen Kokosnüsse wachsen Diese Verwirrung zeigt ebenso wie das Durcheinander bei Pfeffer, Chili und Paprika oder beim »Indian«, der im Englischen ein Inder oder ein Indianer sein kann, welche kulturellen Vielschichtigkeiten und Irrtümer durch die Begegnung der Alten mit der Neuen Welt entstanden.

Die Europäer lernten Schokolade kennen, als Hernando Cortés die Maya und Azteken besiegt hatte, die Kakaobäume in großen Mengen anbauten. Bei den Azteken war die Kakaobohne vor allem ein Zahlungsmittel, aber sie verzehrten sie auch auf verschiedene Weise. Sie schlugen Schokolade mit Wasser und manchmal mit Honig zu einem schäumenden, erfrischenden Getränk, das sie in der Nahuatl-Sprache *chocoatl* nannten. Was die Spanier an dieser Pflanze am meisten begeisterte, waren ihre narkotischen Eigenschaften. Wie die Kokablätter in Südamerika verringerte die Kakaobohne das Hungergefühl, sie vermittelte eine rasche Energiezufuhr und ließ die Menschen stundenlang weitermarschieren oder weiterkämpfen. Wegen dieser Eigenschaften wurde sie von den Konquistadoren sofort als unentbehrliche Hilfe auf ihren langen Feldzügen durch Gebirge und Dschungel übernommen.

Die Menschen zu Hause in Europa waren von Schokolade zunächst weniger begeistert. Sie sah aus wie Hasendreck, schmeckte pur viel zu bitter, und außerdem bevorzugten die Europäer traditionell schwarzen Pfeffer, Meerrettich und Senf zum Würzen ihrer Gemüse und Fleischspeisen. Sie mischten die Schokolade mit verschiedenen Gewürzen wie Pfefferminze und Zimt, um sie wohlschmeckender zu machen, und angeblich waren es Nonnen, die sie zum ersten Mal mit heißer Milch und Zucker zubereiteten und damit alle Welt verrückt nach Schokolade machten. Heiße Schokolade wurde besonders in den katholischen Mittelmeerländern beliebt, wo sie den Gläubigen half, die zahlreichen Fasttage zu überstehen, an denen die Kirche feste Nahrung verbot, flüssige jedoch zuließ (Schivelbusch, S. 96–107). Den Protestanten im Norden war Kaffee lieber, bis England die Teepflanzungen in Indien und Ceylon übernahm; danach tranken sie Tee statt Kaffee.

Die belebende, fast nervös machende Wirkung von Kaffee und Tee stand in krassem Gegensatz zu der sanften, sinnlichen Stimulation durch Schokolade, die deshalb großes Ansehen als Männer stärkendes und Frauen enthemmendes Aphrodisiakum erlangte. Etwas von diesem Ruf umgibt sie auch heute in der amerikanischen und europäischen Kultur, denn Schokolade dient noch immer als traditionelles Geschenk zum Valentinstag oder zu jeder beliebigen Zeit als Angebinde eines Verehrers. Sie ist das Geschenk der Liebe und das angemessene Dessert nach einem Abendessen bei Kerzenschein.

Schokolade fand in Europa begeisterte Aufnahme, weil sie so völlig anders war als jedes andere bekannte Nahrungsmittel. Carolus Linnaeus klassifizierte die Pflanze als *Theobroma cacao,* wobei er für den Gattungsnamen den griechischen Ausdruck »Speise der Götter« wählte. In der Wissenschaft wurde die Bezeichnung »Theobromin« dann auch für das im Kaffee oder schwarzen Tee oder Koka enthaltene Alkaloid verwendet.

Schokolade verbreitete sich nicht nur wegen ihrer ungewöhnlichen Eigenschaften oder der Rolle, die sie in der Religion oder der Sexualität spielte, sondern vor allem, weil sich die spanische Monarchie in ihren mexikanischen und karibischen Kolonien ein Monopol auf die Kakaoproduktion gesichert hatte und eifrig bemüht war, den Verkauf zu steigern. Wo die spanische Krone eine Möglichkeit sah, den Kaffee- und Teehandel zu unterdrükken, tat sie dies zugunsten ihrer Schokolade.

Die spanische Monarchie subventionierte die Schokolade in den spanischen Niederlanden, und so erfanden die Holländer bald eine ganze Reihe von Speisen und Getränken, bei denen Schokolade mit verschiedenen Kombinationen von Zucker und Gewürzen gemischt wurde. Alle möglichen Arten von Schokoladenbonbons, Kuchen, Torten und Puddings hatten bald einen festen Platz in der europäischen Kost. Bis dahin war Schokolade in großen Blöcken verkauft worden, die einen reichlichen Anteil an Kakaoöl oder Kakaobutter enthielten und kräftig nach Schokolade schmeckten. Die Holländer entwickelten ein neues Verfahren zur Verarbeitung von Schokolade, bei dem das Fett abgepreßt wurde und nur die trockene Schokolade übrigblieb. Dieses neue Produkt, der Kakao, war leicht zu transportieren und zu lagern und wurde ein sehr beliebtes Getränk für Kinder, weil der auf diese Weise verarbeiteten Schokolade die angeblich aphrodisierende Wirkung der puren Schokolade fehlte.

Als man dazu überging, die Schokolade mit Zucker zu mischen, wurde es für den Verbraucher sehr schwierig festzustellen, wieviel von der belebenden Wirkung auf die Schokolade und wieviel auf den Zucker zurückzuführen war. Folglich reduzierten die Bäcker und Konditoren häufig den Anteil an echter Schokolade zugunsten der weniger teuren Vanille und künstlicher Schokoladenaromen. Der Geschmack, den die meisten Menschen heute mit Schokolade verbinden, stammt hauptsächlich von der Vanille und anderen mit Schokolade vermischten Aromastoffen. Kakaobutter wird zu Pflanzenfett verarbeitet, und was wir heute an echter Schokolade zu uns nehmen, sind so geringe Mengen, daß das meiste ihrer narkotischen Wirkung dem Zuckerrausch zum Opfer fiel.

Nicht alles, was die Indianer kauten, ließ sich zu stärkeren Anregungsmitteln verarbeiten. In verschiedenen Teilen beider Amerikas kauten die Indianer den Saft von bestimmten Bäumen. Die Neuengland-Indianer kauten Fichtenharz, die Indianer Mexikos Chicle, das ihnen der gummiartige Milchsaft des Sapotillbaumes lieferte. Obwohl diese Gummis und Harze schmeckten, fehlte ihnen die narkotische Wirkung, die die Europäer vielleicht veranlaßt hätte, sie zu einer stärkeren Droge zu raffinieren oder zu destillieren. Die Weißen wollten diese Stoffe nicht ohne irgendein Stimulans kauen und mischten sie mit einer ordentlichen Portion Zucker. Dem New Yorker Thomas Adams gelang es nach dem Bürgerkrieg, eine Handelsware daraus zu machen; er gründete in den 1880er Jahren die erste erfolgreiche Kaugummifabrik. In seiner neuen gesüßten Form wurde Kaugummi wie Tabak und die Cola-Getränke als amerikanisches Produkt auf der ganzen Welt verkauft.

In Mexiko und in einem Teil von Texas wächst der Peyote-Kaktus. Diese stachellose Kakteenart, *Lophophora williamsii,* produziert neun Alkaloide; das stärkste davon ist Meskalin, das Halluzinationen hervorruft. Wie viele amerikanische Drogen kann Peyote roh oder als Tee aufgebrüht genossen werden. Der größte Teil der Pflanze wächst unter der Erde, doch der verwendbare Teil, der sogenannte »Button«, ragt aus der Erde heraus. Die Indianer trockneten die Pflanze gewöhnlich, um sie aufbewahren und transportieren zu können, aber dort, wo sie wächst, wurde sie vorzugsweise frisch und grün genossen.

Neben Tabak und Schokolade ist Peyote wahrscheinlich die in Nordamerika am häufigsten konsumierte einheimische Droge. Im Lauf der letzten Jahrhunderte hat sich der Gebrauch von Peyote von Mexiko aus ständig weiterverbreitet. Als die Spanier nach Mexiko kamen, war Peyote eine heilige Substanz, die von den aztekischen Priestern und bei zeremoniellen Ballspielen verwendet wurde. Um die Religion und die Macht der Azteken zu zerstören, verboten die Spanier den Gebrauch von Peyote. Es gelang ihnen, den Peyote-Handel zu unterbinden, und die Inquisition erkannte im Drogenkonsum den Tatbestand der Ketzerei. Trotzdem nahmen die Indianer im nördlichen Mexiko, wo der Kaktus wild gedieh und die spanischen Priester und Soldaten keinen direkten Zugriff auf die indianische Bevölkerung hatten, während der folgenden drei Jahrhunderte weiterhin Peyote. Neben Peyote verwendeten sie auch den milderen Kaktus Doña Ana, *Coryphantha macromeris,* als Droge sowie *pipintzintli,* die Blätter von *Salvia divinorum;* ebenso *ololiuqui,* die Samen der *Rivea corymbosa*-Ranke, und die Meskal-Bohnen der als texanischer Gebirgslorbeer bekannten Pflanze *Sophora secundiflora.*

Als die mexikanischen Indianer im 19. Jahrhundert von Spanien unabhängig wurden, nahm der Gebrauch von Peyote zu. Er verbreitete sich im Südwesten der Vereinigten Staaten, erreichte bis zum amerikanischen Bürgerkrieg die Caddo-Indianer in Texas, um die Mitte der 1880er Jahre die Comanchen und Kiowa des westlichen Indianerterritoriums (des späteren Oklahoma) und griff von hier aus auf die Cheyenne, Osage, Arapaho und andere Prärie-Indianer über. Bis zum Beginn des 20. Jahrhunderts hatten auch die Indianer rings um die Großen Seen und an der kanadischen Grenze den Gebrauch von Peyote übernommen. Nachdem die vergessenen Reservations-Indianer Zeugen der Zerstörung ihrer sozialen und kulturellen Systeme geworden waren und sahen, daß sie keinen Zugang zu denen der Weißen erhielten, suchten sie vor einer zunehmend feindlichen sozialen Umwelt

Zuflucht beim rituellen Gebrauch von Peyote. Trotz der Bemühungen christlicher Missionare wurde Peyote das zentrale Sakrament einer neuen Kirche, die 1918 offiziell gegründet und als die Native American Church bekannt wurde.

Die Mitglieder dieser Kirche glauben vor allem, daß Christus zu den Weißen kam und Peyote zu den Indianern. Wie die Kokablätter bei den Quechua ist Peyote für sie eine Möglichkeit, sich aus der Einschnürung durch die weiße Zivilisation zu befreien. Im gemeinschaftlichen und spirituellen Ritual ihrer Kirche bringt ihnen Peyote Heilung und Erleuchtung, und es ist dank dieser Funktion zu heilig, um zur Entspannung oder im Übermaß genossen zu werden.

Um sich eindeutig von Bewegungen wie dem Geistertanz oder den Roten Stöcken zu unterscheiden, nahm die Native American Church eine Loyalitätsklausel in ihre Satzung auf, in der es heißt, daß die Mitglieder geloben, die Verfassung und Regierung der Vereinigten Staaten mit ihrem Leben zu verteidigen. Diese Klausel übertraf die Loyalitätsbekundung jeder christlichen Sekte in Amerika (Spicer, S. 288) und verhinderte trotzdem nicht, daß die Native American Church vom weißen juristischen und religiösen Establishment angefeindet wurde.

Auch eine andere ausgegrenzte Gruppe, die amerikanischen Schwarzen, gebrauchten Peyote innerhalb gewisser Grenzen, aber die Schwarzen paßten nicht recht in die Native American Church, weil ihnen sowohl die indianische Geschichte des Drogengebrauchs fehlte als auch die Visionssuche innerhalb ihrer religiösen Riten. Der Gebrauch von Peyote in der Religion wurde von den wenigen Schwarzen, die sich darin versuchten, rasch aufgegeben. Innerhalb eines weiteren halben Jahrhunderts nach Gründung der Native American Church hatte sich der Peyotegebrauch jedoch durch eine sich vom Establishment abwendende Generation amerikanischer Jugendlicher auch unter der weißen Bevölkerung verbreitet. Als eine mystisch angehauchte Droge wurde sie zuerst innerhalb der Jugendbewegung der 1960er Jahre mit großer Begeisterung aufgenommen. Die Veröffentlichung einer Reihe von Büchern über die philosophischen und mystischen Eigenschaften der Drogen, die von indianischen Schamanen gebraucht wurden, machte Peyote als bewußtseinsverändernde Droge noch populärer. Um die gewünschte Wirkung zu erzielen, mußte man eine Handvoll der sehr bitteren und unappetitlichen Meskal-Buttons kauen. Ende der 1960er Jahre wurde dann der Wirkstoff Meskalin in synthetischer Form in Kapseln hergestellt, die sowohl leichter einzunehmen als auch leichter zu verstecken waren, nachdem der Besitz der Droge außerhalb der offiziell anerkannten Kirchen gesetzlich verboten war. Bei den jungen Leuten blieb Peyote in organischer Form oder in Form von Kapseln weiterhin beliebt, zum Teil, weil die Droge angeblich keine Gesundheitsrisiken barg und nicht abhängig machte wie Kokain und manche anderen stimmungsverändernden Drogen. Der Mystizismus, der das Peyote während seines ersten Übergriffs auf das urbane Amerika begleitet hatte, ging im Lauf der Jahre verloren, und es wurde zu einer der vielen Drogen, die von Weißen für ausschließlich profane Zwecke verwendet wurden.

Eine andere häufige Droge in Amerika lieferten die psychedelischen Pilze, die in Tierexkrementen wachsen. Die Rauschpilze *Psilocybe mexicana* und *P. cubensis* produzieren psychotrope Stoffe, die als Psilocybin oder Psilocin bekannt sind. Wie Peyote erfordern die ungefähr zwanzig verschiedenen Psylocybin-Pilzarten zur Aktivierung ihrer halluzinogenen Stoffe praktisch keine Verarbeitung. Die Pilze können roh gegessen, in Tee getrunken, geraucht oder als Pulver geschnupft werden und rufen eine heftige psychologische Reaktion hervor. Nach der Ankunft der Europäer in Amerika breitete sich der Rauschpilz stark aus, weil er sehr gut im Dung der Kuh gedeiht, die von den Europäern in Amerika eingeführt wurde.

Vor dreieinhalbtausend Jahren verwendeten die Maya diese Pilze bei ihren Zeremonien. Auch die Azteken nahmen sie, so zum Beispiel bei den Krönungsfeierlichkeiten für Moctezuma im Jahr 1502. Die Pilze *Paneolus campanulatas* hießen bei ihnen *teonanacatl,* »Speise der Götter«, ein Name, der ziemlich dasselbe bedeutete wie der, mit dem die Europäer später die andere aztekische Droge, die Schokolade, bezeichneten. Die Spanier beeilten sich, den Genuß der Rauschpilze zu verbieten, aber die Indianer aßen sie weiterhin, und der Genuß dieser Pilze verbreitete sich später auch in den städtischen Gebieten der Vereinigten Staaten. Aufgrund der Ähnlichkeit der Psilocybin-Pilze mit der giftigen Pilzart *Amanita* kommt es manchmal zu Vergiftungen. In einigen Fällen können diese anderen Pilze jedoch, wenn sie besonders zubereitet und in der richtigen Dosis genommen werden, eine anders geartete emotionale und bewußtseinserweiternde Wirkung hervorrufen.

Nachdem die Indianer von Kirche und Staat für den Gebrauch ihrer Drogen bestraft wurden, hielten sie sie oft geheim. Erst jetzt erfahren die Wissenschaftler Genaueres über diese Drogen, um sie systematisch untersuchen zu können. Die Indianer des Amazonasbeckens zum Beispiel schälten die Rinde von den Ranken der Banisteriapflanze *Banisteriopsis caapi,* kochten sie und bereiteten daraus einen halluzinogenen Tee mit angeblich aphrodisischer Wirkung. Das Rauschmittel Harmin kann auch als Extrakt gewonnen und ähnlich wie Kokain geschnupft werden. In den Anden heißt die Droge *yagé,* in den Dschungelzonen *caapi.*

Wahrscheinlich die häufigste der Amazonasdrogen ist neben Koka Ebena, das aus verschiedenen Dschungelpflanzen hergestellt wird. Die Yanomami-Indianer aus Venezuela füllen ein Ende eines bis zu eineinhalb Meter langen Bambusrohrs mit der Droge, dann hält sich einer dieses Rohrende an die Nase, während ein anderer kräftig in das Rohr hineinbläst. Auf diese Weise gelangt die Droge durch die Nasenschleimhäute in den Blutkreislauf. Der Empfänger beginnt bald darauf zu halluzinieren und zu erbrechen, während ihm dicker grüner Schleim aus der Nase rinnt. Auf diese Weise kommunizieren die Yanomami mit ihren *hekura* oder Waldgeistern (Chagnon, S. 50–51).

Mehrere tausend Meilen nördlich des Amazonas, inmitten der kanadischen Ebenen, entwickelten die Indianer eine ähnliche Droge aus der Wurzel der Sumpfpflanze *Acorus calamus,* und in Nordamerika wurden die Blätter und Früchte des Stechapfels *Datura stramonium* auf ähnliche Weise verwendet.

Den Menschen der Alten Welt genügten die Drogen der Indianer nicht, und so fanden sie rasch Wege, aus amerikanischen Pflanzen, die von Natur aus keine narkotischen Eigenschaften besaßen, Drogen herzustellen. Die Europäer destillierten den Mais aus Mittelamerika und die Kartoffel der Anden zu alkoholischen Getränken, die stimmungs- und bewußtseinsverändernd waren. Dieses Verfahren erforderte große Mengen an Mais und Kartoffeln, aber die neuen Pflanzen gediehen leicht, ergaben pro Hektar Boden gute Ernteerträge und konnten in genügend großen Mengen produziert werden, um eine Maisschnaps- und Kartoffelschnapsindustrie in Gang zu halten.

Die Indianer verstanden es, aus verschiedenen Pflanzen Weine und Biere herzustellen, aber sie konnten keinen hochprozentigen Alkohol destillieren. Die alten Mexikaner machten aus dem vergorenen Saft von *Agave* und *Dasylirion* Pulque, ein sehr vitaminreiches Getränk. Die Pima und Papago kelterten einen Kaktuswein, während andere Indianer derselben Gegend aus den Früchten verschiedener Mesquitbaumarten, aus Mais und sogar Maisstengeln Bier brauten. Verschiedene Stämme an der nordamerikanischen Atlantikküste machten Dattelpflaumenwein, der später viele Anhänger unter den Kolonisten fand. Die Indianer kelterten mindestens vierzig verschiedene Weine aus Früchten und Pflanzen einschließlich Palme, Pflaume, Ananas, Mammea-Apfel und Sarsaparille (Driver, S. 110). Das exotischste dieser Getränke war eine Art Met der Maya, das sie *balche* nannten und aus dem vergorenen Honig einer stachellosen Bienenart herstellten.

Trotz dieser vielen alkoholischen Getränke waren Indianer nur selten betrunken. Sie genossen Alkohol wie ihre anderen Drogen vor allem bei religiösen Anlässen. Wie ernst die indianischen Kulturen den religiösen Gebrauch solcher Rauschmittel nahmen, zeigt das Beispiel der Azteken, die jeden Adeligen, Gelehrten oder Priester hinrichteten, der betrunken in der Öffentlichkeit aufgegriffen wurde. Ein Gemeiner wurde beim ersten Verstoß nur geschlagen, beim zweiten ebenfalls hingerichtet (Driver, S. 111).

Wo das Destillierverfahren seinen Ursprung hat, weiß man nicht, aber es war irgendwo in der Alten Welt. Europäische Alchimisten bereiteten schon lange Zeit vor der Entdeckung Amerikas auf diese Weise Arzneien zu. Neben Kräutern und Pflanzen destillierten sie auch Wein; so entstand der erste Branntwein. Daraus entwickelte sich dann die ganze Skala destillierter alkoholischer Getränke. Branntwein diente bald nicht mehr ausschließlich medizinischen Zwecken und wurde zum schneller und stärker wirkenden Rauschmittel als Wein oder Bier. Allerdings blieb der aus Wein destillierte Brandy oder Weinbrand ein ziemlich kostspieliger Luxus, da Wein nur begrenzt zur Verfügung stand. In den ersten Jahren konnten sich nur aristokratische Kreise und die aufsteigende Kaufmannsschicht dieses Luxusgetränk leisten; für den einfachen Bauern oder die damals entstehende Arbeiterklasse war er unerschwinglich. Alkohol ließ sich jedoch auch aus anderen Rohstoffen herstellen, und bald wandten tüchtige Apotheker und Mönche das Destillierverfahren auf die bescheidensten und gewöhnlichsten Pflanzen an.

Die ersten größeren Schnapsbrennereien entstanden in der Karibik, wo die Spanier und später die Briten aus den großen Zukkermengen, die auf den Inseln produziert wurden, Rum herstellten. Die Kolonisten in den Vereinigten Staaten versuchten, diesen großen Erfolg zu kopieren, aber ihrem Land fehlten die geeigneten Bedingungen für den Anbau von Zuckerrohr. Also nahmen sie, was auf ihrem Land wuchs, und das war Mais. Der Mais gedieh auf den amerikanischen Feldern so üppig, daß die Siedler viel mehr ernteten, als Mensch und Tier verbrauchen konnten. Das Destillierverfahren ist technologisch so einfach, daß die Regierung bis heute Probleme hat, die Branntweinsteuer von den zahlreichen kleinen Betrieben einzutreiben, die sich immer wieder in entlegenen Gegenden niederlassen. Maisschnaps wurde jedoch in der Welt nicht so beliebt wie Rum, weil die britische Krone, die aus dem guteingeführten Rumhandel große Gewinne einstrich, jede Konkurrenz energisch bekämpfte.

Es dauerte nicht lange, bis findige Kolonisten einen neuen Markt für ihren Maiswhiskey entdeckten. Englische, holländische, französische und spanische Kolonisten waren sich einig, daß destillierter Alkohol ein ausgezeichnetes Mittel war, um die Indianer zu unterdrücken und gleichzeitig Geld zu verdienen. So schrieb zum Beispiel 1786 der mexikanische Vizekönig Bernardo de Gálvez, daß sich Alkohol so hervorragend zur Zähmung der Indianer bewährt und dem Staat so viel Geld eingebracht habe, daß man damit vielleicht die aufsässigen Apachen im Norden unterwerfen könne. Außerdem, so behauptete er, gebe es kein besseres Mittel, um bei ihnen »ein neues Bedürfnis zu wecken und ihnen die Augen für ihre Abhängigkeit von unseren Wohltaten zu öffnen« (Braudel, Bd. I, S. 249).

Die Indianer der Anden machen von den Kokablättern auch heute nur sehr mäßig Gebrauch, obwohl sie vom Kokainhandel umgeben sind; doch dieses vernünftige Maßhalten ist dahin, sobald es sich um Alkohol handelt. Derselbe Indianer, der nie daran denken würde, Kokain zu schnupfen, betrinkt sich während der Fiesta zu Ehren der Jungfrau von Urkupina auf offener Straße bis zur Bewußtlosigkeit. Ganz ähnlich verhält sich der nordamerikanische Indianer, der Tabak mäßig und mit Respekt genießt, aber keine kulturelle Mäßigung kennt, wenn er Whiskey trinkt.

Die Indianer waren nicht die einzigen, die nicht mit Alkohol umgehen konnten. Auch die Europäer verfügten über eine lange Geschichte, was ihren Gebrauch von Getränken wie Wein, Met und Bier betrifft, die sie in großen Mengen konsumierten, aber bis vor wenigen Jahrhunderten hatten sie keine Tradition im Gebrauch von stärkeren Spirituosen wie Rum, Whiskey, Gin und Wodka. Als amerikanische Plantagen und in Europa angebaute amerikanische Feldfrüchte den Alkohol verbilligten, ersetzten die Bauern ihre traditionellen, durch Vergärung gewonnenen Getränke durch Schnaps. Die Russen lernten, ihr Essen mit großen Gläsern Wodka statt mit Bier hinunterzuspülen, während die Iren und Schotten mehr Whisky anstelle ihres *ale* tranken. Dies führte zu einer völlig neuen Krankheit, dem Alkoholismus, der sich während der letzten Jahrhunderte parallel zur Entwicklung des Industrialisierung ständig ausbreitete. Alkohol war eine Möglichkeit, sich psychisch von der monotonen und sehr langen Fabrikarbeit abzukoppeln.

Als die Spanier feststellten, daß die Indianer bereit waren, länger und schwerer zu arbeiten, wenn sie leicht unter Drogen gesetzt waren, machten sie eine folgenschwere Entdeckung: Fabrikarbeiter wollten Drogen, um die Plackerei und Eintönigkeit ihrer Arbeit besser zu ertragen. Genauso wie die Geldfabrik von Potosí als Prototyp für alle Fabriken diente, war der Gebrauch von Koka durch die Bergarbeiter von Potosí beispielgebend für den Gebrauch aller möglichen Drogen als Hilfsmittel, um die qualvollen und unnatürlichen Arbeitsbedingungen zu mildern. Die industrielle Revolution könnte genausogut die Alkohol- und Drogenrevolution heißen.

Henry Fielding und andere Autoren prangerten das Unheil an, das diese neue Alkoholseuche anrichtete, die dank einer wirtschaftlicheren Destillation von Gin im 18. Jahrhundert um sich griff; ebenso der Kupferstecher William Hogarth mit seinen gesellschaftskritischen Bilderzyklen sowie Generationen von Pamphletisten, Geistlichen und Reformern.

Die Frauenrechtlerinnen des 19. Jahrhunderts kämpften Seite an Seite mit den Alkoholgegnern, denn die frühen Feministinnen sahen im Alkohol einen der schlimmsten Unterdrücker der Frauen. Der Mißbrauch von Frauen und Kindern innerhalb der Familien war meistens auf betrunkene Männer zurückzuführen. Ähnlich schienen Vergewaltigung, Verführung und Prostitution eng mit dem steigenden Alkoholkonsum bei Männern und Frauen verbunden. Viele Frauen wurden alkoholsüchtig; sie ruinierten ihre Gesundheit und die ihrer Kinder und brachten sich obendrein an den Bettelstab. Die Veränderungen, die die Verbreitung von Drogen im 20. Jahrhundert in den städtischen Gebieten hervorrief, waren nur ein milder Abglanz der weitreichenden sozialen, wirtschaftlichen, familiären, kulturellen und sexuellen Veränderungen, die der viel weiter verbreitete Gebrauch von Alkohol im 18. und 19. Jahrhundert heraufbeschwor.

Es genügte den europäischen Kolonisten und Handelsgesellschaften nicht, nur die in der Neuen Welt einheimischen Produkte zu nutzen. Sie entdeckten sehr früh, daß sich auf den fruchtbaren Böden Amerikas auch zahlreiche Genußmittel der Alten Welt anbauen ließen. Kaffee, der in Europa nicht gedieh und deshalb für die Europäer ein Luxusartikel war, entwickelte sich ausgezeichnet in den karibischen Ländern und in Brasilien.

Die Europäer fanden auch, daß es sowohl in Nord- als auch in Südamerika hervorragend geeignetes Land für den Anbau von Marihuana gab. Als besonders günstig erwiesen sich hier die feuchten und milden Zonen entlang der kalifornischen Küste und in der Karibik. In den 1980er Jahren war Marihuana ganz offenbar sowohl in Kalifornien als auch in einigen kleineren Ländern wie Belize die wichtigste Anbaufrucht. Die amerikanischen Farmer züchteten eine Pflanze mit einem stärkeren Wirkstoffgehalt und förderten damit eine zunehmend stärkere Droge.

Weil der Anbau von Marihuana illegal blieb, bauten ihn die Bauern in dichtbewaldeten Gebieten an, wo die Felder schwer zu finden und auch gegen die Entdeckung aus der Luft getarnt waren. Aus diesem Grund wurden die Dschungelgebiete von Belize und die Rotholzwälder von Nordkalifornien die hauptsächlichsten Produktionsgebiete, die noch relativ nah an den Märkten in städtischen nordamerikanischen Gegenden lagen. Wahrscheinlich wurde allein in den Vereinigten Staaten mehr Land für den Anbau von Marihuana genutzt als jemals für den extensivsten Koka-Anbau in Bolivien. Die Regierung der Vereinigten Staaten sah sich trotz ihrer enormen finanziellen und technologischen Mittel nicht in der Lage, den Anbau von Marihuana selbst in den regierungseigenen und von ihr verwalteten Nationalparks zu kontrollieren, was sie jedoch nicht hinderte, Bolivien unter Druck zu setzen, weil es der Regierung dort in den ausgedehnten und kaum bevölkerten Dschungeln nicht gelang, den Koka-Anbau zu kontrollieren.

Während der vergangenen fünfhundert Jahre hat die Welt die amerikanische Pharmakologie nach immer phantastischeren Highs im Drogenrausch, immer vollständigeren Formen der Berauschung und immer stärker veränderten Bewußtseinszuständen durchstöbert. Die Suche nach Drogen setzte sich von der Schokolade über verschiedene Tabakformen, Wurzelbiere, Tonic Water, Peyote, mit Kokain versetzten Cola-Getränken bis schließlich zum reinen Kokain fort. Unterdessen wurden Drogen wie Marihuana und Schlafmohn aus den entlegenen Teilen der Alten Welt eingeführt und zu stärkeren Rauschgiften wie Opium und Heroin weiterverarbeitet.

Bis zum 20. Jahrhundert hatte die Suche nach immer stärkeren Drogen die frühere Suche nach Gold und nach der Quelle ewiger Jugend ersetzt. Viele Drogen der Neuen Welt müssen jedoch noch außerhalb ihrer heimischen Umgebung erprobt werden. Vielleicht warten auch sie nur auf eine geeignete Technologie, die sie zu noch stärkeren Stoffen ummodelt und ihnen genügend Reiz verleiht, so daß sie vielleicht zum Kokain einer Generation von morgen werden.

Architektur und Stadtplanung

Die ältesten Spuren, die in Nicaragua auf menschliche Behausungen hinweisen, finden sich im gehärteten Schlamm am Rand des Lago de Managua, den die Indianer Xolotán nannten. In dem einst weichen Schlamm am Seeufer im nordwestlichen Teil von Managua hinterließen siebzehn Männer, Frauen und Kinder ihre Fußabdrücke, die unauslöschlich wurden. Tatzen- und Hufspuren von Jaguar und Hochwild kreuzen die menschlichen Fußspuren, so daß die Artefakte zusätzlich den Eindruck von großer Eile vermitteln, als wären Menschen und Tiere vor etwas Schrecklichem geflohen. Die Tiefe der Erwachsenenabdrücke weist darauf hin, daß die Männer und Frauen unter dem Gewicht schwerer Lasten zu kämpfen hatten; vielleicht trugen sie kleine Kinder oder Lebensmittel oder eine kostbare Habe, während sie zum Wasser rannten, das ihnen möglicherweise Sicherheit bot. In jenem unbestimmten Augenblick vor Tausenden von Jahren war vielleicht der in der Nähe gelegene Vulkan Masaya ausgebrochen und hatte die hier lebenden Menschen und Tiere in Angst und Schrecken versetzt.

Die Menschen rings um den Managuasee hatten immer wieder unter den Launen einer unberechenbaren und oft grausamen Mutter Natur zu leiden. Die Spuren jüngerer Katastrophen verunstalten auch heute das Seeufer, denn die Innenstadt von Managua sieht nach ihrer Zerstörung durch das Erdbeben an Weihnachten 1972 immer noch wie ein Schlachtfeld aus.

Der Wolkenkratzer der Bank of America und das Intercontinental Hotel mit seinen 210 Luxuszimmern überlebten die Katastrophe und stehen heute wie Wächter an den beiden Enden eines Orts der Verwüstung. Bürogebäude stürzten in sich zusammen, aber den Menschen, die tagsüber darin arbeiteten, geschah nichts, weil sich das Erdbeben in der Nacht ereignete. Reinigungspersonal, Nachtwächter und in den Eingängen übernachtende Obdachlose wurden jedoch getötet. Mein Kollege, der Anthropologe Götz von Houwald, der seit vielen Jahren in dem Gebiet lebte, zeigte mir die Ruinen eines Hotels, in dem mehrere Menschen in ihren Betten starben. Eine weniger glückliche Gruppe, erzählte er mir, wollte gerade, als das Erdbeben begann, mit dem Aufzug des Hotels nach oben fahren. Diese Menschen überlebten, geschützt durch das Stahlgehäuse des Lifts und den betonierten Aufzugschacht, den Einsturz des Gebäudes. Was sie jedoch zunächst gerettet hatte, wurde später ihr Grab. Die Rettungsmannschaften hörten die dumpfen Schreie der Eingeschlossenen, erreichten den Schacht aber erst, nachdem alle Opfer darin bereits erstickt oder durch Streß gestorben waren.

Houwald führte mich auch durch die Kathedrale, deren Dach eingestürzt war. Überall im Zentrum der Innenstadt lagen Marmorbrocken verstreut; die Madonnen und Heiligen auf den Altären starrten in den freien Himmel und mußten tropische Regengüsse, Staubwinde und Vogelkot über sich ergehen lassen. In der Nähe des noch stehenden Intercontinental Hotel zeigte er mir an einer Straßenecke die Ruinen eines Hauses, in dem eine Bekannte von ihm gewohnt hatte. Er war nach dem Beben zu ihr gegangen und sah, wie in den Trümmern ihres Hauses geplündert wurde, während ihr zappelnder Körper zur Hälfte aus den Trümmern herausragte.

Managua wurde durch das Erdbeben wesentlich stärker zerstört als durch die Revolution, die danach folgte und die in gewisser Hinsicht vermutlich auch durch das Beben hervorgerufen wurde. Das Erdbeben hat die Stadt praktisch zerstört. Zehntausend Menschen starben, Hunderttausende wurden obdachlos. Aus der ganzen Welt trafen Geld- und Sachspenden ein, aber die geldgierige Familie und die Verbündeten des Diktators Anastasio Somoza lenkten einen Großteil der Hilfsgelder auf ihre Privatkonten. Statt die Stadt wieder aufzubauen, verwendeten sie das Geld für teure Vorstadtprojekte und Bauspekulationen. Als die Revolution die Straßen von Managua erreichte, stand ihr die City offen; ihre Gebäude lagen bereits in Trümmern. Die Straßenkämpfe während der letzten Tage der Somoza-Diktatur, bei denen mit Steinen geworfen und geschossen wurde, haben die bereits vorhandene Zerstörung nur wenig verschlimmert.

Selbst bei einem flüchtigen Blick auf eine Reliefkarte von Amerika ist ein besonderes Merkmal dieses Kontinents nicht zu übersehen. Eine Gebirgskette zieht sich von Alaska im Norden bis nach Feuerland an der Spitze Südamerikas. Die Berge beginnen ein gutes Stück oberhalb des nördlichen Polarkreises bei rund 70° Nord und 160° West. Von Alaska aus ziehen sie sich an der Westseite von Kanada hinunter zu den Vereinigten Staaten, wo sie sich auffächern, um dann in der Mitte von Mexiko und Mittelamerika zunehmend schmaler zu werden. Nach dem Sprung auf die Südhälfte des Kontinents schmiegen sie sich dicht an die südamerikanische Westküste, bevor sie sich in den bolivianischen Anden zu einem dramatischen Höhepunkt ausweiten und südlich von Patagonien bei 52° südlicher Breite und 65° westlicher Länge allmählich auslaufen. Diese rund sechzehntausend Kilometer lange Gebirgskette verläuft fast um die halbe Erde; zu ihr gehören unverhältnismäßig viele Vulkane, Geysire, heiße Quellen und Salzwüsten sowie die Gebirgsmassive der Rocky Mountains und der Anden. Zahllose Verwerfungslinien ziehen sich quer durch die Gebirge und strahlen von ihnen aus wie Risse in getrocknetem Schlamm.

Entlang der Linie dieser Gebirgskette überschneiden sich mehrere Kontinentalplatten, und durch das jahrhundertelange Schieben und Zerren am Festland kam es auf der Erdoberfläche zu reichen Mineralablagerungen. Potosí stellte als die reichste dieser Fundstätten alle anderen in den Schatten. Aber diese lange amerikanische Gebirgskette lieferte auch das Silber für die Minen in Mexiko, das Gold für den Goldrausch in Alaska, Kalifornien und in den kanadischen Rockies und überdies einen gewaltigen Reichtum an unedlen Metallen wie Kupfer, Zinn und Zink.

Erdbeben kommen in diesem Teil der Welt so häufig vor, daß die meisten Menschen außerhalb dieses Gebiets kaum Notiz davon nehmen. Managua wurde schon einmal, 1931, bei einem Erdbeben zerstört, und lange davor, im Jahr 1609, die in der Nähe gelegene Hauptstadt von León, die dann an den Ort des heutigen León verlegt wurde. Die frühere Hauptstadt für ganz Mittelamerika befand sich einst in Antigua in Guatemala, aber sie wurde so viele Male von Erdbeben zerstört, daß die Regierung die Stadt

1775 aufgab und die Hauptstadt an den Ort verlegte, der heute als Guatemala City bekannt ist.

In Ecuador gab es 1797 ein großes Erdbeben, bei dem schätzungsweise vierzigtausend Menschen getötet wurden. Im April 1906 zerstörte ein ungewöhnlich starkes Erdbeben mit einem Wert von 8,3 auf der Richterskala die Innenstadt von San Francisco. Vier Monate später erschütterte ein Beben von der Stärke 8,6 Valparaiso in Chile. Im Jahr 1964 kam es zu einem größeren Beben in Alaska. Am 31. Mai 1970 zerstörte ein Beben vor der Küste im Norden Perus die Städte Huaraz und Yungay, und Callejón de Huaylas wurde unter den Eis- und Schuttlawinen, die von den umliegenden Bergen niedergingen, begraben. Im Februar 1972 erschütterte ein stärkeres Beben die Gegend um San Bernardino in Kalifornien. Im Jahr 1976 machte ein Beben von der Stärke 7,5 auf der Richterskala Guatemala City dem Erdboden gleich und tötete zwanzigtausend Menschen. Im Herbst 1986 schwankte der Boden in San Salvador, der Hauptstadt von El Salvador; dabei kamen Tausende ums Leben, Zehntausende wurden obdachlos und das Land, das sich bereits im Bürgerkrieg befand, wurde noch stärker destabilisiert. Wenige Monate später, im Jahr 1987, wurde das östliche Ecuador von einem Erdbeben heimgesucht, das die Ölindustrie zerstörte und das Land in eine tiefe wirtschaftliche Krise stürzte.

Der Mount St. Helens im US-Staat Washington sprengte 1983 seine Spitze ab und verwüstete viele tausend Hektar Wald; der dabei bis in die Stratosphäre geschleuderte Staub verbreitete sich mit dem Jetstream um die ganze Welt. Über die ganze Gebirgskette verteilt, von Alaska bis Chile, liegen entlang der Pazifikküste die höchsten Vulkanberge der Welt. Zwischen einigen der kleinen Vulkane Alaskas und den Riesen der Anden mit Höhen um 6000 Metern zählt der Mount St. Helens mit seinen 2947 Metern zu den mittelhohen Vulkanen. Diese Vulkane des »Ring of Fire« der amerikanischen Pazifikküste gehören seit jeher zu den aktivsten Vulkanen der Welt.

Eines der merkwürdigsten Phänomene dieser gefährlichen Regionen gehört vielleicht eher in den kulturellen als in den geologischen Bereich, denn nahezu jede größere indianische Zivilisation baute auf oder in der Nähe dieser Gebirgskette. Hier wimmelt es geradezu von Ruinen indianischer Städte, Tempel und Pyramiden, die von der Zerstörung ringsum kaum beeinträchtigt wurden. Dieses instabile Gebiet wurde die Heimat der Azteken im Hochland von Mexiko, der Mayas in Guatemala, der Chibcha in Kolumbien, der Inka-Zivilisation und der Tiahuanaco-Kultur am Titicacasee. Die indianischen Bauten halten den Erdbeben stand, während die moderneren Städte der Weißen häufig wieder aufgebaut werden müssen. Das Intercontinental Hotel in Managua war im Stil einer Tempelpyramide der Maya gebaut und mit Maya-Motiven dekoriert. Diese äußere Ähnlichkeit hatte nichts mit der Standfestigkeit des Gebäudes zu tun; daß es sich trotzdem über den europäischen Ruinen ringsum wie ein trotziges Symbol indianischer Kontinuität inmitten eines von den Unruhen der Natur und der Politik geschaffenen Chaos erhebt, ist in diesem Fall nur eine Ironie.

Einer der Gründe, warum die Bauten überleben, scheint darin zu liegen, daß die indianischen Baumeister im Lauf der Jahrhunderte ganz bewußt eine Technik entwickelten, die ihre Gebäude die Erschütterung und häufige Bewegung dieser Kataklysmen überstehen ließ. Die Inka bauten Mauern aus sorgfältig behauenen Steinen, die fugenlos, aber ohne verbindenden Mörtel aufeinandergeschichtet wurden. Auf diese Weise blieben die Mauern flexibel und konnten alle Beben des letzten halben Jahrtausends überdauern.

Bei den Tempelpyramiden von Zentralmexiko ermöglichten die konische Form und ihre nahezu kompakte Bauweise, daß sie gewaltige Erdbewegungen überstanden, ohne in sich zusammenzustürzen oder die äußeren Steinschichten zu verlieren. Im Tiefland und an den stabileren indianischen Stätten wie Tikal in Guatemala und Uxmal in Yucatan konnten die Pyramiden höher und steiler mit weniger Volumen gebaut werden. Die Pyramiden von Tikal sind deshalb auch mit sechsundsiebzig Metern die höchsten in ganz Amerika. Sie sind so steil, daß der Aufstieg mehr einer Bergtour als der Ersteigung mehrerer Treppen gleicht. Inzwischen wurden Ketten angebracht, um den neuzeitlichen Ersteigern der Pyramide den Auf- und Abstieg zu erleichtern.

Das höchste Gebäude in Belize war sogar noch im 20. Jahrhundert die Maya-Pyramide von Altun Ha. In Mittelamerika zählen die Pyramiden von Tikal ebenfalls noch zu den höchsten Gebäuden, und bis zum 20. Jahrhundert waren die – obwohl verlassenen – Pueblos von Mesa Verde und Chaco Canyon die größten Wohnhäuser in den Vereinigten Staaten.

Die Indianer in verschiedenen Gegenden von ganz Amerika beherrschten auch die Technik der Zementherstellung und die Verwendung von Kalkmörtel, und sie entwickelten Gipsmörtel und Stuckverzierungen. Doch nichts davon schien die später in Amerika gebauten Wolkenkratzer und Wohnhäuser beeinflußt zu haben. Die meisten Monumentalbautechniken der Indianer sind verlorengegangen.

Gebäude wie das Intercontinental Hotel in Managua, die Universität in Mexico City, ein Kunstmuseum in Santa Fe oder auch ein ganz normaler Wolkenkratzer in Los Angeles haben vielleicht stilistische Nuancen von den früheren indianischen Kulturen übernommen, aber keines dieser Gebäude wurde nach den Prinzipien indianischer Architektur oder indianischer naturwissenschaftlicher Erkenntnisse gebaut. Die Architektur der Indianer hat, andes als ihre Landwirtschaft, ihre Medizin und ihre politischen Ideen, in keiner Weise die europäische Architektur beeinflußt und auch in Amerika nur in sehr kleinem Umfang überlebt.

Ein Grund, warum die Siedler, die aus der Alten Welt nach Amerika kamen, die Monumentalarchitektur der Indianer nicht übernahmen, war die Bogen-Manie der Europäer. Die altweltlichen Baumeister bauten Kirchen und öffentliche Gebäude mit Bogenportalen und Bogenfenstern. Sie wölbten das Innere der Kirchen mit mehreren Bögen oder krönten es mit einer Kuppel, einem architektonischen Kunststück, das nichts anderes ist als eine Halbkugel aus Bögen. Die Europäer verwendeten den Bogen nicht nur in Kirchen, Schulen und Klöstern, sondern auch bei allen Arten von staatlichen Gebäuden, von Fürstenhöfen und Palästen bis zu Gefängnissen und Arenen.

In Amerika und ähnlich in China, Ägypten und Griechenland verwendete man in der Architektur statt des Bogens lieber die robusteren Winkel, Geraden und Parallelen. Unter allen amerikanischen Gruppen findet sich nur in der Monumentalarchitektur der Maya eine Art Bogen; es ist der von Kragsteinen gestützte oder falsche Bogen, den sie für Eingänge, überwölbte Gänge und Innenräume verwendeten. Sie entwickelten daraus eine ganze Reihe von Bogentypen, darunter auch einen Kleeblattbogen, der fast maurisch wirkte; aber keiner dieser Bögen war ein echtes gewölbtes Tragwerk, weil sie das Prinzip der Konsole benützten, um den Druck nach unten zu leiten, statt, wie bei einem echten Bogen, nach den Seiten. Deshalb konnten die Maya auch keine mehrstöckigen Häuser ohne massive Stützmauern bauen. Aber die Maya-Bauten stehen noch heute von Yucatan bis Honduras, nachdem europäische Bauten mit ihrer großen Abhängigkeit vom Bogen längst zu Ruinen zerfallen sind.

Das Sonnentor in Tiahuanaco am Titicacasee in Bolivien ist ein wundervolles Beispiel für die amerikanische Tradition. Der Monolith ist ungefähr drei Meter hoch und 3,75 Meter breit und wurde aus einem einzigen Andesitblock von schätzungsweise zehn Tonnen gehauen. Durch die vollkommen rechteckige Form wirkt das Bauwerk typisch amerikanisch. Die eingemeißelten, flüssiger wirkenden Verzierungen und die runde Sonne im Mittelstück des Tors bilden einen schönen Kontrast zu den rechten Winkeln. Dieses stabil konzipierte Tor überstand Erdbeben, bei dem gewölbte Torbögen einstürzten. Die geraden Linien und rechten Winkel der Ruinen erinnern wesentlich mehr an attische Tempel als an die Architektur der europäischen Eroberer. Vielleicht waren die Ähnlichkeiten in der Bauweise der Indianer, Ägypter und Griechen der Grund, warum uns diese Zivilisationen so eindrucksvolle Ruinen hinterlassen haben, während viele andere fast spurlos verschwunden sind.

Obwohl die Europäer den Bogen und die daraus entwickelten Gewölbe und Kuppeln so liebten, verwendeten sie diese Architekturform hauptsächlich für große öffentliche Gebäude und nur selten in ihren Wohnhäusern. Seltsamerweise verwendeten die Indianer den Bogen oder eine von ihm abgeleitete Form fast nie in ihrer öffentlichen oder monumentalen Architektur, dagegen häufig in Wohnhäusern und weniger bedeutenden Gebäuden. Eines der ersten Langhäuser, auf das die Siedler in Nordamerika stießen, beruhte hauptsächlich auf einer Bogenkonstruktion. Diese Gebäude bestanden aus einem einzigen langen Raum mit einer gewölbten Decke, und sie glichen ihrer Form nach eher europäischen Kirchen als Wohnhäusern. Auch bei anderen nordamerikanischen Konstruktionen wie Wigwam, Wichiup, Hogan, Pit-Haus, Kiva, Schwitzhütte und vor allem beim Iglu war das wesentliche Konstruktionsmerkmal eine Bogenform oder eine echte Kuppel.

In Südamerika wandten die Eingeborenen den echten Bogen auch bei schlichten Wohnbauten an, jedoch nicht bei der Gestaltung ihrer öffentlichen Monumentalbauten. Am Rio de la Plata in Argentinien bauten die Eingeborenen kleine Hütten aus Lehm und Flechtwerk mit Strohdächern und gewölbten Eingängen. An der peruanischen Küste hatten die Indianer ebenfalls Bogeneingänge, jedoch nie in den höher gelegenen Erdbebenzonen der Anden. Einfache Holzkonstruktionen und elastisches Baumaterial konnten ein Erdbeben überstehen oder würden beim Einsturz nur geringen Schaden anrichten.

Manchmal machen uns die großen Pyramiden, Tempel und anderen Monumentalbauten blind für noch bedeutendere architektonische Leistungen der Indianer. So kann uns zum Beispiel das Dorf Acoma in New Mexico ebenso wertvolle Informationen liefern wie Cuzco, Tikal und Teotihuacán.

Acoma, auch Sky City genannt, bedeutet »Volk auf dem Weißen Felsen«. Es taucht vor dem Besucher mitten in einer hoch gelegenen Wüste auf, ungefähr achtzig Kilometer östlich von Albuquerque und gut 1600 Meter über dem Meeresspiegel, auf einem großen Sandstein-Tafelland, das dramatisch aus der Ebene ringsum emporsteigt. Weder sanfte Hänge noch wellige Hügel bilden einen Übergang von der Ebene zum Plateau des Tafelgebirges. Mit fast senkrechten Wänden ragt das Acoma-Mesa in den Himmel. Vor Jahrhunderten schlugen die Bewohner von Acoma einen schmalen Steig in den Fels, um eine Verbindung zwischen dem Dorf oben und den Maisfeldern unten auf der Ebene zu schaffen, und sie schützten diesen Pfad sorgfältig vor den neugierigen Blicken vorüberkommender Reisender und unerwünschter Besucher.

Die Häuser von Acoma ragen zwei oder drei Stockwerke über das Plateau des Berges hinaus. Sie sind nach dem traditionellen Muster der Pueblos gebaut, so daß sie wie übereinandergestapelte braune Kästen aussehen. Die Pueblo-Indianer bauen noch heute ihre Häuser aus Lehmziegeln, und das flache Dach aus Balken, Reisig und Lehm dient gleichzeitig als Vorplatz für das darüberliegende Haus. Holzleitern verbinden die Etagen miteinander, in denen gewöhnlich Verwandte wohnen. Die in Acoma lebenden Indianer, die zur Sprachfamilie der Keres gehören, müssen nicht nur das Bauholz auf das Plateau transportieren, sondern auch die Ziegel und den Lehm, denn auf dem felsigen Mesa gibt es nicht die einfachsten Materialien; sie müssen sogar die Erde hinauftragen, um ihre Toten auf dem Friedhof zu bestatten.

Acoma hat nur ganz wenige moderne Einrichtungen übernommen. Die Bewohner lehnten sowohl Elektrizität als auch Wasserpumpen ab. Sie sammeln das Regenwasser auf dem Berg in Felsenzisternen und transportieren es mit Gefäßen. Die Frauen backen Brot in ovalen Erdöfen, die denen, die in Timbuktu in der Sahara verwendet werden, oder den Töpfertonöfen im früheren Kahl in Mitteleuropa sehr ähnlich sind. Als Brennstoff zum Kochen und Backen sowie zum Heizen in kalten Nächten darf nur Holz verwendet werden.

Diejenigen Dorfbewohner, die eine modernere Lebensweise vorziehen, wohnen ein paar Meilen entfernt außerhalb des Sichtbereichs von Acoma in der von der Regierung geförderten Wohnsiedlung Acomita in der Nähe einer Autobahn. Hier können sie Radios haben, Videorecorder, Kühlschränke, moderne Herde und all die anderen Dinge des modernen Lebens. Viele Familien haben Wohnungen sowohl in Acomita als auch in Acoma, um beide Lebensweisen zu leben.

Acoma und seine annähernd dreitausend Bewohner pflegen vieles aus der Vergangenheit, aber Nostalgie allein ist nicht das Wichtigste. Die Pueblos von New Mexiko sind die ältesten ständig bewohnten Dörfer in den USA. Als Hauptmann Hernando de Alvarado 1541 zum ersten Mal nach Acoma kam, beherbergte das Dorf ungefähr sechstausend Menschen, und nach seiner Beschreibung sah es bis auf die Kirche ziemlich genauso aus wie heute.

Indianische Siedler gründeten Acoma um das Jahr 900 n. Chr., zu einer Zeit, als in Europa finsteres Mittelalter herrschte. Charles III. von Frankreich, auch Karl der Dicke genannt, mußte sich ungefähr um diese Zeit mit den Wikingern herumschlagen, die die Normandie an sich gerissen hatten; die Mauren eroberten Spanien; die Hunnen fielen in Ungarn ein; und Alfred der Große bemühte sich, den barbarischen Stämmen von England Gesetze und Bildung beizubringen. Tikal hatte bereits den Höhepunkt seiner Entwicklung erreicht, und noch niemand konnte sich ein Azteken- oder Inka-Reich vorstellen, die viel später folgten.

Die wechselvollen Ereignisse der Weltgeschichte des jüngsten Jahrtausends haben in Acoma kaum Spuren hinterlassen. Heere kamen und gingen unter der Flagge des spanischen Königreichs, des Heiligen Römischen Reichs Deutscher Nation, der mexikanischen Republik und der Vereinigten Staaten. Immer wieder verwüsteten die Invasoren das Pueblo, angefangen 1599, als Vicente de Zalvidar den Tod seines Bruders Juan rächte, indem er die meisten Dorfbewohner zu Sklaven machte und allen Männern über fünfundzwanzig einen Fuß abhacken ließ. Trotz Eroberung, Aufständen und Unterwerfung fanden die Menschen von Acoma immer wieder einen Weg, um ihr traditionelles Leben fortzuführen im selben Pueblo und ohne ihren Baustil zu ändern.

Lange bevor die Puritaner von einer Kolonie in Nordamerika träumten, zogen spanische Siedler in dieses Gebiet. Sie übernahmen für den Bau ihrer Häuser indianische Architektur und indianische Bauweisen. Als die spanischen Priester kamen, bauten sie ihre mächtige Kirche in europäischem Stil, aber wie jedes andere Gebäude im Dorf wurde sie aus Lehm und Ziegeln errichtet. Die Spanier bauten Santa Fé, die frühe Hauptstadt für das Gebiet, auf ziemlich dieselbe Weise wie die Bewohner der Pueblos ihre Behausungen, und ergänzten ihre Bauten mit Dachziegeln, metallenen Installationen und einer größeren Zahl von Fenstern. Im Inneren schufen sie durch Trennwände mehrere Zimmer, aber der indianische Charakter dieses Stils hielt sich mehrere Jahrhunderte lang nach der ersten Eroberung.

Die frühen Siedler auf den großen nordamerikanischen Ebenen bauten ihre halb unterirdischen, mit Rasen bedeckten Häuser nach dem Vorbild der indianischen Erdhütten. Diese gutisolierten Behausungen schützten sowohl in den strengen binnenländischen Wintern als auch in den heißen Sommern und hielten den Tornados stand, die über die Ebenen brausen. Später, als die Pioniere wohlhabender wurden, kauften sie Holz, das aus den Waldzonen herbeitransportiert wurde, und gaben die Erdhäuser zugunsten von mehr europäischen und über der Erde errichteten Holzhäusern auf. Die Kosten sowohl für die Heizung als auch für die Kühlung in solchen Häusern erwiesen sich als sehr hoch; und jedes Jahr müssen wegen der von den Tornados angerichteten Schäden ein paar hundert Häuser ersetzt werden.

An der nördlichen Pazifikküste übernahmen die Europäer problemlos das Holzhaus der Indianer, denn es war rechteckig, stand ein gutes Stück über dem Boden, hatte Giebel und wurde aus Brettern und behauenen Balken, meistens Kiefern oder Rotholzbäumen, errichtet. Es sah sehr ähnlich aus wie die Behausungen, die die Weißen gewöhnt waren.

Im 20. Jahrhundert schenkte man der indianischen Architektur erneut Aufmerksamkeit aufgrund ihrer funktionalen Form und ihrer praktischen Bautechniken. Frank Lloyd Wright, der eine neue amerikanische Architektur schaffen wollte, die sich organisch in die Natur einfügte, besann sich auf einige der indianischen Grundprinzipien. Er verringerte die Zahl der Innenwände soweit wie möglich zugunsten von frei ineinander übergehenden Räumen und verwendete warme Erdtöne. Obwohl er neue technische Konzepte und neue Materialien in seine Bauten einbezog, behielten seine Häuser niedrige, lineare Profile, die sich an die Erde schmiegten wie die Pueblos von Arizona und New Mexico.

In der modernen geodätischen Kuppel, die Buckminster Fuller in seinen theoretischen Schriften und als Exponat der Vereinigten Staaten auf der Weltausstellung von 1967 in Montreal vorstellte, könnte ein Indianer oder Eskimo aus dem vorigen Jahrtausend leicht sein Iglu oder Wigwam wiedererkennen. Ähnlich erinnert der auf derselben Ausstellung vorgestellte »Habitat«-Stil, bei dem Wohneinheiten bausteinartig zusammen- und übereinandergesetzt werden mit eigenen Eingängen und Vorplätzen an den Baustil der Pueblos im Südwesten. Gleichzeitig experimentierten moderne Bauunternehmer in den extrem kalten Gebieten von Kanada und im Norden der Vereinigten Staaten mit verschiedenen halbunterirdischen Anlagen für Häuser, Fabriken und Schulen. Auch dies scheinen moderne Versionen der traditionellen indianischen Bauweise in diesem Gebiet zu sein. Im heißen und trockenen Klima des amerikanischen Südwestens hat die Verwendung von Adobe als das ideale Isoliermaterial eine Renaissance erlebt.

Das Tal von Pocona in Bolivien ist übersät mit Überresten der Inka. Die Ruinen von Inkallajita, dem »Ort der Inka«, enthalten den größten Raum, von dem man weiß, daß ihn die Inka gebaut haben. Die Stätte liegt auf einer erhöhten Lichtung oberhalb eines kleinen Wasserfalls, der selbst während der langen Trockenzeit von Dezember bis März Wasser führt. Ganz in der Nähe befindet sich das Dorf Pocona; die Ruinen auf dem Berg, der das Dorf überragt, waren vermutlich ein Ausguck oder eine Wachstation. Die heutigen Adobehäuser von Pocona sind im traditionellen spanischen Kolonialstil gebaut. Mehrere Gebäude eines Haushalts umschließen einen offenen Hof, und wie in Timbuktu bieten sie der Außenwelt meistens nur kahle Mauern, während sie im Innern Bäume, Blumen und andere schöne Dinge für die Menschen bereithalten.

Als ich mir die Häuser von Pocona genauer ansah, stellte ich fest, daß viele trotz ihrer spanischen Form auf Steinfundamenten stehen, die offensichtlich von den Inka stammten. Die großen behauenen Quader hatte man zu neuen Formen zusammengesetzt und darauf die Adobehäuser mit den Ziegeldächern errichtet.

Frühe Siedler zerstörten oder veränderten die meisten der einheimischen amerikanischen Bauten. Die große Inka-Festung Sacsahuamán wurde zu einem Steinbruch, von dem sich die Konquistadoren das Material holten, um eine neue, mehr spanische Version von Cuzco auf den Steinfundamenten der Inka-Stadt zu errichten. Cortés ließ Tenochtitlán, die Hauptstadt der Azteken, schleifen, um mit den Trümmern der Häuser und Pyramiden das ausgedehnte Kanalnetz zu füllen. Auf dem eingeebneten Boden baute er die neuen Plazas, Straßen und Kirchen von Mexico City. Die meisten Monumentalanlagen in Amerika wurden dem Erdboden gleichgemacht, und nur die bereits aufgegebenen oder entlegenen Stätten wie Machu Picchu in Peru, Tikal in Guatemala, Chichén Itzá auf Yucatan und die Anasazi-Felsenwohnungen in den Vereinigten Staaten überlebten. Diese Gebäudekomplexe hatten wenig Einfluß auf die Baustile der neuen Siedler und sicherlich auch nicht auf die Baustile in anderen Teilen der Welt.

Die Stadtplaner der Inka hielten sich bei der Anlage von Städten streng an das Rasterprinzip. Während die Städte in Europa um enge und krumme Gassen wucherten, verfügte der Inka-Herrscher für alle Städte und Dörfer in seinem Reich einen sorgfältig ausgearbeiteten Bebauungsplan. Die Städte konzentrierten sich stets um eine große Plaza, an der die wichtigsten religiösen und staatlichen Gebäude der Gemeinde standen; und jeder Häuserblock umgab eine offene *cancha,* einen Hof.

Wo die Topographie einige Änderungen dieser rechtwinkligen Gitterordnung erforderte, bewiesen die Inka stets großen Einfallsreichtum. Die Planer von Cuzco legten die Stadt in Form eines Pumas an, dessen Kopf auf die große Festung von Sacsahuamán gerichtet ist.

Obwohl die nach Amerika kommenden Kolonisten auf den indianischen Städten bauten, hielten sie sich nicht an die indianischen Bebauungsmuster. Das Vorbild für die meisten Kolonialstädte, von San Francisco bis Buenos Aires, waren nicht die großen indianischen Städt wie Cuzco oder Tenochtitlán oder kleinere Dörfer wie Pocona, sondern das andalusische Städtchen Santa Fé in Spanien.

Wer dieses Santa Fé heute besucht, kommt kaum auf die Idee, daß es ein Vorbild für überhaupt irgend etwas sein könnte. Es ist eine Kleinstadt mit rund elftausend Einwohnern. Es hat weder große Boulevards noch Grünanlagen, um als geeignetes Stadtmodell zu erscheinen. Junge Männer auf Motorrädern und Handwerker in kleinen Lastern und Lieferwagen machen die Straßen von Santa Fé lauter als der eher geringe Verkehr rechtfertigt. Auf den kleineren Straßen können die Frauen ungefährdet mitten auf der Straße gehen oder stehenbleiben, um miteinander zu schwatzen, ohne mehr befürchten zu müssen, als daß sich gelegentlich ein Ball von den auf der Straße spielenden Kinder verirrt.

In Santa Fé gibt es keine Paläste und Schlösser, weder alte Befestigungsanlagen noch öffentliche Gärten, und die Kirche ist auch nicht grandioser als eine normale Pfarrkirche. Aus spanischer Sicht ist sie nicht einmal besonders alt, denn sie wurde erst am 2. Oktober 1491 eingeweiht, fast auf den Tag genau ein Jahr vor der Entdeckung Amerikas durch Kolumbus. Aber hier taucht ein merkwürdiger Zufall auf, der Santa Fé zu einem so bedeutenden Fleckchen Erde macht für jeden, der sich mit der amerikanischen Stadtplanung der letzten fünfhundert Jahre befaßt.

Als Isabella und Ferdinand von Spanien die Mauren in Granada belagerten, hatten sie ein sechzigtausend Mann starkes Heer auf den Feldern vor der Stadt zusammengezogen. Um den Mauren zu zeigen, wie entschlossen sie waren, die Belagerung bis zum Sieg fortzusetzen, und über welche Mittel Spanien verfügte, ließ Isabella anstelle der Zelte und provisorischen Hütten ein festes Heerlager aus Steinen und Ziegeln errichten, und weil sie dank ihres christlichen Glaubens nie am Sieg der Spanier zweifelte, nannte sie dieses Lager am Rio Genil Santa Fé, »Heiliger Glaube«.

Der Grundriß dieses Lagers entsprach mehr dem eines römischen Heerlagers als dem Muster, nach dem im damaligen Europa Städte entstanden. Santa Fé wurde in Form eines Rechtecks angelegt mit zwei Hauptstraßen, die sich in der Mitte an einer Plaza kreuzten. Jede dieser vier Straßen endete an einem Tor in einer der vier Mauern, die das Lager rechtwinklig umschlossen. Diese rechtwinklige Anlage stand im Gegensatz zu der mehr kreisförmigen Form, in der sich die urbanen Gebiete gewöhnlich um eine Burg oder ein anderes Gebäude ausbreiteten mit mehreren Hauptverkehrsadern, die strahlenförmig wie die Speichen eines Rads vom Zentrum ausgingen. Das beste Beispiel hierfür ist Paris. Die neue Form, die an das Kruzifix erinnerte, kam dem mittelalterlichen Aberglauben des spanischen Königspaars wahrscheinlich sehr entgegen.

Als sich die katholischen Monarchen während ihres Kriegs gegen die Mauren in diesem neuen Lagerdorf aufhielten, kam

Christoph Kolumbus zu ihnen auf der Suche nach Geldgebern für seine geplante Forschungsreise nach Asien. Ferdinand und Isabella zeigten sich zunächst unentschlossen, doch nach langem Hin und Her gewährten sie ihm am 17. April 1492 die *Capitulaciones de Santa Fé,* mit denen er sowohl die Erlaubnis als auch die Mittel für seine Reise erhielt.

Als Kolumbus und die nachfolgenden Konquistadoren nach Amerika kamen, legten sie praktisch jede Stadt, die sie neu gründeten, nach diesem Muster an. Jede amerikanische Enklave wurde ein bewehrtes, aus Steinen errichtetes Camp, von zwei Straßen durchkreuzt und in mehrere Häuserblöcke unterteilt, mit einer Plaza in der Mitte, wo sich die Kirche und die wichtigsten kommunalen Gebäude oder der Gouverneurspalast befanden. Von Santo Domingo bis Lima hatten alle amerikanischen Städte die gleiche Form wie das bescheidene spanische Dorf Santa Fé. Einige spanische Entdecker brachten den Namen nach Amerika und verliehen ihn Orten wie Santa Fé de Bogotá in Kolumbien, Santa Fé del Rosario in Argentinien und Santa Fé in New Mexico.

Um die neuen Siedlungen ihrem urbanen Muster anzupassen, zerstörten die Spanier viele indianische Städte wie Tenochtitlán und auch kleinere Orte wie Pocona. Die Siedler, die ein Jahrhundert später in die inzwischen entstandenen Vereinigten Staaten einwanderten, folgten bei ihrer Stadtplanung ebenfalls diesem neuen Rastermuster. Washington, D. C., ist eine der wenigen Ausnahmen. Nach dem Plan des Franzosen Pierre Charles L'Enfant aus dem Jahr 1791 entstand die Stadt nach dem älteren Pariser Stadtplan mit Avenuen, die sternförmig von Fixpunkten ausgehen.

Bis auf diese bemerkenswerte Ausnahme machten sich die Nordamerikaner das Rastermuster nicht nur für ihre Stadtplanung zu eigen, sondern benutzten es auch für die Einteilung des Landes. Auf der Landkarte erkennt man deutlich, daß der größte Teil des Binnenlandes der Vereinigten Staaten und Kanadas in nahezu akkurat rechteckige oder viereckige Staaten wie Colorado, Wyoming und Manitoba aufgeteilt wurde. Anschließend zeichneten die Planer in diese Quadrate kleinere Quadrate ein für die Countys und legten nach demselben Muster Straßen und

Ortschaften an. Die neu eroberten oder durch Kauf erstandenen Territorien der Vereinigten Staaten wurden in quadratische Townships von jeweils sechs Quadratmeilen eingeteilt. Das Erbe dieser Rasterbesessenheit springt jedem ins Auge, der mit dem Flugzeug das amerikanische Kernland überquert und auf die säuberlich abgemessenen Felder blickt, die sich ihm wie ein Schachbrettmuster darbieten.

Obwohl die europäischen Siedler neue Baustile und neue Ideen für die Stadtplanung in Amerika einführten, errichteten sie ihre Siedlungen gewöhnlich dort, wo bereits indianische Siedlungen existierten, statt neue Siedlungsgebiete zu roden. Die nachfolgenden Generationen vergaßen in der Regel, daß ihre Dörfer und Städte von Indianern gegründet waren. Mythen entstanden, wie die Kolonisten ihre Siedlungen aus den unbewohnten Wäldern buchstäblich herausschlagen mußten. Nirgends widmet sich die bürgerliche Mythologie diesem Thema ausführlicher als im Fall von Washington, D. C.

Nach dieser Geschichte erforschte George Washington persönlich das jungfräuliche Land an den Ufern des Potomac und erklärte es zum geeigneten Ort für den Bau einer neuen, von der nördlichen und südlichen Hälfte des Landes gleich weit entfernten Hauptstadt. Nur in wenigen amerikanischen Büchern wird erwähnt, daß die Stadt Washington auf Naconchtanke, der wichtigsten Handelsstadt der Conoy-Indianer, entstand. Zur Zeit ihres ersten Kontakts mit den Virginia-Kolonisten im Jahr 1623 war die Stadt Sitz und Hauptquartier von Häuptling Patawomeke und seiner Gefolgschaft. Der Name des Häuptlings wurde zum heutigen Namen Potomac, und Naconchtanke überlebte nur in der latinisierten Verfälschung Anacostia, einer Parzelle der Stadt Washington.

Als im Jahr 1975 auf dem Rasen des Weißen Hauses eine Grube für den Swimmingpool des Präsidenten ausgehoben wurde, fanden die Bauarbeiter indianische Überreste, die auf den blühenden Handel und Wohlstand einer früheren indianischen Gruppe hinwiesen. Nur einige Straßen vom Weißen Haus entfernt lag einer der größten, von den Indianern ausgebeuteten Steinbrüche für

Steatit oder Speckstein, umgeben von zahlreichen Werkstätten, in denen die Indianer aus dem weichen Stein Schalen, Pfeifen und andere Gebrauchsgegenstände herstellten. Sie handelten mit ihren Waren entlang der gesamten Ostküste.

Fast überall, wo die europäischen Kolonisten auf indianischem Siedlungsgebiet bauten, entstanden Städte, die hundert- und tausendmal größer waren als die ursprüngliche indianische Niederlassung, sowohl hinsichtlich ihrer Flächenausdehnung als auch ihrer Bevölkerung. Tatsache bleibt jedoch, daß sie auf früheren Siedlungen und nicht auf jungfräulichem Land errichtet wurden. Sogar die Puritaner übernahmen von Indianern gerodete Felder, die nur verlassen waren, weil die einheimische Bevölkerung durch europäische Krankheiten dezimiert war.

Wie die Stadt Washington entstanden auch die meisten anderen amerikanischen Metropolen auf indianischen Stätten. Einige wie Mexico City und Quito wurden auf den Ruinen von Städten gebaut, die bereits große Verwaltungs- und Handelszentren sowie religiöser Mittelpunkt waren. Andere Städte wie Lima, Ottawa und Buenos Aires gingen aus wesentlich bescheideneren indianischen Siedlungen hervor.

Die neuen Siedler in Amerika führten die von den Indianern bereits geschaffenen Siedlungsmuster fort, allerdings in wesentlich größerem Maßstab. Sie konzentrierten sich auf Orte, an denen die Indianer schon vor ihnen gebaut hatten, in Nordamerika entlang der Flüsse und an der Küste, aber nur selten auf den Ebenen und in den Gebirgen. In Südamerika dagegen bauten die Indianer hauptsächlich in den Gebirgsregionen, weniger entlang der Küste und fast überhaupt nicht in den großen Flußregionen und Ebenen des Inlands. Nach genau diesen Systemen bewohnen die Nordamerikaner heute die beiden Küsten und die Flußgebiete des Mississippi und St.-Lorenz-Stroms, während ein Großteil des übrigen Landes so gut wie unbewohnt ist. Die Mexikaner bevölkern die Hochebene und die Berge und meiden die Tieflandgebiete. In Südamerika konzentriert sich die Bevölkerung auf die Anden und die beiden Küsten; sie meidet jedoch trotz jahrhundertlangen Drucks durch die Regierungen das riesige, von den Flußsystemen des Amazonas und Orinoco entwässerte Innere und die großen Ebenen von Argentinien, Paraguay und Uruguay.

Die Namen amerikanischer Flüsse, Gebirge, Städte und Staaten führen uns deutlich die Bedeutung der Indianer für die heutige kulturelle Geographie von Amerika vor Augen. Die ersten weißen Ankömmlinge in Amerika benannten den größten Teil des östlichen Landes nach Orten in der Alten Welt; amerikanisches Land wurde zu New Granada, New York, Nova Scotia, New Brunswick und New England. Die britischen Siedler tauften neue Gebiete auch nach Herrschern, denen sie eine Ehre erweisen oder schmeicheln wollten; Beispiele dafür sind Maryland, Carolina, Georgia, Alberta und Virginia. Die Spanier hielten sich lieber an die Namen von Heiligen, so in San Francisco, Santo Domingo, San Antonio und San Diego.

Anfangs schien es, als würden die indianischen Namen völlig verschwinden und die Karte von Amerika würde sich wie eine gründlich durcheinandergewürfelte Karte der Alten Welt lesen. Doch die indianischen Namen hielten sich häufig mit ungewöhnlicher Zähigkeit. So hatte sich der Name Massachusetts schon sehr früh eingeprägt und ebenso die Namen für kleinere Orte wie Nantucket, Roanoke, Tallahassee, Poughkeepsie und Oswego. Als die Kolonisten nach Westen zogen, benützten sie weniger ausländische Namen, sondern übernahmen sehr oft die bestehenden indianischen Ortsnamen wie Chicago, Minnesota und Tennessee, oder sie verwendeten die Namen der Indianer, die bereits in dem Gebiet waren, zum Beispiel für Kansas, Dakota, Utah und Texas. Selbst die Kolonie Neuspanien nahm nach dreihundert Jahren spanischer Herrschaft wieder den älteren indianischen Namen Mexiko an, nachdem das Land 1821 die Unabhängigkeit erlangte.

Die kulturelle Geographie des modernen amerikanischen Kontinents verbindet viele verschiedene charakteristische Merkmale sowohl der Alten als auch der Neuen Welt. Obwohl vieles vom indianischen Erbe verlorenging oder verschüttet wurde, schimmert noch einiges durch – genug, um Amerika sehr anders erscheinen zu lassen als Europa, Afrika oder Asien.

13
Die Pfadfinder

An einem Spätnachmittag im Januar erreichte ich zusammen mit fünf Mitreisenden die Karibikküste von Belize. Wir waren unterwegs zu dem vor der Küste gelegenen Dorf Placentia. Die Straße endete bei einer Häusergruppe am Ufer des Mango Creek, und die einheimischen Fischer hatten ihre Ausrüstung bereits eingeholt und Feierabend gemacht. Ein junger Mann von ungefähr sechzehn Jahren erklärte sich bereit, uns für einen entsprechenden Preis in seinem Einbaum nach Placentia überzusetzen. Während wir darauf warteten, bis er sich einen Außenbordmotor und etwas Benzin geborgt hatte, trennte sich unsere Gruppe. Drei Leute campierten am Ort bei unserem Landrover; wir, die anderen drei, bereiteten uns auf die Überfahrt nach Placentia vor, wo wir einen Archäologen treffen sollten, der Ausgrabungen an Maya-Stätten vor der Küste vornahm.

Der junge Mann hatte sich beeilt, damit wir noch eine möglichst große Strecke vor Einbruch der Dunkelheit zurücklegen könnten, und so setzten wir unsere Reise schon bald auf dem gewundenen Fluß fort, der auf die Placentia Bay hinausführte. Selbst als es dunkel wurde, lenkte der Junge den Einbaum geschickt durch das schmale Fahrwasser im Mangrovendickicht und an den kleinen Inseln vorbei, von denen einige von der Tide überflutet gefährlich dicht unter der Wasserfläche lauerten.

Wir sprachen englisch mit unserem Fährmann, aber seine Muttersprache war Garifuna wie für ungefähr hunderttausend andere schwarze Kariben an der Küste von Belize, am Golf von Honduras und entlang der Moskitoküste. Die schwarzen Kariben von Mittelamerika – Nachkommen von Schiffbrüchigen und entlaufenen Sklaven, die sich auf der Insel St. Vincent in der westlichen Karibischen See mit karibischen Indianern vermischt hatten – wurden 1796 von den Briten auf die Insel Roatán im Golf von Honduras gebracht. Von hier aus besiedelten sie bald die benachbarten Inseln und die verlassenen Gegenden an der Küste des

Festlands, im Norden bis hinauf nach Dandriga in Belize, im Süden bis zur Moskitoküste von Nicaragua, wo sie sich mit einigen der Mosquito-Indianer vermischten und auch, in geringerem Ausmaß, mit den Sumu und Rama. Diese schwarzen Indianer sehen wie Afrikaner aus, aber sie sprechen eine karibische Sprache und leben nach der traditionellen Lebensweise ihrer karibischen Indianervorfahren.

Andere Schwarze, die sowohl freiwillig als auch zwangsweise von Jamaika und den anderen Inseln auswanderten, um als Holzfäller in den Urwäldern entlang der Küste von Honduras, beim Bau der Eisenbahn von Costa Rica oder auf den Bananenplantagen zu arbeiten, verbreiteten sich in den nachfolgenden Jahren über das ganze Gebiet. Diese neue Einwanderungswelle von Schwarzen brachte sowohl die englische Sprache als auch eine Fülle neuen Kulturguts in das bereits reiche und bunte kulturelle Erbe der Region. Im Lauf dieser späteren Wanderungen erhielten die spanischsprechenden Länder Mittelamerikas Hafenstädte an der Karibikküste mit englischen Namen wie Livingstone in Guatemala, Bluefields in Nicaragua und Penshurst in Costa Rica.

Unser Fährmann stammte von schwarzen Kariben ab. Das Dorf Placentia, zu dem er uns brachte, war jedoch ein kreolisches Dorf, wo die Schwarzen überwiegend das englische Kreolisch sprachen, sie behaupteten nicht, Indianer zu sein. Wären wir vier Meilen weiter nach Norden gefahren, wären wir in Seine Bight gelandet, einem Dorf von schwarzen Kariben. Die Bewohner von Seine Bight und Placentia bestreiten ihren Lebensunterhalt auf sehr ähnliche Weise, aber kulturell trennt sie ein Abgrund. Die Garifuna-Sprache wurzelt tief in der indianischen Kultur, aus der sie hervorgegangen ist, während die englisch-kreolische Kultur mehr von den anglo-afrikanischen Traditionen der Karibik und der englischsprachigen Welt insgesamt lebt. In beiden Dörfern wohnen die Menschen in kleinen Holzhäusern, die auf Pfählen ungefähr eineinhalb Meter über dem Boden errichtet sind. Die Dächer aus Palmettostroh sind Wellblechdächern gewichen, und die meisten Häuser haben eine kleine Veranda mit einem Geländer. Viele Fenster sorgen dafür, daß die Luft zirkulieren kann, aber luftdurchlässige Fensterläden sperren das grelle Sonnenlicht aus und schützen vor den neugierigen Blicken der Passanten.

Wenigstens ein Mann in jedem Haus besitzt ein Boot und geht auf Fischfang. Zwanzig Meilen vor der Küste liegt das Große Barriereriff, das größte Riff vor dem amerikanischen Kontinent und nach dem Großen Barriereriff von Australien das zweitgrößte der Welt. Das Riff vor der Küste von Belize beherbergt jedoch wesentlich mehr marines Leben als das vor Australien. Die Fischer fangen hier eine Vielzahl verschiedener Fischarten, Muscheln, Langusten und Meeresschildkröten; letztere sind eine Lieblingsspeise der Einheimischen. Die Frauen kennen ein Dutzend und mehr Zubereitungsarten für Schildkröte. Sie braten dünne Schildkrötensteaks auf der Pfanne, grillen die zäheren Fleischstücke oder mischen das Fleisch mit Gewürzen und scharfem Paprika zu Schildkrötenklößchen, die sie zu Reis oder Fladenbrot aus Kassawa und gebratenen Mehlbananen servieren.

Durch eine schmale schwarze Öffnung im Mangrovendickicht steuerte unser Lotse das Boot vorsichtig auf den Strand. Die dichte Vegetation und der schwarze Sand absorbierten das Mondlicht fast völlig, so daß wir auf eine pechschwarze Kulisse zufuhren. Am nächsten Tag stellten wir fest, daß der schwarze Sand in der Sonne ein noch größeres Problem darstellt, denn er wird rasch so heiß, daß man barfuß nicht darauf gehen kann. Um am Tag von einem Haus zum anderen zu gelangen, balancieren die Dorfbewohner über schmale hölzerne Gehsteige, die kreuz und quer durch das Dorf gelegt sind.

Am nächsten Tag ging der Fischereigenossenschaft das Benzin aus; das bedeutete, daß die meisten Männer, die für ihre Einbäume einen Außenbordmotor benutzten oder mit größeren Booten fischten, an Land bleiben mußten. Die einzige Möglichkeit, vom Dorf wegzukommen, war zu Fuß nach Seine Bight zu gehen oder in einem Kanu nach Seine Bight oder zurück nach Mango Creek zu paddeln. Trotz moderner Technologie und eines fast fünfhundertjährigen Kontakts zwischen den Menschen an dieser Küste und der Alten Welt war das Kanu hier noch immer das zuverlässigste Transportmittel. Die neuere Technologie hatte schnellere Fahrzeuge gebracht, aber mit der notwendigen Energieversorgung haperte es gelegentlich. Das Kanu dagegen war immer zur Hand.

Bevor sich die Garifuna-Indianer hier niedergelassen hatten, bewohnten die Maya und einige andere indianische Gruppen diesen Teil der Küste, während die Aruaken und die Karibenindianer den größten Teil der Inseln besiedelten, die wir heute die Großen und Kleinen Antillen nennen. Ihr wichtigstes Transportmittel war das Kanu, ein Wort, das aus ihren Sprachen stammt. Kolumbus exportierte das erste Kanu nach Europa, nachdem er gesehen hatte, wie wendig und schnell diese schnittigen Boote waren.

An der Moskitoküste im Süden von Belize entwickelten die eingeborenen Miskito ein schmales Boot mit steilen Seitenwänden und scharfem Bug. Sie nannten es *dory*; so heißt es auch heute im Englischen, und es dient noch immer zum Fischen auf See.

Die Maya transportierten in ihren Kanus Handelsware entlang der Küste von Yucatan und Mittelamerika sowie rings um den Golf von Mexiko und möglicherweise bis zum Mississippi. Das Kanu war das geeignete Fahrzeug auf den seichten Flüssen in diesem Gebiet. Es war für die Indianer aller Küsten- und Flußregionen sowohl in Nord- als auch in Südamerika das wichtigste Fortbewegungs- und Transportmittel und wurde aus ganz unterschiedlichen Materialien hergestellt, je nachdem, wo es gebaut wurde. An der mittelamerikanischen Küste und fast überall im tropischen Tiefland von Südamerika, wo große Bäume wuchsen, entstanden die Kanus meistens als Einbäume.

Im nördlichen Teil der Vereinigten Staaten, wo es keine geeigneten Bäume für den Bau von Einbäumen gab, bauten die Indianer aus dünnen Ästen ein Gerüst und überzogen es mit Rindenstreifen, die ungefähr so dick waren wie ein Pfennigstück. Für die besten Kanus wurde Birkenrinde verwendet; sie wurde mit den Wurzelfasern der Weißtanne vernäht und mit Baumharz abgedichtet. Dieses leichte Fahrzeug glitt mühelos über die vielen Seen und Bäche, und die Paddler konnten es leicht an Stromschnellen vorbei oder von einem Gewässer ins andere tragen.

Frühe Forschungsreisende berichten, daß die größeren Irokesen-Kanus bis zu dreißig Krieger aufnahmen. Drei Männer konnten diese Kanus fahren, selbst wenn sie mit Waren beladen waren. Der relativ zerbrechliche Schiffskörper ließ sich mit wenig Werkzeug und mit Material, das überall in den Wäldern vorhanden war, reparieren. Der größte Nachteil dieses extrem leichten Fahrzeugs bestand darin, daß es an Land fest angebunden werden mußte, damit es der Wind nicht wegwehte.

Europäische Kleinboote aus jener Zeit wirken neben dem Kanu plump und klobig, und sie mußten gerudert werden. Dabei saß derjenige, der die Riemen bediente, mit dem Rücken zum Bug, so daß er nicht unmittelbar sehen konnte, wohin er fuhr. Das Paddel, das beim Kanu benutzt wurde, ermöglichte dem Paddler, in Fahrtrichtung zu blicken, so daß das Kanu auch für einen Mann allein das ideale Boot war.

Selbst nach der Einführung des Segelboots auf den amerikanischen Flüssen stellten die Europäer fest, daß Kanus das schnellere und zuverlässigere Transportmittel waren. Und Geschwindigkeit war, wie die Erfahrungen von Cartier im St.-Lorenz-Strom gezeigt hatten, ein ganz wesentlicher Faktor, um in diese Gebiete vorzustoßen und rechtzeitig genug wieder zurückzukommen, bevor die Wasserwege zufroren und den Reisenden der Rückweg abgeschnitten wurde. Aus diesem Grund blieb das Kanu bis weit ins 20. Jahrhundert hinein, als sich die Eisenbahnen als schneller und zuverlässiger erwiesen, in ganz Nordamerika eines der wichtigsten Transportmittel für Menschen und Güter.

In der Arktis, wo keine Birken wachsen, bauten die Eskimos ein ähnliches Kanu mit einem Leibskelett, das sie ringsum mit Tierhäuten bespannten. Oben ließen sie in der Mitte eine kleine Öffnung für das Mannsloch. Dieses Boot, das Kajak, war noch leichter als das Birkenrindenkanu und ließ sich hervorragend zwischen den Eisschollen der arktischen Gewässer manövrieren. Es hatte zudem die ungewöhnliche Eigenschaft, daß es kentern und wieder aufgerichtet werden konnte, ohne daß der Fahrer aussteigen mußte. Dieser Trick, die »Eskimorolle«, verlieh den Eskimos bei ihren kühnen Jagden auf Walrosse, Robben, Wale und andere Meeressäuger eine außerordentliche Beweglichkeit.

Die Eskimos hatten auch größere Fellboote mit flachem Boden und hohen, fast senkrechten Seitenwänden. In diesem trogartigen

Boot, dem Umiak, transportierten sie ganze Familien und ihre Habe. Weil es häufig von Frauen gepaddelt werden mußte, wurde es auch als Frauenboot bezeichnet.

Die Kwakiutl, Quinault und andere Gruppen entlang der nördlichen Pazifikküste des amerikanischen Bundesstaates Washington und der kanadischen Provinz British Columbia bauten die größten seegängigen Kanus in Amerika. Sie waren aus dem haltbaren Holz der roten Zeder, hatten eine Länge von knapp fünfzehn Metern, die Breite von der Armspanne eines Mannes und nahmen acht Männer auf sowie die gesamte Ausrüstung, die sie benötigten, um einen Wal zu fangen und an die Küste zu schleppen.

Am Titicacasee, viertausend Meter hoch in den Anden zwischen den Völkern von Peru und Bolivien, bauten die Aymará Boote aus Totora-Schilf, die mit einer langen Stange gestakt wurden. In Form und Konstruktion ähneln diese Boote sehr stark den Schilfnachen, wie sie aus dem Papyrus oder Rohr der Sumpflandschaften des Mittleren Ostens und am Tschadsee im nördlichen Zentralafrika gebaut wurden.

In den Tieflandgebieten des Inka-Reiches war ein Fahrzeug in Gebrauch, das im wesentlichen aus zwei riesenwurstähnlichen aufgeblasenen Seehundhäuten bestand. Die Inka benutzten diese Balgflöße, um das Guano von den Vogelinseln vor der Küste ans Festland zu bringen (Von Hagen, S. 143). Von ähnlichen Fahrzeugen berichtete Xenophon in *Anabasis* aus Mesopotamien; er beschreibt, wie das Heer der Griechen Ziegenhäute aufbläst, um einen Fluß zu überqueren.

Obwohl den Flößen im allgemeinen keine große Bedeutung als Transportfahrzeug beigemessen wird, übertrafen die Flöße der Indianer sehr oft ähnliche Konstruktionen in anderen Teilen der Welt. Außer den Balgflößen, wie sie die Inka verwendeten, hatten die Indianer in diesem Gebiet auch große Flöße aus Balsa, *Ochroma lagopus,* ein Baum, der im südamerikanischen Dschungel wächst. Sie waren die größten für den Transport zu Wasser konstruierten Fahrzeuge in ganz Amerika, und man konnte mit ihnen sowohl das Meer als auch die größeren Flüsse befahren. Dieser Baum erwies sich als so ideal für den Bau von Flößen, daß das Wort *balsa* auf spanisch inzwischen »Floß« bedeutet.

Der norwegische Anthropologe Thor Heyerdahl behauptete, die Indianer Südamerikas seien wahrscheinlich mit diesen seetüchtigen Flößen zwischen Polynesien und Amerika hin und her gefahren. Um seine These zu beweisen, ließ er ein solches Floß, die Kon-Tiki, bauen und fuhr damit zu den Osterinseln. Ob ein solcher überseeischer Handel tatsächlich existierte, ist unter Historikern und Ethnologen umstritten. Doch keiner von ihnen leugnet die Bedeutung dieser Flöße für den Handel an der Küste und auf den Flüssen.

Diese fünf Bootstypen – Kanu, Kajak, Umiak, Dory und Schilfboot – und ebenso die Flöße waren ausgezeichnete kleinere Wasserfahrzeuge in ihren jeweiligen ökologischen Nischen, aber nirgends in Amerika unternahm eine indianische Gruppe den Übergang vom Boot oder Floß zum Schiff. Auch wenn einige dieser seetüchtigen Fahrzeuge reichlich Platz boten für mehrere Tonnen Fracht und von einer bis zu zwölf Mann starken Crew gepaddelt werden mußten, wurden sie niemals Schiffe. Die Indianer beherrschten den Umgang mit dem Paddel, aber nie den mit Segel, Riemen oder einem Steuer, und sie verfügten auch nicht über die Navigationshilfen der Alten Welt wie Kompaß, Astrolabium oder Sextant. Folglich zählten die Amerikaner nie zu den seefahrenden Völkern, und ihre Zivilisationen blieben auf das Festland ausgerichtet. Ihnen diente das Meer nur als Nahrungsquelle und als bequemer Wasserweg, um von einem Küstenort zum nächsten zu gelangen, wie von Seine Bight nach Placentia oder von einer karibischen Insel zur anderen.

Nach der Besiedelung Amerikas durch die Europäer verbreiteten sich indianische Boote, besonders das Kanu und das Kajak, zu Sport- und Erholungszwecken in den wohlhabenden Gebieten rings um die Welt. Es wurden nie bessere Boote entwickelt, um auf Wildwasserflüssen zu fahren, in unerforschtes Gebiet vorzudringen, in flachen Gewässern zu fahren oder für Flußfahrten in Gebiete, wo das Boot streckenweise getragen werden muß. Sie wurden zum Spielzeug der begüterten Klasse ohne einen größeren praktischen Nutzen zu haben als das von den Polynesiern erfundene Surfbrett. Keines dieser Boote hatte einen bedeutenden Einfluß auf das Leben der arbeitenden Bevölkerung.

Wo sich in Amerika keine Möglichkeit für den Transport auf dem Wasserweg anbot, waren die Indianer fast ausschließlich auf den Transport zu Fuß auf Pfadspuren oder auf Straßen angewiesen. Die Eingeborenen erfanden nur wenige Transportmittel für den Verkehr zu Land. Im hohen Norden richteten die Eskimos Hunde ab, um sie einen Schlitten über Schnee und Eis ziehen zu lassen. Die etwas weiter südlich lebenden Indianer erfanden den Toboggan, einen kufenlosen Schlitten, der von Menschen oder Hunden gezogen werden konnte. Auf den Ebenen Nordamerikas zogen die Hunde ein kleines Travois, so etwas Ähnliches wie einen primitiven Schlitten. In der Gegend um den Golf von Mexiko benutzten die Menschen manchmal eine Bahre, um Kranke zu tragen, und Sänften für ihre Führer. Die armseligen und technisch wenig anspruchsvollen Beförderungsmittel stehen in krassem Gegensatz zu der Vielfalt der Landfahrzeuge der Alten Welt wie Kutschen, Streitwagen, Leiterwagen, Kastenwagen, Schubkarre und Schlitten.

In Amerika fehlten diese Fahrzeuge, weil es keine Tiere gab, die sie gezogen hätten. Abgesehen von den Hunden, die Schlitten oder Travois zogen, war das Lama der Anden das einzige domestizierte Tier in Amerika, das imstande war, kleinere Lasten zu tragen; für das Gewicht eines erwachsenen Reiters waren seine Beine und Knöchel nicht kräftig genug. Die Indianer hatten keine Pferde, Kühe, Ochsen, Elefanten, Kamele, Esel oder Ziegen, die sie als Zugtiere hätten einspannen können, und so spielte das Rad hier nur als Spielzeug eine Rolle. Doch obwohl sie weder Wagen noch Zugtiere besaßen, bauten sie die besten Straßen der Welt.

Die erste Inka-Straße, die ich sah, führt durch Zentralecuador. Die Inka stellten diese Strecke um 1493 fertig, kurz nachdem Kolumbus in Westindien gelandet war, aber noch zwei Generationen vor der Entdeckung Perus durch die Weißen. Die Straße verläßt das hochgelegene Quito, die einstige Verwaltungshauptstadt von Chinchasuyu, dem Inka-Land des Puma, und schlängelt sich nach Süden zu den Bergen Cotopaxi (5897 Meter) und Chimborazo (6267 Meter). Im 19. Jahrhundert galten diese Berge bei den Wissenschaftlern als die höchsten der Welt. Sie sind tatsächlich die höchsten, wenn man vom Erdmittelpunkt aus mißt statt von Meereshöhe. Aufgrund ihrer Lage am Äquator, wo die Erde von einer vollkommenen Kugelform abweicht und sich etwas nach außen wölbt, ragen diese Berge ungefähr 3200 Meter weiter vom Erdmittelpunkt entfernt in den Himmel als die wesentlich nördlicher liegenden Gipfel des Himalaja. Die Straße windet sich über mehrere Tagesfußreisen zwischen diesen Bergriesen dahin.

Der Chimborazo ist ein erloschener Vulkan; der Cotopaxi dagegen einer der welthöchsten aktiven Vulkane, und als die Spanier 1534 zum ersten Mal über diese Straße kamen, ereignete sich ein gewaltiger Ausbruch. Der Cotopaxi bricht periodisch mehrere Jahre nacheinander aus und ruht dann einige Jahrzehnte lang, in denen sich eine neue Kuppe aus Eis und Schnee auf seinem gewaltigen Gipfel bildet. Die Inka-Straße durchquert die trockene Ebene am Fuß des Cotopaxi. Merkwürdige Pflanzengebilde stehen vereinzelt in der Landschaft, und in den geringeren Höhen verwüsten die Herden der von den Spaniern zurückgelassenen Mustangs die dürftige Flora.

Obwohl die Inka-Überlandstraße nicht auf den Cotopaxi hinaufführt, lädt die sanfte Steigung zu einem Ausflug ein. Der stetige steile Aufstieg auf den Cotopaxi führt dann durch eine Mondlandschaft. Ich versank bis zu den Knöcheln im feinen Vulkanstaub und rang bei jedem Schritt nach Luft. Oberhalb 4700 Metern wird das Atmen zunehmend schwierig und der Wind immer kälter. Er bläst mit solcher Ausdauer, daß kein Schnee auf den erhabenen Rippen des Vulkangesteins liegen bleibt, und er verwandelt jeden Tropfen Feuchtigkeit in der Luft in nadelspitze Kristalle, die Mund und Nase zerstechen wie ein Schwarm Bienen. Die Quechua (oder Quichua, wie man in Ecuador sagt) atmen mühelos, aber ich, der ich die Höhe nicht gewöhnt war, japse nach Luft. In dieser Höhe brennt kein Feuerzeug, weil der Sauerstoff dazu nicht ausreicht, und nur den Indianern gelingt es, mit den kostbaren Holzstücken, die sie den Berg heraufgeschleppt haben, ein niedriges, mehr schwelendes als brennendes Feuer zu entzünden.

Wenn der Cotopaxi ausbricht, speit er eine Schlammflut aus und schwemmt mit den plötzlich geschmolzenen Schneemassen, die sich auf seinem Gipfel angesammelt haben, die umliegenden Dörfer und Städte hinweg. Die nächstgelegene Stadt ist das zwanzig Meilen entfernte Latacunga. In frühen spanischen Chroniken wird berichtet, der Tempel von Latacunga sei mit vergoldeten Lamafiguren geschmückt gewesen, und er habe die Stadt zu einem der prächtigsten Rastplätze an dieser Straße gemacht.

Die Straße führt zwischen den Vulkanen weiter nach Süden, ungefähr parallel und in einem Abstand von rund sechzehn Kilometern zum Pan American Highway. Entlang der Inka-Straße gab es ungefähr alle fünfundzwanzig Kilonmeter ein *tambo,* eine Kombination aus Lagerhaus und Herberge, wo das Inka-Heer oder reisende Beamte des Reichs Unterkunft und Verpflegung vorfanden. Über die gesamte Länge der Überlandstraße unterhielten die Inka mehr als eintausend solcher *tambos.* Im Gegensatz zu den Heeren der Alten Welt marschierte das Inka-Heer ohne einen großen Proviantroß, und es brauchte sich nicht vom Land zu ernähren und die Bauern auszuplündern.

An bestimmten sorgfältig ausgewählten Stellen entlang der Straße bauten die Inka größere Gebäudekomplexe wie die bei Ingapirca oder »Inkamauern«, die sich hoch über der Schlucht von Intihuaynca erheben. Der einzige oberirdische Raum eines Inka-Baus in Ecuador blieb in diesen Ruinen erhalten. Hier stand früher ein größeres *tambo* und angeblich ein befestiger Palast, in dem der Inka-Herrscher auf seiner fast zweitausend Kilometer langen Reise von Cuzco nach Quito einkehrte. Die Straße nach Ingapirca wird noch heute von einem megalithischen Intinahui bewacht, manchmal auch »die Augen der Straße« genannt. Außerdem meißelten die Indianer in den gewachsenen Fels eine Form, die wie ein großer Stuhl oder vielleicht ein Thron aussieht und Ingachunguna genannt wird. Die einheimischen Quechua behaupten apokryphisch, die früheren Inka hätten an dieser Stelle Menschenopfer dargebracht, und weisen auf kleine Rinnen im Stein hin, in denen angeblich das menschliche Blut abfloß.

Die Inka-Straße wird heute nicht mehr gepflegt und zerfällt allmählich, aber streckenweise wird sie noch von zu Fuß gehenden oder reitenden Bauern und ihren Lamas benutzt. Der größte Teil der Straße ist nicht befahrbar, weil die Inka ihre Überlandstraße in großer Höhe bauten, um die Tieflandindianer nicht zu einer Invasion zu ermutigen und um einen weiten Überblick über das Land zu haben, wenn sie unterwegs waren.

Die Inka-Straße verläuft auf hohen Berggraten und überspringt tiefe Schluchten mit Hilfe verschiedenartiger Brücken, darunter Hängebrücken, die aus siebentausend und mehr Metern handgemachter Seile konstruiert wurden. Obwohl die Inka ihre Seile aus Naturfasern flochten, verwendeten sie dabei dieselbe Technik, mit der später Stahltrossen für so moderne Bauten wie die Brooklyn Bridge hergestellt wurden. Wo es nötig war, schlugen die Inka die Straße in die Flanke des Berges und stützten sie mit Mauern ab. An manchen Stellen wirkt sie wie ein Tunnel, weil sie so tief in den Berg einschneidet, und an einer Stelle auf unserem Weg nach Ingapirca führt sie unter einem Wasserfall hindurch, der sich in einen kleinen Teich zu unseren Füßen ergoß. Im allgemeinen ist die Straße breit genug, so daß in beide Richtungen mehrere Personen nebeneinander gehen können. Auf den höheren Gebirgspässen und an steilen Hängen verengt sie sich und bietet nur so viel Platz, daß zwei Reihen aneinander vorbeiziehen können, ohne anhalten zu müssen.

Diese sogenannte »Capac Nan« oder »Schöne Straße« der Inka ist eine gepflasterte Allwetterstraße mit Rinnsteinen und befestigten Straßenrändern in Gebieten, wo es regnet, und mit Abzugsgräben an feuchten Stellen. In den heißen Gebieten war sie von schattenspendenden Bäumen gesäumt. Neben den schwankenden Seilbrücken bauten die Inka auch Holzbrücken auf steinernen Stützpfeilern, wo dies möglich war, und sie erfanden ein komplexes System von Schwebebahnen, kleine, an Seilen befestigte Gondeln, die mit Hilfe von Flaschenzügen über Schluchten und Flüsse gezogen wurden. In ariden Tälern errichteten die Inka *puqzios,* unterirdische Zisternen, die stets mit frischem Wasser für die Reisenden gefüllt waren. In Überschwemmungsgebieten führte die Straße über Steindämme oder überdachte Flutmulden. Der Straßentyp änderte sich mit dem Gelände und den jeweiligen ökologischen Bedingungen.

Die Straße erstreckte sich über ungefähr 4800 Kilometer; rechnet man jedoch ihre wichtigsten Verkehrsadern hinzu, betrug ihre Gesamtlänge über 8000 Kilometer. Die »Schöne Straße« war bei weitem die längste Straße der Welt. Der Hauptabschnitt erstreckte sich über eine Entfernung von London nach New York oder von London nach Jerusalem, während das gesamte System ungefähr der Entfernung von Peking nach San Francisco entspricht. Dieses Straßensystem hatte überall im Reich Anschluß an kleinere Straßensysteme und verband auf diese Weise ein Gebiet, das größer war als Westeuropa. Bis jetzt wurden von den Archäologen 22 400 Kilometer Straßen erster und zweiter Ordnung verzeichnet. Wie viele Kilometer Straßen es insgesamt gab, wird sich vielleicht nie mehr feststellen lassen.

In einigen tiefergelegenen Tälern überwuchert der Dschungel die Straße, und man braucht eine Machete, um die Lianen, Büsche und kleinen Bäume umzuhauen, die die Straße verstopfen. In anderen Tieflandgebieten wurden Inka-Straßen von modernen Highways geschluckt, so auch vom Pan American Highway, der von Alaska bis nach Chile verläuft.

Parallel zur großen Höhenstraße vereinigten die Inka mehrere Straßen in der Nähe des Ozeans zu einer mehr als viertausend Kilometer langen Küstenstraße; sie war länger als der Flußlauf des Mississippi. Bei dieser Küstenstraße hielten sich die Straßenbauer fast überall an eine Standardbreite von acht Metern. Auf den wüstenartigen Verbindungsstrecken zwischen kleinen Flußtälern und dem Küstengebiet hatten sie neben der Straße Lehmziegelmauern errichtet, die den Flugsand abhielten; und sie stellten Wegweiser, sogenannte *topos,* in Abständen von ungefähr acht Kilometern auf.

Die Überlandstraßen der Inka waren die Nervenstränge des Reichs. Die in den *tambos* stationierten Läufer oder *chasquis* beförderten nach einem Relaissystem, bei dem jeder Bote ungefähr drei Kilometer zu laufen hatte, Dekrete und Mitteilungen rasch von einem Ende des Reichs zum anderen. Diese Läufer wurden von Kindheit an hart trainiert, damit sie später in der Lage waren, in Höhen bis zu fünftausend Metern zu laufen. Sie beförderten Mitteilungen von Quito nach Cuzco innerhalb von fünf Tagen, pro Tag durchschnittlich 400 Kilometer weit. Eine ähnliche Reisegeschwindigkeit erreichte mehrere Jahrhunderte später auch der Pony Express, der aber mit Pferden arbeitete, während die Inka nur die menschliche Leistungsfähigkeit nutzten. Daß das System der Inka ähnlich schnell war, liegt zum Teil an dem ausgezeichneten Training der *chasquis,* aber auch an den guten Straßen, auf denen sie liefen. Eine vor fünfhundert Jahren von Quito nach Cuzco aufgegebene Nachricht war per *chasquis* schneller am Ziel als heute per Post. Die *chasquis* verbanden auch Städte, die später nie wieder einen regelmäßigen Zustelldienst hatten, nachdem die Spanier das Läufersystem im 19. Jahrhundert aufgegeben hatten.

Die Eroberung Amerikas wäre wesentlich langsamer vorangegangen, hätten die Europäer nicht dieses hervorragende Straßennetz vorgefunden. Das Pferd wäre nutzlos gewesen, und die schweren Geschütze wären ohne gepflasterte Straßen bald im Schlamm steckengeblieben. Es war ironischerweise die Überlegenheit des amerikanischen Straßensystems, das die eingeborene Bevölkerung so verletzlich machte. Die Gebiete mit den besten Straßen wurden zuerst erobert, die mit den weniger guten wesentlich später. Bis heute ist es den Menschen der Alten Welt nicht gelungen, in einige der abgelegenen Gegenden des Amazonasbeckens vorzudringen, zu denen weder indianische Straßen noch schiffbare Flüsse führen.

Die Indianer Nordamerikas bauten weniger Straßen als die Inka und längst nicht mit so großem Aufwand. Eines der am besten erhaltenen, aber am wenigsten verstandenen Straßensysteme geht von den Chaco-Canyon-Ruinen im Südwesten der heutigen Vereinigten Staaten aus. Es erstreckt sich über ein Gebiet, das ungefähr so groß wie Irland ist, und verbindet die Four-Corners-Gebiete von Arizona, New Mexiko, Colorado und Utah; viele dieser Straßen kreuzen den heutigen Lebensraum der Navajo. Die Straßen verlaufen in nahezu geraden Linien und über weite Strekken durch Wüstengebiet, und treffen alle in der Siedlung am Chaco Canyon zusammen. Die Anasazi bauten diese Straßen um das 12. Jahrhundert unserer Zeitrechnung. In manchen Gegenden waren sie bis zu zehn Meter breit, es gab Dämme und in den Fels gehauene Treppen, um Siedlungen in den Canyons an das Straßensystem in der über ihnen liegenden Wüste anzubinden. Parallel zu den Straßen unterhielten die Anasazi auf Hügeln und Mesas Signalstationen, von denen aus sie mit Rauchsignalen oder Lichtspiegelung innerhalb kürzester Zeit Mitteilungen von einer Stadt zur anderen telegraphierten.

Die Archäologen wissen nicht, warum die Anasazi ein so ausgeklügeltes Straßensystem bauten in einem Gebiet, wo es weder das Rad noch Tragtiere gab. Die Vorteile, die es für Fußgänger bot, standen in keinem Verhältnis zu der Arbeit, die der Bau solcher Straßen erforderte. Möglicherweise waren es Prozessionsstraßen für rituelle Feierlichkeiten oder sie dienten dazu, daß in Notfällen Kriegerbanden einer entfernten Gemeinschaft zu Hilfe eilen konnten. Es können auch Handelsstraßen gewesen sein oder dies alles zusammen und mehr. Obwohl die Anasazi diese Straßen aufgegeben hatten, noch bevor Kolumbus nach Amerika kam, blieben sie in dem trockenen Klima bis heute erhalten. Straßenbautechnisch waren sie unübertroffen, bis im 20. Jahrhundert die gepflasterten Straßen aufkamen.

Aber der größte Teil von Nordamerika hatte keine so gut ausgebauten Straßennetze. In den Gegenden, wo die Transportmöglichkeiten zu Wasser nicht genügend gegeben waren, benutzten die Indianer ein Netz von Pfaden. Diese Trails, die mehr waren als zufällige Fußspuren kreuz und quer über den Kontinent, wurden ganz bewußt angelegt und unterhalten und dienten als Handels- und Heerstraßen. Die Irokesen unterhielten eines der besten Trailsysteme, über das sie bei der geringsten Provokation ohne weiteres ihre Krieger bis weit nach Kanada hinein oder zu den Carolina-Staaten schicken konnten.

Als sich die weißen Kolonisten in Amerika niederließen, hatten sie bei ihrem Vordringen nach Westen immer einen deutlichen Vorteil, weil sie die Indianer vor sich hertrieben. Die Indianer erschlossen ständig neue Pfade und verbreiterten bereits bestehende. Die Vertreibung der im Osten lebenden Indianer eröffnete die Gebiete von Georgia, Alabama und Mississippi im Süden sowie Ohio, Indiana und Illinois im Norden. Die Indianer waren die eigentlichen Pfadfinder Amerikas. Genauso wie die Inka-Straßen in Südamerika das Vordringen der Konquistadoren erleichterten, taten dies die Trails von Nordamerika für die britischen Siedlerpioniere.

Die europäischen Siedler, die nach Amerika kamen, brauchten sich keine Wege durch die dichten Wälder Amerikas zu schlagen oder sich auf den großen Ebenen zu verirren. Die Indianer hatten ihnen bereits die Wege gebahnt. Die Indianertrails verkamen bald nach der Ankunft der Kolonisten, denn sie waren für Fußgänger angelegt und nicht für die Hufe von Pferden und Ochsen, die schwere Wagen zogen. Vielerorts waren sie bald nur noch Morast. Das heutige Straßen- und Highway-System, das Eisenbahnnetz und sogar die Kanäle der Vereinigten Staaten und anderer amerikanischer Nationen folgen weitgehend indianischen Trails und indianischen Straßen.

Einer dieser großen Indianertrails führte westlich des Mississippi hinunter an den Nordrand von Mexiko. An den Enden dieses Trails entstanden die modernen Städte St. Louis, Missouri, und Santa Fé, New Mexico, und die Straße dazwischen wurde der Santa Fé Trail, auf dem um 1850 einmal im Monat fahrplanmäßig die Postkutsche verkehrte. Von Santa Fé aus führte der Old Spanisch Trail nach Kalifornien, wo er in Los Angeles endete. Eine nördliche Route verlief von Kansas City, Missouri, nach Nordwesten. Hier zweigte der Oregon Trail ab, während die nördliche Route als die Central Overland Route nach San Francisco auf ungefähr denselben Wegen weiterführte, die 1860 die Pony-Express-Reiter benützten. Heute folgt das Interstate Highway System im wesentlichen denselben Pfaden.

Trotz einiger bedeutender Leistungen der Inka im Straßen- und Brückenbau hatten die Amerikaner keine sehr vielfältige Transporttechnologie entwickelt. Die altweltlichen Systeme enthielten ein wesentlich breiteres Angebot an Reisetechniken mit verschiedenen Tieren, Fahrzeugen und hochseetüchtigen Schiffen. Das Transportwesen der Indianer hatte, ebenso wie die indianische Architektur, dem Rest der Welt nur wenig zu bieten.

Ebenso deutlich sollte darauf hingewiesen werden, daß alle Erforscher, Konquistadoren und Siedler, die nach Amerika kamen, die bestehenden Verkehrssysteme nützten, die sich für ihre Bedürfnisse und die Anforderungen von Gelände und Klima als gut geeignet erwiesen. Trotz der vielen von Eigennutz und Eigenlob bestimmten Geschichten über die Abenteuer von wackeren weißen Erforschern und Pionieren ist es völlig unvorstellbar, daß Amerika ein überwucherter Kontinent war, durch den sich die Europäer mühsam Wege bahnen mußten auf der Suche nach neuem Siedlungsraum. Die Indianer hatten das Land im Lauf von Zehntausenden von Jahren bereits eröffnet, sie hatten Straßen oder Pfade angelegt und Kanus und kleine Boote entwickelt, um in jede Ecke und jeden Winkel des amerikanischen Kontinents zu gelangen, von der Beringstraße bis nach Feuerland.

14
Wann wird Amerika entdeckt sein?

Die alte Yuqui-Frau hob ruckartig den Kopf und starrte mir blind entgegen. Fliegen krabbelten über ihre Augen und labten sich an der einzigen feuchten Stelle ihres greisenhaften Körpers, während sie sich mit der linken Hand gewohnheitsmäßig den Kopf unter dem von Läusen und Schmutz verklebten Haar kratzte. Niemand wußte, wie alt sie war, aber sie war das älteste überlebende Mitglied einer Bande von Yuqui, die im Regenwald des südlichen Amazonasgebiets leben. Fast ihr ganzes Leben lang war sie mit ihren Stammesgenossen durch den Wald gezogen wie Generationen ihrer Kultur zuvor und ohne etwas von Weißen oder anderen Außenseitern zu wissen, außer, daß sie am Rand ihres Waldes lauerten. Die Weißen brachten, wie die bösen Geister der Toten, Krankheit und Tod zu den Yuqui, dem einzig wirklichen Volk.

Ihre Gruppe hatte zum ersten Mal 1968 Kontakt mit einem Weißen, als die protestantischen Missionare Bob und Mary Garland in ihre Welt kamen. Mit der Zeit ließ sich die kleine Yuqui-Schar rings um das Basislager der Missionare am Chimore nieder, und sie gingen immer seltener auf die Jagd. Die Anthropologin Allyn Stearmann lieferte sich bei der Aufzeichnung der herkömmlichen Lebensweise der Yuqui, die rings um sie zerfiel, einen Wettlauf mit der Zeit. Die Missionare lehrten die Yuqui, einige Feldfrüchte anzubauen, effizienter zu jagen und Kanus zu benutzen. Sie lehrten sie, Feuer zu machen, damit sie nicht jedesmal, wenn ihr Feuer ausging, eine andere Gruppe überfallen mußten, und sie halfen den Frauen bei der Geburt statt sie in den Dschungel gehen zu lassen, um dort nach altem Brauch ihre Kinder allein zu gebären.

Ohne die Missionare wäre die alte Yuqui-Frau wahrscheinlich längst tot gewesen, bevor ich ihr begegnete. Wenn sie nicht von den Holzfällern bei einer Schießerei mit den Yuqui gefangen oder getötet worden wäre, hätten sie vielleicht die Kokapflanzer oder die Rancher bei einem Überfall aufgegriffen und sie zur Köchin oder Prostituierten der Mestizenarbeiter gemacht. Und selbst wenn ihr dies alles erspart geblieben und es ihr gelungen wäre, allein bei ihrer Gruppe zu leben, wäre sie von der Gruppe verlassen worden, sobald sie nicht mehr imstand war, ihr zu folgen. Als Nomaden, die immer nur zu Fuß gingen, lernten die Yuqui von sich aus nie, mit Alten und Kranken umzugehen. Jeder, der nicht mit ihnen durch den Dschungel wandern konnte, wurde zurückgelassen, um allein zu sterben.

Nun sitzt die Alte den ganzen Tag unter einem Moskitonetz in ihrer Hütte. Ihr Kleid ist ein schmutziger Fetzen. Sie wurde blind, sie hörte immer schlechter, sie wurde zu schwach, um zu gehen oder zu kriechen, sie begann, wirres Zeug zu reden und ist inzwischen geistesgestört. Die Missionare füttern sie und versorgen sie mit dem Notwendigsten, aber ihre eigenen Verwandten, die in der Nähe wohnen, wissen nicht, was sie für die alte Frau tun können. In ihrem harten Dschungelleben hatten sie nie für solche Menschen zu sorgen gehabt.

Als ich mit dem Missionar vor der alten Frau unter dem Moskitonetz stand, streckte sie die magere Hand nach etwas Eßbarem aus. Sie ergriff meinen Arm, ihre eingerissenen Fingernägel fuhren kratzend über meine Hand, und ihre kühle, aber trockene Haut strich mit einem Geräusch über meine Haut, als würde man mit Sandpapier über Rinde streichen. Sie murmelte einige unzusammenhängende Worte, aber der Missionar sagte, sie habe nur die Namen von Speisen und einigen lebenden und toten Verwandten aufgezählt. Dann zog sie niedergeschlagen die Hand wieder zurück, ihr Kinn sank herab, Mücken krabbelten ihr in den Mund hinein und wieder heraus, und sie schien zu dem Stumpfsinn und ihrer einzigen Beschäftigung während ihres Dahinsiechens, dem Kopfkratzen, zurückzukehren.

An dieser armen alten Frau war nichts Heroisches. Sie war am Ende ihrer Tage angelangt, und alles, was sie verlangte, waren ein paar Bissen Nahrung, Wasser und ein wenig Erleichterung von der Hitze und den Insekten, die sie ihr Leben lang plagten. Wie so viele der heute lebenden Indianer, von Kanada bis Chile, schien sie zu den wirklich Armen der Erde zu gehören, zu den Verlassenen, den Mißbrauchten, den Leidenden, die von den Außenstehenden nichts als Mitleid und Almosen erhielten. Sie lag im Sterben wie ein elender Mensch, den die moderne amerikanische Gesellschaft ausgestoßen hatte, eine Gesellschaft, die in den vergangenen fünfhundert Jahren ihr Land allmählich und stetig aufgebraucht hat.

Das Bild der Indianer als die besten Bauern und Arzneimittelkenner, als die edlen Wilden von Rousseau, die pragmatischen Administratoren, die Benjamin Franklin beeinflußten, und das dieser sterbenden alten Frau waren auf schmerzliche Weise unvereinbar. Ich konnte nicht umhin mich zu fragen, warum diese Menschen so tief gesunken waren, warum sie so unterdrückt werden konnten, wenn sie wirklich so großartig waren. Wenn sie große Städte und Straßen bauen konnten, warum konnten sie sich nicht auch gegen die europäischen Einwanderungswellen verteidigen, die ihr Land überschwemmten?

Obwohl die indianischen Zivilisationen die Alte Welt in einigen Bereichen übertrafen, hinkten sie in anderen hinterher. Die Indianer verfügten über mehr Kenntnisse und eine bessere Technologie in der Landwirtschaft und in der Arzneimittelkunde. Sie hatten wesentlich differenziertere Kalender als die Europäer, und das auf Stellenwerten beruhende Rechensystem der Indianer Mexikos war den numerischen Systemen, die damals von den Spaniern benutzt wurden, überlegen.

Über ihrer intensiven Beschäftigung mit Landwirtschaft, Medizin, Mathematik und Religion vernachlässigten die Indianer die Domestizierung von Tieren, ein Faktor, der sich für die Zivilisationen der Alten Welt als ganz entscheidend erwies. Die im Anbau von Feldfrüchten weniger erfolgreichen Bauern in Europa, Asien und Afrika waren auf Eier, Milch, Käse und Dutzende anderer tierischer Produkte sowie auf das Fleisch ihrer Haustiere angewiesen. Das machte die Ernährung in der Alten Welt nicht besser als die der Amerikaner, aber es verschaffte den Menschen, die Tiere domestizierten, einen entscheidenden Vorteil, weil sie lernten, die Energie der Tiere zu nutzen. Die Europäer kamen nach Amerika mit kräftigen Pferden, die ihnen im Kampf eine Hilfe waren, mit Ochsen, die schwere, mit Vorräten beladene Wagen zogen, und mit Kühen und Ziegen, die den marschierenden Soldatenheeren und später den Scharen von Siedlern proteinreiche Milch lieferten.

Die Indianer schufen hochentwickelte Zivilisationen mit menschlicher Energie; die Alte Welt dagegen hatte sich für ihre Unternehmungen tierische Energiequellen zunutze gemacht. Darüber hinaus hatten die Menschen in der Alten Welt begonnen, unbelebte Energiequellen auf verschiedene Weisen zu erschließen, die die industrielle Revolution bereits ahnen ließen. Die unterschiedlichen Typen und Verwendungszwecke von Schiffen und Segeln, Windmühlen und Wasserrädern sowie Kanonen und Schießpulver gaben ihnen gegenüber den Indianern einen entscheidenden Vorteil.

Alle diese Fertigkeiten machten die Invasoren zu den besseren Soldaten und gaben ihnen das bessere Kriegsgerät an die Hand. Der indianischen Metallurgie fehlte die Vielfalt des Hüttenwesens der Alten Welt; sie diente mehr zur Herstellung von Zierat als von Werkzeugen und Waffen. Die europäischen Eindringlinge hatten gelernt, Schwerter und Lanzen aus Stahl zu schmieden und Kanonen zu gießen, die sie auf Räder montierten und von Tieren ziehen ließen, während die Indianer noch mit Pfeilen und Speeren kämpften, die mit Steinspitzen versehen waren; und ihre einzige Kriegsmaschine war ein schlichter *atlatl* oder Speerwerfer.

Die Europäer brachten Krankheiten mit, die in der Neuen Welt unbekannt waren und sich unter der indianischen Bevölkerung epidemisch und schneller ausbreiteten als unter den Europäern. Bis die Europäer nach Tenochtitlán oder Cuzco oder auf die nordamerikanischen Ebenen kamen, waren ihnen ihre Mikroben schon vorausgeeilt und hatten die eingeborene Bevölkerung gründlich dezimiert und geschwächt.

In der Konfrontation mit der Alten Welt unterlagen die indianischen Zivilisationen nicht, weil sie geistig oder kulturell unterlegen waren. Sie brachen einfach unter den Einwirkungen von Krankheit und brutaler Gewalt zusammen. Während die Indianer Tausende von Jahren damit zugebracht hatten, die besten Bauern und Pharmazeuten der Welt zu werden, hatten die Menschen der Alten Welt in einem ähnlich langen Zeitraum das größte Waffenarsenal der Welt geschaffen. Die Stärksten, nicht unbedingt die

Schöpferischsten oder Intelligentesten, hatten den Sieg davongetragen.

Die Niederlage indianischer Gruppen wie der Yuqui schien so unvermeidlich und endgültig, daß wir dabei übersehen haben, was ihnen die Welt zu verdanken hat. Sie förderten das Gold und das Silber, das den Kapitalismus möglich machte. Mit ihrer Arbeit in den Bergwerken, Münzen und, zusammen mit den afrikanischen Sklaven, auf den Plantagen riefen sie die industrielle Revolution ins Leben, die sich dann nach Europa und um die ganze Welt ausbreitete. Sie lieferten die Baumwolle, den Kautschuk, die Farben und verwandte Chemikalien, von denen dieses neue Produktionssystem lebte. Sie domestizierten und entwickelten Hunderte von Mais- und Kartoffelvarietäten, Kassawa und Erdnüsse, die jetzt einen großen Teil der Weltbevölkerung ernähren. Sie entdeckten die Heilkräfte von Chinin, die betäubende Wirkung von Koka und die Eigenschaften tausend anderer Drogen, die eine moderne Medizin und Pharmakologie ermöglichten. Ihre Drogen und ihre hochentwickelte Landwirtschaft trugen zur Bevölkerungsexplosion während der letzten Jahrhunderte bei. Sie entwickelten und verfeinerten eine Form der Demokratie, die in vielen Teilen der Welt übernommen wurde. Sie waren es, die Amerika kolonisierten, die Pfade durch die Dschungel und Wüsten bahnten, Straßen anlegten und Städte bauten, auf denen das heutige Amerika basiert.

Im Lauf der letzten fünfhundert Jahre haben die Menschen eine neue weltweite Gesellschaft geschaffen, eine neue politische und wirtschaftliche sowie eine neue demographische und landwirtschaftliche Ordnung. Die Indianer wirkten bei jedem Schritt zu dieser neuen Gesellschaft auf entscheidende Weise mit. Manchmal waren sie die treibende Kraft, ein anderes Mal spielten sie mit anderen zusammen eine gleich bedeutende Rolle, und manchmal waren sie nur Opfer. Aber in allen Fällen waren sie ein notwendiger, wenn auch nicht immer ausreichender Anlaß. An irgendeinem Punkt in der Darstellung der modernen Geschichte, in Romanen, Lehrbüchern und Unterrichtsprogrammen, fand man den Beitrag der Indianer weniger interessant als die heroischen Geschichten von Erforschern und Konquistadoren, die moralischen Ergüsse der Missionare, die politischen Kämpfe der Kolonisten, die historischen Massenbewegungen in Europa und die Cowboyromantik. Die moderne Weltordnung galt ausschließlich als das Produkt der europäischen Geschichte. Die Indianer wurden zu Nebendarstellern und traten nur noch in der Rolle der bemitleidenswerten Opfer auf.

Die Indianer zerfielen zu Randgruppen, zu Menschen am Rande der Gesellschaft wie die alte Frau, die vor mir hockte. Auf der Weltbühne waren sie bald kaum mehr als Bettler; sie mußten um Nahrung betteln, um Entschädigung für ihr Land, um die Einhaltung von Verträgen; sie mußten betteln, daß man sie überhaupt wahrnahm. Mit unserer Ignoranz gegenüber den indianischen Kulturen sprechen wir den Indianern nicht nur ihren verdienten Platz in der Geschichte ab, sondern schaden uns auch selbst, denn was die Indianer verloren haben, haben wir alle verloren.

Während ich auf jene alte Frau blickte, die aus der Zeit stammte, bevor der weiße Mann kam, fragte ich mich ständig, wieviel praktisches Wissen wir mit ihr verlieren würden. Sie hatte jahrzehntelang den Dschungel nach Eßbarem durchstöbert und kannte vielleicht eine Pflanze, mit der das Problem der hungernden Menschen in den Tropen gelöst werden könnte. Vielleicht kannte sie nach all ihrem Herumstochern in Tümpeln und Sümpfen ein Gebräu, das zur Heilung von multipler Sklerose beitragen könnte. Und wäre es nicht möglich, daß sie nach zahllosen unter freiem Himmel zugebrachten Nächten ein Kriterium zur Wettervorhersage kannte, das uns entgangen war? Oder daß sie etwas über die Anatomie der Nachtvögel wußte, die den Menschen hier halfen, im Dunkeln zu sehen? Hatte sie etwas Besonderes gegessen, das verhinderte, daß sie Magenkrebs bekam? Konnte sie in ihrer Sprache irgendeinen Begriff oder Gedanken leichter ausdrücken als wir, oder könnte uns ihre Sprache beim Schreiben neuer Computercodes helfen? Sie lebte in einer Umgebung, in der nur wenige Menschen auf der Welt jemals zu überleben imstande waren. Welche Kenntnisse besaß sie, die ihr dies ermöglichten? Wie konnte sie so lange an einem Ort überleben, an dem die meisten von uns innerhalb von Tagen gestorben wären? Die alte Frau starb kurz nach meinem Besuch, und es ist möglich, daß uns vielleicht niemand mehr Antworten auf diese Frage geben kann.

Als sie starb, ging eine Fülle an Wissen verloren, denn sie war eine der letzten, die das traditionelle Leben der Yuqui gelebt hatte. Mit ihr und der Yuqui-Kultur verlieren wir mehr als nur eine kleine Gruppe von Menschen. Wir verlieren eine gesamte Weltsicht, denn jede Kultur schafft sich ihre Welt auf eigene Weise, mit einzigartigem Wissen, einzigartigen Worten und unter einzigartigen Bedingungen. Auch wenn das meiste dieses kulturellen Wissens vielleicht heute für uns keine Bedeutung hat, können wir nicht wissen, welchen Wert es eines Tages für unsere Kinder und künftige Generationen haben wird. Die Kartoffel, der Kautschuk oder der Skorbut heilende Vitamin-C-Trank der Huronen waren jahrhundertelang für unsere Vorfahren wertlose Dinge, aber irgendwann war der Zeitpunkt gekommen, an dem sie eine wichtige Rolle spielten.

Die Welt hat die Gaben der Indianer noch längst nicht alle verwertet. Hunderte von Pflanzen wie Amarant und Quinoa sind kaum bekannt, geschweige denn voll genutzt. Wer weiß, wie viele Pflanzen dort draußen noch darauf warten, dem Menschen eine Hilfe zu sein? Die Rechensysteme der Maya und die ausgeklügelte Geometrie der Azteken verstehen wir heute noch nicht ganz. Wer weiß, welche völlig anderen Zähl- oder Rechensysteme unter den Lehmziegeln von Arizona oder den Felsen von Inkallajta begraben liegen? Die Zivilisationen von Mexiko und Guatemala entwickelten einen genaueren Kalender als die in Europa gebräuchlichen, aber es bedurfte jahrzehntelanger Arbeit, bis wir verstanden, warum er besser war. Wer weiß, welche zusätzlichen Kenntnisse sie über Sterne, Planeten, Kometen besaßen und wieviel Wissen in den Steinmonumenten verborgen liegt, die noch in den Dschungeln von Guatemala oder Belize zu entdecken sind?

Häufig wissen wir über die Millionen Indianer, die überlebt haben, ihre eigene Sprache sprechen und wenigstens einiges von ihrem traditionellen Kulturgut bewahren, noch weniger. Die Quechua von Bolivien, die Cree von Kanada, die Guarani von

Paraguay, die Yanomamis von Venezuela, die Hopi der Vereinigten Staaten, die Zapotec von Mexiko, die Sumu von Nicaragua, die Guajiro von Kolumbien, die Shuar von Ecuador, die Maya von Guatemala, die Cuña von Panama, die Shavantes von Brasilien und tausend andere indianische Völker sind nicht tot. Sie werden nur ignoriert.

In den fünfhundert Jahren seit der Entdeckung Amerikas durch Kolumbus haben die Völker der Welt von den Indianern außerordentlich profitiert, aber die Welt hat möglicherweise mehr verloren als sie gewonnen hat. Einiges von dem Wissen, das mit dem Tod der alten Yuqui-Frau und mit den zu Hunderten ausgerotteten Stämmen, Völkern und Städten verlorenging, ist vielleicht unwiderbringlich dahin. Möglich, daß die Wissenschaftler künftiger Generationen beim Studium unserer Vergangenheit das eine oder andere wiederfinden. Dennoch ist es traurig, daß die heutigen Amerikaner über den Bau der ägyptischen Pyramiden, etwas, das Tausende von Meilen und Jahren von ihnen entfernt liegt, mehr wissen als über die Pyramidenbauer am Mississippi. Wir wissen mehr über die Sprache der längst ausgestorbenen Hethiter als über die noch lebenden, quechuasprechenden Nachfahren der Inka, mehr über die Dichtkunst der alten Chinesen als über die Gedichte der Nahuatl. Wir können die Tontafeln aus Mesopotamien besser entziffern als die Steintafeln Mesoamerikas. Über die medizinischen Praktiken im alten Babylon wissen wir besser Bescheid als über die der heute lebenden Dakota. Wir wissen mehr über die Vermischung der Angeln und Sachsen als über die der Indianer mit den europäischen und afrikanischen Einwanderern. Wir wissen mehr über das mythologische Amazonenvolk der Griechen als über die aussterbenden Yuqui am Amazonas. Die Geschichte und Kultur von Amerika sind nach wie vor ein Geheimnis und nach fünfhundert Jahren immer noch *terra incognita*.

Kolumbus kam 1492 in die Neue Welt, aber Amerika muß erst noch entdeckt werden.

Quellenverzeichnis

Kapitel 1

Braudel, Fernand: *Sozialgeschichte des 15.–18. Jahrhunderts*, 3. Bde. Übersetzt aus dem Französischen von Siglinde Summerer und Gerda Kurz, München (Kindler) 1986. Bd. I, *Der Alltag*. Bd. II, *Der Handel*.

Berdan, Frances F.: *The Aztecs of Central Mexico*, New York (Holt, Rinehart & Winston) 1982.

Crow, John A.: *The Epic of Latin America*, Berkeley (University of California Press) ³1980.

Fehrenbach, T. R.: *Fire and Blood*, New York (Collier) 1973.

Galeano, Eduardo: *Open Veins of Latin America*, New York (Monthly Review Press) 1973.

Garraty, John A., and Peter Gay (Hrsg.): *The Columbia History of the World*, New York (Harper & Row) 1972.

Guicciardini, Ludovico: »Antwerp, the Great Market«, in: James Bruce Ross und Mary Martin McLaughlin (Hrsg.), *Renaissance Reader*, New York (Viking) 1953.

Newby, Eric: *The World Atlas of Exploration*, London (Mitchell Beazley) 1975.

Pendle, George: *A History of Latin America*, New York (Penguin Books) 1963.

Ross, James Bruce, and Mary Martin McLaughlin (Hrsg.): *Renaissance Reader*, New York (Viking) 1953.

Smith, Adam: *Der Wohlstand der Nationen*, München (Deutscher Taschenbuch Verlag) 1993.

Vega, Garcilaso de la: *The Incas: The Royal Commentaries of the Inca*, New York (Avon) 1961.

Webb, Walter Prescott: »The Frontier and the 400-Year Boom«, in: *The Turner Thesdis*, Lexington (Heath) 1949.

Weber, Max: *Religion of China*, New York (Free Press) 1951.

Werlich, David P.: *Peru: A Short History*, Carbondale (Southern Illinois University Press) 1978.

Wolf, Eric R.: *Europe and the People Without History*, Berkeley (University of California Press) 1982.

Kapitel 2

Bourgois, Philippe: »The Miskitu of Nicaragua«, in: *Anthropology Today*, II, 2 (1986).

Brandon, William: *Indians,* New York (American Heritage) 1985.
Braudel, Fernand: *Ib.,* Bd. III, *Aufbruch zur Weltwirtschaft.*
Davis, K. G.: *The North Atlantic World in the Seventeenth Century,* Minneapolis (University of Minnesota Press) 1974.
Hecht, Robert A.: *Continents in Collision,* Washington, D. C. (University Press of America) 1980.
Helms, Mary W.: *Middle America,* New York (University Press of America) 1982.
Krech, Shepard III (Hrsg.): *The Subarctic Fur Trade,* Vancouver (University of British Columbia) 1984.
MacLeod, William C.: *The American Frontier,* New York (Knopf) 1928.
MacShane, Frank (Hrsg.): *Impressions of Latin America,* New York (Morrow) 1963.
Morison, Samuel Eliot: *The Great Explorers,* New York (Oxford) 1978.
Newman, Peter C.: *Company of Adventurers,* Ontario, Kanada (Viking) 1985.
Pretty, Francis: »We Took the Silver and Left the Man«, in: Frank MacShane, *ib.*
Smith, Adam: *Ib.*
Turner, Frederick Jackson: *The Frontier in American History,* New York (Holt, Rinehart & Winston) 1920.
Wallerstein, Immanuel: *The Modern World-System.* Bd I: Capitalist Agriculture and the Origins of the European World-Economy in the Sixteenth Century, New York (Academic Press) 1974.
Williams, Eric: *Capitalism and Slavery,* New York (Russell & Russell) 1961.
Wolf, Eric R.: *Ib.*
Wright, J. Leitch, Jr.: *The Only Land They Knew,* New York (The Free Press) 1981.

Kapitel 3

Braudel, Fernand: *Ib.,* Bd. II und III.
Burke, James: *Connections,* Boston (Little, Brown) 1978.
Cole, Jeffrey A.: *The Potosí Mita: 1573–1700,* Stanford (Stanford University Press) 1985.
Crosby, Alfred W., Jr.: *The Columbian Exchange,* Westport, Conn. (Greenwood), 1972.
Crow, John A.: *Ib.*
Hobhouse, Henry: *Seeds of Change,* New York (Harper & Row) 1986.
Kropotkin, Peter: *Fields, Factories, and Workshops,* New York (G. P. Putnam's Sons) 1901.
Mintz, Sidney W.: *Sweetness and Power,* New York (Viking) 1985.
Parrington, Vernon L.: *The Romantic Revolution in America,* New York (Harcourt, Brace & World) 1927.
Picon-Salas, Mariano: *A Cultural History of Spanish America,* Berkeley (University of California Press) 1966.

Poatgierter, Hermina: *Indian Legacy*, New York (Julian Messner) 1981.
Weatherford, Jack M.: »Millennium of Modernization: A Changing German Village«, in: Priscilla Copeland Reining und Barbara Lenkerd (Hrsg.): *Village Viability in Contemporary Society*. AAAS Selected Symposium Series 34, Boulder, Colo. (Westview), 1980.
Wolf, Eric R.: *Ib.*

Kapitel 4
Braudel, Fernand: *Ib.*, Band I.
Crosby, Alfred W., Jr.: *Ib.*
Drummond, J. C., und Anne Wilbraham: *The Englishman's Food*, London (Cape) 1957.
Farb, Peter, und George Armelagos: *Consuming Passions: The Anthropology of Eating*, New York (Washington Square Books) 1980.
Kalinowski, Luis Sumar: *Kiwicha, el pequeño gigante*, Lima, Peru (UNICEF), o. J.
National Academy of Sciences: *Amaranth: Modern Prospects for an Ancient Crop*, Washington, D. C. (National Academy Press), 1984.
Petersen, William: *Population*, 3. Ausg., New York (Macmillian), o. J.
Salaman, Redcliffe N.: *The History and Social Influence of the Potato*, Cambridge, England (Cambridge University Press), 1949.
Smith, Adam: *Ib.*
Stea, Vikkie: »High-Yield Corn from Ancient Seed Strains«, in: *Christian Science Monitor* (20. August 1985).
Weatherford, Jack M.: *Ib.*

Kapitel 5
Bryant, Carol A., Anita Courtney, Barbara A. Markesbery und Kathleen M. DeWalt: *The Cultural Feast*, St. Paul (West) 1985.
Chacon, J. C., und S. R. Gliessman: »Use of the ›Non-Weed‹ Concept in Traditional Tropical Agroecosystems of South-Eastern Mexico«, in: *Agro-Ecosystems* 8 (1982).
Gliessman, S. R., R. Garcia und M. F. Amador: »The Ecological Basis for the Application of Traditional Agricultural Technology in the Management of Tropical Agroecosystems«, in: *Agro-Ecosystems* 7 (1981).
Sauer, Carl O.: *Selected Essays 1963–1975*, Berkeley (Turtle Island Foundation) 1981.
Stea, Vikkie: *Ib.*
Vega, Garcilosa de la: *Ib.*
Werlich, David P.: *Ib.*

Kapitel 6

Aziz, Khalid: *Indian Cooking,* London (Hamlyn) 1974.
Escoffier, A.: *The Escoffier Cook Book,* New York (Crown) 1941.
Gumpert, Anita von Kahler: »One Potato, Two Potato«, in: *Americas* (Mai 1986).
Hansen, Barbara: *Mexican Cookery,* Tucson (HP Books) 1980.
Morris, William (Hrsg.): *The American Heritage Dictionary of the English Language,* Boston (Houghton Mifflin) 1969.
Rogers, Robert E.: »The Incredible Potato«, in: *National Geographic* (Mai 1982).
Wernick, Robert: »Men Launched 1,000 Ships in Searcch of the Dark Condiment«, in: *Smithsonian* (Februar 1984).

Kapitel 7

Berkhofer, Robert F., Jr.: *The White Man's Indian,* New York (Knopf) 1978.
Brandon, William: *New Worlds for Old: Reports from the New World and Their Effect on the Development of Social Thought in Europe, 1500–1800,* Athens, Ohio (Ohio University Press), 1986.
Clastres, Pierre: *Society Against the State,* New York (Urizen) 1977.
Commager, Henry Steele: *The Empire of Reason: How Europe Imagined and America Realized the Enlightenment,* Garden City, N. Y. (Doubleday), 1978.
Johansen, Bruce E.: *Forgotten Founders,* Ipswich, Mass. (Gambit), 1982.
Lehning, Arthur: »Anarchism«, in: *Dictionary of the History of Ideas,* New York (Scribner's) 1968. Bd. I.
Montaigne, Michel de: *Essais,* Frankfurt a. M. (Insel-Verlag) 1976.
Paine, Thomas: *Commons Sense,* Stuttgart (Philipp Reclam jun.) 1982.
Parrington, Vernon L.: *The Colonial Mind 1620–1800,* New York (Harcourt, Brace & World) 1927.
Tocqueville, Alexis de: *Über die Demokratie in Amerika,* Stuttgart (Philipp Reclam jun.) 1985. 2. Bde.

Kapitel 8

Burton, Bruce A.: »Iroquois Confederate Law and the Origins of the U.S. Constitution«, in: *Northeast Indian Quarterley* (Herbst 1986).
Cappon, Lester J. (Hrsg.): *The Adams-Jefferson Letters,* Chapel Hill (University of North Carolina Press) 1959. Vol. II.
Commager, Henry Steele: *Ib.*
Goldenweiser, Alexander A.: »Iroquois Social Organization«, in: Roger C. Owen, James J. F. Deetz und Anthony D. Fisher (Hrsg.): *The North American Indians,* New York (Macmillan) 1967.
Hecht, Robert A.: *Ib.*
Hu-DeHart, Evelyn: *Yaqui Resistance and Survival,* Madison (University of Wisconsin Press) 1984.

Jefferson, Thomas: *Notes on the State of Virginia,* Chapel Hill (University of North Carolina Press) 1955.

Johansen, Bruce E.: *Ib.*

Morgan, Lewis Henry: *League of the Iroquois,* Rochester (Sage) 1851.

Paine, Thomas: *Rights of Man,* Middlesex, England (Penguin), 1969.

Parrington, Vernon L.: *The Romantic Revolution in America, ib.*

Thomson, Charles: »Appendix 1«, in: Thomas Jefferson, *ib.*

Tocqueville, Alexis de: *Ib.*

Turner, Frederick Jackson: *Ib.*

Waldman, Carl: *Atlas of the North American Indian,* New York (Facts on File) 1985.

Weatherford, J. M.: *Tribes on the Hill,* South Hadley, Mass. (Bergin & Garvey), 1985. Rev. Ausg.

Weatherford, J. M.: »Kongreßkultur«, in: *Freibeuter* 12. Berlin (Wagenbach Verlag) 1982.

Wilson, Edmund: *Apologies to the Iroquois,* New York (Farrar, Straus & Giroux) 1959.

Kapitel 9

Arnade, Charles: *Bolivian History,* Cochabamba (Editorial Los Amigos del Libro) 1984.

Engels, Friedrich: *Der Ursprung der Familie, des Privateigenthums und des Staats,* Stuttgart (Verlag von I. h. W. Dietz Nachf. G.m.b.H.) 1919.

Fehrenbach, T. R.: *Ib.*

Galeano, Eduardo: *Ib.*

Guzmán, Augusto: *Historia de Bolivia,* Cochabamba (Editorial Los Amigos del Libro) 1981.

Halbert, H. S. und T. H. Ball: *The Creek War of 1813 and 1814,* Tuscaloosa (University of Alabama Press) 1969.

Harris, Fred R.: »Mexico: Historical Foundations«, in: Jan Knippers Black (Hrsg.): *Latin America: Its Problems and its Promise,* Boulder, Colo. (Westviews), 1984.

Hoxie, Frederick E. (Hrsg.): *Indians in American History,* Arlington Heights, Ill. (Harlan Davidson), 1988.

Hu-DeHart, Evelyn: *Ib.*

Picon-Salas, Mariano: *Ib.*

Riding, Alan: *Distant Neighbors,* New York (Random House) 1986.

Spicer, Edward H.: *A Short History of the Indians of the United States,* New York (Van Nostrand Reinhold) 1969.

Werlich, David P.: *Ib.*

Wolf, Eric R.: *Peasant Wars of the Twentieth Century,* New York (Harper & Row) 1973.

Kapitel 10

Bakeless, John: *The Eyes of Discovery*, New York (Dover) 1961.
Driver, Harold E.: *Indians of North America*, Chicago (University of Chicago Press) ²1969.
Green, Abel und Joe Laurie, Jr.: *Show Biz from Vaudeville to Video*, New York (Holt) 1951.
Ferrieri, Giuliano: »Death by Choice«, in: *World Press* (Dezember 1987).
Guzman Peredo, Miguel: *Medical Practices in Ancient America*, Mexico City (Ediciones Euroamericanas) 1985.
Hallowell, A. Irving: »The Backlash of the Frontier«, in: Paul Bohannon und Fred Plog (Hrsg.): *Beyond the Frontier*, Garden City, N. Y. (Natural History Press), 1967.
Hobhouse, Henry: *Ib.*
Kahn, Ely Jacques, Jr.: *The Big Drink: The Story of Coca-Cola*, New York (Random House) 1950.
Lira, Jorge A.: *Medicina Andina: Farmacopea y Ritual*, Cusco (Centro de Estudios Rurales Andinos »Bartolome de las Casas«) 1985.
Taylor, Norman: *Plant Drugs That Changed the World*, New York (Dodd, Mead) 1965.
Wissler, Clark, Wilton M. Krogman und Walter Krickerberg: *Medicine Among the American Indians*, Ramona, Calif. (Acoma), 1939.

Kapitel 11

Braudel, Fernand: *Ib.*, Bd. I.
Chagnon, Napoleon: *Yanomamo*, New York (Holt, Rinehart and Winston) ³1983.
Driver, Harold E.: *Ib.*
Kendall, Jonathan: *Passage Through El Dorado*, New York (Avon) 1985.
Pacini, Deborah, und Christine Franquemont (Hrsg.): *Coca and Cocaine*, Cambridge (Cultural Survival) 1986.
Schivelbusch, Wolfgang: *Das Paradies, der Geschmack und die Vernunft*, München (Carl Hanser Verlag) 1980.
Slotkin, James S.: »The Peyote Way«, in: Roger Owen, James Deetz und Anthony Fisher (Hrsg.): *The North American Indians*, New York (Macmillan) 1967.
Spicer, Edward H.: *Ib.*
Weatherford, J. M.: »The Cocaine Boom and the Economic Deterioration of Bolivia«, in: James Spradley und David Mc Curdy (Hrsg.): *Conformity and Conflict*, Boston (Little, Brown) 1987.
Young, Lawrence A., Lynda C. Young, Marjorie M. Klein, Donald M. Klein und Dorianne Beyer: *Recreational Drugs*, New York (Berkley) 1977.

Kapitel 12

Céspedes, Guillermo: *América Indígena,* Madrid (Alianaza) 1985.

Mays, Buddy: *Ancient Cities of the Southwest,* San Francisco (Chronicle Books) 1982.

Coe, Michael, Deand Snow und Elizabeth Benson: *Atlas of Ancient America,* New York (Facts on File) 1986.

Driver, Harold E.: *Ib.*

Haberland, Wolfgang. *Das geben sie uns,* Hamburg (Museum für Völkerkunde) 1975.

Helms, Mary W.: *Ib.*

Morley, Sylvanus G., und George W. Brainerd: *The Ancient Maya,* Stanford (Stanford University Press) ⁴1983.

Kapitel 13

Adney, Edwin Tappan, und Howard I. Chappele: *The Bark Canoes and Skin Boats of North America,* Washington, D. C. (Smithsonian Institution), 1964.

Olson. Ronald L.: *The Quinault Indians and Adze, Canoe, and House Types of the Northwest Coast,* Seattle (University of Washington Press) 1967.

von Hagen, Victor Wolfgang: *The Royal Road of the Inca,* London (Gordon and Cremonesi) 1976.

Personen- und Sachregister